막걸리를 탐하다

막걸리를 탐하다

한국 막걸리의
맛과 멋을 찾아서

이종호 지음

북카라반
CARAVAN

머리말

한국인이 사랑하는 막걸리

한국의 술로 막걸리(탁주)만 있는 것은 아니지만, 한국의 전통술로 막걸리를 거론하는 데는 의심의 여지가 없다. 막걸리야말로 장구한 역사를 통해 한민족의 술로 자리매김했다고 생각하기 때문이다. 특히 선조들은 술을 단순히 마시고 즐기는 용도가 아니라 격식 있는 의식에서 신에게 올리는 가장 중요한 제물로 인식했다. 한마디로 각 지역마다 지역적 특성에 따라 술을 제조해 그 목적에 따라 사용했으며 이 기술들은 계속 전승되어 내려왔다. 그러나 수천 년 동안 꿋꿋하게 한민족의 얼을 담아온 막걸리는 일제 강점기에 굴곡진 대변혁을 맞이한다.

1905년부터 실질적으로 한반도를 지배한 일제는 1909년 조선에 주세법을 적용했다. 이로 인해 누구나 신고하고 세금만 내면 집에서 만든 술이라도 판매가 가능해졌다. 이에 따라 1910년 조선의 양조장 수는 15만 6,000곳으로, 자가 술 제조 면허를 받은 사람은 36만 6,700명으로 대폭 증가했다. 1916년 가양주家釀酒 담그는 허가를 받은 사람은 38만 9,356명에 달했다. 당대 조선의 총 가구 수를 300만 호 정도로 추정하므로 거의 8가구 중에서 1가구 꼴로 술을 빚고 있었다는 뜻이다. 이 숫자는 다른 나라에 비해 술을 빚는 사람의 수가 기형적으로 많았음을 의미한다.

조선총독부는 1926년부터 강력한 양조장 억제 정책을 실시하기 시작했다. 조선총독부의 억제 정책으로 인해 이해 자가 술 제조 면허자 수는 13만 1,700명으로 줄었으며, 1930년경에는 4,000명 정도로 축소되었다. 조선총독부가 자가 술 양조를 원천적으로 봉쇄하면서 1932년에는 단 1명으로 줄었으며, 1934년에는 자가 술의 제조 면허제 자체를 폐지했다. 한마디로 그동안 한국의 전통이라고도 볼 수 있는 각 가정에서 빚는 제주祭酒와 가양주 제조가 금지된 것이다. 일제는 누룩도 통제해 1927년 2만 416개였던 누룩 만드는 집이 1930년에는 483개로 급감했다. 특히 전통 방식의 누룩 대신 일본의 누룩을 보급하면서 조선의 누룩은 존재감조차 사라졌다.

1945년 해방이 되었지만 일본의 누룩으로 막걸리를 만드는 방법은 사라지지 않았다. 이것은 당대의 한국이 처한 경제 사정 때문이었다. 해방된 지 얼마 되지 않아 한국전쟁이 일어났고 이어서 극심한 식량난이 찾아왔다. 1960년대 막걸리는 '국민주' 대접을 받으며 술 소비량의 70퍼센트 이상을 차지하고 있었는데, 정부가 식량난을 이유로 막걸리 제조 원료를 쌀에서 밀가루 등으로 바꾸도록 지시하면서 그동안 쌀로 막걸리를 만들던 주조법이 철퇴를 맞았다. 물론 1977년부터 통일벼가 증산되는 등 한국의 양곡 수급이 원활하게 됨에 따라 쌀과 밀가루 등을 자유롭게 선택할 수 있게 되었지만, 전통 누룩을 사용하던 전통 술 제조 기술 자체는 소멸되었다 해도 과언이 아닌 상황에 처한 것이다. 설상가상으로 막걸리는 소주와 맥주에 '국민주' 자리를 내주게 된다.

막걸리의 침체는 장기화가 예상되었지만 예상치 못한 활로가 찾아왔다. 2005년부터 일본에서 불기 시작한 막걸리 열풍이 한국 전통 막걸리에 대한 인식을 바꾸어주기 시작한 것이다. 이와 더불어 과학계도 막걸리에 대한 연구를 집중적으로 벌여 그동안 소문으로만 이야기되던 막걸리의 우수성을 서서히 찾아내기 시작했다. 사실 막걸리의 우수성은 과학의 잣대가 아니더라도 오래전부터 한국인들에게 잘 알려진 사실이다. 다음과 같은 일화는 막걸리의 우수성을 보여준다.

"조선조 중엽에 막걸리 좋아하는 재상이 있었다. 한번은 아들이 '왜 아버님은 좋은 약주나 소주가 있는데 막걸리만을 좋아하십니까?' 하고 물었다. 이에 대감은 아들에게 소 쓸개 3개를 구해오라 시켰다. 한 쓸개주머니에는 소주, 다른 쓸개주머니에는 약주, 나머지 쓸개주머니에는 막걸리를 가득 채우고 처마 밑에 매어두었다. 며칠이 지난 후에 이 쓸개주머니를 열어보니 소주를 담은 주머니는 구멍이 송송 나 있고 약주를 담은 주머니는 상해서 얇아져 있는데, 막걸리를 담은 주머니는 오히려 이전보다 두꺼워져 있었다."

이 책은 바로 이런 막걸리를 선입견이나 편견 없이 살펴보자는 취지에서 쓴 것이다. 선조들은 탁주를 깨끗하게 걸러 약주를 빚기도 했으며 이것을 증류해서 전통 증류주도 만들었다. 소주에 약초와 한약재를 첨가한 전통 재제주再製酒도 개발했으며 그런 술들이 계속 전통으로 이어지도록 간수하는 데도 게으름을 피우지 않았다. 이 책은 바로 그런 과정을 거쳐 오늘에까지 이르고 있는 한국의 막걸리에 대한 이야기를 담고 있다. 이런 점에서 보자면 '막걸리 예찬서'라고 해도 될 것이다.

이 책을 쓰게 된 계기는 이렇다. 나는 서울 신설동 동묘 인근의 대형 헌책방을 자주 가는 편이다. 이곳에서 우리 역사에 대해 조예가 깊은 이진구 사장과 함께 막걸리를 자주 마시는데 내가 막걸리를 좋아한다고 하자 어느 날 경기도 포천의 내촌막걸리로 나를 초대했다. 포천 막걸리는 귀신이 쫓아와도 일단 마시고 난 후 생각할 일이라는 말이 있을 정도로 아주 유명한 막걸리라서 방문을 하지 않을 이유가 없었다.

이진구 사장의 초청으로 과학 기자재를 전문으로 하는 신세기 사이언스의 이유창 사장, 과학 분야 박물관 시설 분야로 한 우물만 파고 있는 윤여형 사장과 함께 포천으로 향했다. 우리가 도착하기 전에 이미 그곳에는 막걸리의 대가들이 상당수 와 있었다. 내촌막걸리 이흥규 회장, 화장품 회사를 운영하는 이태규 회장, 전 KBS-TV 이상구 국장, 새 박사로 잘 알려진 경희대학교 명예교수 윤무부 박사 등이었다. 이들은 모두 내촌면 출신으로, 이들의 대화 주제는 물론 포천 막걸리였다.

윤무부 박사가 새에 대한 이야기를 구수하게 풀어가던 도중 내가 그동안 발간한 책이 100권을 넘었다고 하자 막걸리를 마시기만 할 것이 아니라 막걸리에 대한 책을 써보면 어떻겠느냐는 제안을 했다. 그러면서 단서를 하나 달았다. 딱딱한 논문 식의 글은 안 된다는 것이었다. 논문 식의 딱딱한 글로 막걸리를 마시라고 추천하는 것은 말이 안 된다는 이야기에 공감하지 않을 수 없었다. 막걸리를 이해하기 위해선 막걸리에 관해 어느 정도 숙지하는 것이 필요하다. 막걸리에 대한 최소한의 지식이 없다면 막걸리를 알아보려는 향취는 찾아보기 힘들기 때문이다. 이 책이 막걸리 주조법 등에 대해서는 간략하게 소개하는 반면 국민을 웃기고 울린 막걸리에 대한 이야기를 '스토리텔링' 식으로 풀어낸 이유가 바로 여기에 있다.

이 책은 한국의 양조장 24곳도 소개하고 있는데, 수많은 양조장 가운데서 이들 양조장을 선별해 소개한 이유도 말씀을 드리는 게 좋겠다. 현재 국내에서 막걸리 등을 생산하는 양조장은 850곳(약주나 청주, 과실주, 증류식 소주 등 전통주로 분류되는 주종 포함) 이상이며 생산되는 막걸리도 1,500여 종에 달한다. 바로 그런 이유 때문에 이들 양조장을 모두 소개하는 것은 현실적으로 불가능하다. 그래서 현재 국내에서 생산되고 있는 '막걸리의 현주소'를 잘 보여줄 수 있으면서도 나름의 히스토리를 가진 양조장을 택해 이들을 소개하고자 했다.

이를 위해 대한탁약주제조중앙회와 한국막걸리협회 등 막걸리 관련 단체들의 추천을 받았으며, 전문가들의 조언도 반영했다. 또 각 지역에 걸쳐 골고루 선정하되 일반인들에게 잘 알려진 막걸리는 오히려 배제했다. 유명한 막걸리는 이미 일반인들이 해당 막걸리에 대한 제반 내역을 세세하게 잘 알고 있을 것이라는 생각에서였다. 이런 기준으로 24곳의 '막걸리 명소'를 선정했지만 여전히 더 많은 양조장을 소개하지 못한 것에 대해선 아쉬움이 남는다.

이 책에서 소개한 '막걸리 명소' 24곳이 한국에 있는 막걸리를 모두 대표하는 게 아니며 아직 우리에게 알려지지 않은 수많은 전통 막걸리가 도처에 존재하고 있다는 점에서 특히 그렇다. 그런 아쉬움을 해결하기 위해 앞으로도 여러 사람과 함께 막걸리의 정취를 찾는 일을 고민하면서 새로운 답사를 통해 색다른 '막걸리 명소'를 찾아 소개할 것을 약속드리겠다.

이 책을 쓰기 위해 강원도에서부터 제주도까지 한국을 횡단하는 시간 내내 즐거움과 보람을 만끽했는데, 그동안 한국인들과 애환을 같이한 막걸리 대장정에 독자들이 흔쾌하게 동참해준다면 바랄 나위가 없겠다.

차례

제4장
ooooooooooooo

막걸리는 약주다

제5장
oooooooooooo

막걸리를 찾아서

제1장

막걸리는 어떻게 '국민주'가 되었는가?

최초로 술을 빚은 동물은 원숭이

막걸리는 술이면서 건강식품으로도 잘 알려져 있다. 또한 거친 체로 거르기 때문에 소화되지 않은 원료 성분과 더불어 발효 과정에서 증식한 효모 균체가 막걸리 속에 포함되어 있다. 특히 효모 균체는 단백질과 각종 비타민의 함량이 높아 영양이 풍부하며 젖산균과 같은 정장제로 이용된다. 막걸리를 통해 살아 있는 효모를 흡수하면 장내 유해 미생물의 번식을 억제하는 정장제로서 효과를 얻는 것이다. 할아버지나 할머니들이 소화가 잘 안 될 때 막걸리를 마시면 괜찮아졌다고 말하는 게 나름 근거가 있는 이야기인 셈이다. 또한 막걸리에는 인체의 조직 합성에 기여하는 라이신과 간 질환을 예방하는 메티오라는 물질이 있다. 특히 톡 쏘는 맛을 내는 유기산에는 장수 효과를 갖는 성분이 들어 있다고 전해진다.

술이 인간 세상에서 중요한 역할을 하는 것은 슬퍼도 마시고 기뻐도 마실 수 있다는 이중성 때문이다. 한마디로 인간의 정신세계를 좌우할 수 있는 절대적인 물질로 볼 수 있다는 뜻인데, 술은 인간이 제일 먼저 만든 음료라고 한다. 아주 오래전 수렵 생활을 하던 시절에 과일이 떨어진 자리에서 즙이 자연적으로 발효되어 술이 된 것을 보고, 그 맛을 본 이후부터 술을 만들려고 노력했다는 것이다.

흥미롭게도 최초로 술을 빚은 동물은 사람이 아닌 원숭이로 알려져 있다. 배부른 원숭이가 나중에 먹으려고 바위 틈새나 나무 구멍에 과일을 감추어두었는데, 그 후 그만 어디에 저장해두었는지 잊어버렸다. 시일이 지나 과일은 자연 발생적으로 발효되었는데 우연하게도 그 근처를 지나던 인간이 먹게 되었다는 것이다. 이 술은 일명 원숭이술猿酒로 알려져 있다. 그런데 술은 영장류만 좋아하는 게 아닌 모양이다. 로스앤젤레스 캘리포니아대학UCLA 의과대학 로널드 시겔 박사는 동물도 알코올을 좋아한다면서 다음과 같은 증거를 제시했다.

① 발효된 과일을 먹은 땡벌, 호박벌, 말벌은 협동심을 잃고 일시적으로 분열 상태에 빠진다.
② 불법 양조장을 찾을 때 엿기름 냄새를 맡고 얼근히 취한 동물을 활용했다.
③ 아프리카인들은 맥주를 섞은 우유가 담긴 그릇을 밖에 내놓고

아침이 되면 술기운에 취해 멍해 있는 쥐를 잡았다.

④ 앵무새는 발효된 과일을 먹거나 알코올음료를 마신 뒤에 더욱 말이 많아진다. 희귀 조류 판매상은 멕시코 국경 지역에서 밀수출을 할 때 앵무새를 조용히 시키기 위해 데킬라를 마시게 한다.

⑤ 코끼리는 발효된 과일을 게걸스럽게 먹은 뒤 술 취한 상태가 되기도 한다.

⑥ 양조장 인근에 사는 개는 종종 맥주로 끼니를 때우기도 한다.

⑦ 실험용 주점을 원숭이에게 24시간 개방하자 이들은 알코올중독자처럼 폭음과 금주 과정을 주기적으로 밟는다.[1]

술이 언제부터 인간과 접촉했는지에 대한 구체적인 자료는 알려지지 않았지만, 근래 미국 산타페대학의 매슈 캐리건 교수가 매우 놀라운 연구 결과를 발표했다. 그는 19종의 현대 영장류를 대상으로 알코올탄수소효소ADH4의 시퀀스를 추적한 결과 5,000만 년 전의 영장류들이 소량의 에탄올을 매우 느리게 분해했다는 것을 발견했다. 그런데 1,000만 년 전의 영장류(원숭이, 고릴라, 인간의 공동 조상)가 보유했던 ADH4는 이보다 40배나 우수한 알코올 분해 능력을 갖고 있었다.

인간이 최초로 빚은 술은 벌꿀주

약 1,000만 년 전 지구가 냉각되면서 식량원이 변하자 우리의 영장류 조상들은 먹을 것을 찾기 위해 지상으로 내려오지 않을 수 없었다. 이들은 나무에 열린 과일을 따먹을 뿐만 아니라 땅바닥에 떨어진 과일도 주워 먹기 시작했는데, 땅바닥에 떨어진 과일들은 환경 속의 세균에 노출되어 당이 알코올로 전환되기 때문에 에탄올이 축적되기 시작했다. 이때 ADH4를 보유하지 않은 영장류들은 혈중에 알코올이 신속히 축적되어 훨씬 빨리 취했는데, 이것이 생존에 불리하게 작용하므로 영장류들이 ADH4를 증진시켰다는 것이다.[2] 술이 인간을 비롯한 영장류에게 상당히 오래전부터 알려졌다는 설명이다. 하지만 실제로 인간이 언제부터 술을 마셨는지는 정확히 알려지지 않았는데, 석기시대에도 술이 있었을 것이란 추정이 있다. 아처 팅 박사는 석기시대에 인간이 처음으로 만든 술은 꿀로 빚은 하이드로멜, 즉 벌꿀주였을 것이라고 추정했다.

그러나 학자들은 현대인들이 인정할 수 있는 술의 등장, 즉 인간이 의도적인 방법으로 주조한 시기는 지금부터 8,000~9,000년 전인 신석기시대로 추정한다. 가장 먼저 인간이 직접 대량 생산한 술로는 포도주를 꼽는다. 야생 포도나무는 1억 3,000만 년 전부터 지구에 존재했으므로 자연 발생적으로 만들어진 포도주를 인간이 발견하고 직접 포도로 포도주를 만들기 시작했다는 것이다.

메소포타미아의 수메르인들은 기원전 4500년경부터 포도주를 양조한 기록이 있으며, 이집트에서도 기원전 3000년부터 맥주를 만들었다는 기록이 있다. 또 기원전 1300년경의 람세스 파라오 시대에 포도의 재배와 와인의 제조에 관한 벽화도 있다. 학자들은 포도주 제조 방법이 바빌론 지방에서 이집트를 거쳐 그리스와 로 마로 전파되었을 것으로 추정한다. 양조에 대한 최초 기록은 수메르의 신화에 나타난다.

대지의 여신인 인나나(이슈타르로도 불림)는 남매간인 탐무즈를 사랑했다. 그는 천상과 지상의 동물을 돌보는 성장의 신인데 멧돼지에게 죽임을 당한다. 인나나는 오빠를 살리기 위해 언니 에레슈키갈이 지배하는 지하 세계로 내려갔다. 그러나 언니는 너무나 아름다운 인나나를 질투해 온갖 질병에 걸리게 한 후 감금했다. 그러자 땅에서 이변이 일어났다. 인간은 물론 모든 생물이 암수의 결합을 하지 않은 것이다. 신들은 인류가 멸종할 것을 우려해 에레슈키갈에게 인나나를 지상에 돌려보내도록 강요했다.

그러나 인나나는 탐무즈와 함께하지 않는다면 돌아가지 않겠다고 했고 결국 그녀의 희망은 이루어졌다. 대지의 여신이 돌아오자 땅의 모든 생물은 소생했고 번성하기 시작했다. 그 후 인나나는 '모든 여성의 태胎를 열어주는 신'으로 추앙받았고, 수메르인들은 봄이면 대지에 씨를 뿌리고 '탐무즈 부활제'를 성대히 열었다. 이때 포도주가 신분에 관계없이 지급되었다. 당시의 수메르인들은 씨를 부리듯 인간이 번식할 때 술이 촉매로 사용될 수 있다고 생각한 것이다. 이집트에서 맥주는 생명의 신인 오시리스가 보리의 재배법과 함께 양조법을 알려주면서 만들어졌다고 전해진다. 오시리스 역시 이집트인들에게는 부활의 신으로 숭배된다.[3]

세계 각지에 수많은 술이 있는데 다행히도 술은 비교적 정의하는 것이 수월하다. 그만큼 독특한 특성을 갖고 있기 때문이다. '알코올 성분이 1퍼센트 이상 들어 있는 모든 기호 음료를 총칭하며,

마시면 취하게 하는 기능성 발효 식품을 '술(에틸알코올ethylalcohol, 에탄올ethanol)'이라고 말한다. 술은 주정酒精이 주성분으로 당질糖質의 성격에 따라 여러 종류로 나눌 수 있지만, 술이 만들어지는 원리나 과정은 거의 같다.

고구려에 존재했던 막걸리

한국의 대표적인 술이 막걸리라는 것을 모르는 사람은 없겠지만, 한국에 막걸리만 있었던 것은 아니다. 한국인들은 술을 매우 중요하게 생각했는데, 그것은 술을 단순히 마시고 즐기는 음료가 아니라 격식 있는 의식에서 신에게 드리는 가장 중요한 제물로 여겼기 때문이다.

그러므로 정부에서는 술을 매우 중요한 음식물로 간주해 술을 본격적으로 관리하는 곳을 정부 기관으로 두었다. 조선시대의 사옹원司饔院에서는 왕의 식사와 대궐 안의 음식물들을 관장했는데, 이들을 관리하는 관리 중에 녹관祿官이 배치되었다. 녹관 가운데 술을 담당하는 사람을 일러 주인酒人이라고 했고, 각 고을에서는 술을 잘 빚는 여자를 대모大母라고 불렀다. 술을 빚는 여자를 우리가 주모酒母 또는 대모라 부르는 이유라 할 것이다. 정부뿐만 아니라 각 가문, 가정에서도 갖가지 용도의 술을 빚어 사용했다. 한마디로 말해 선조들의 기본 생활은 갖가지 술과 연계되어 있었던 것이다.

그렇다면 술은 왜 술로 불리게 된 것일까? 술의 어원을 살펴보

🌶 우리 선조들의 기본 생활은 갖가지 술과 연계되어 있었다. 단원 김홍도의 풍속화 〈주막〉(18세기 후반). 국립중앙박물관 소장.

면 그 이유를 알 수 있다. 우리 조상들은 열(불)을 가하지 않았음에도 곡식과 누룩, 물이 섞여져 끓어오르는 현상을 보고 술에 '수-불'이라는 이름을 붙였다. '난데없이 물*에서 불이 난다'는 생각에서였다. '수-불'이 이후 수-블〉수-울〉수-을 등을 거쳐 술이라는 이름을 가졌을 것으로 추정하는 것이다. 조상들은 술을 '물에 가둔 불'이라고 표현하기도 했는데, 이는 '물에서 불이 난다'는 생각과 함께 술을 마시면 열이 나고 몸이 뜨거워지는 현상에서 착안한 것으로 보인다.

우리나라 술의 역사를 정확하게 추정하는 것은 어렵지만 대체로 중국 문화권에서 파생한 것으로 추측한다. 우리나라가 농경사회로 정착할 때부터 조상들이 탁주를 만들어 마셨을 것이라는 게 일반적인 추정이지만 이미 고구려에 막걸리가 있었다는 추정도 있다. 예컨대 중국의 삼국시대 위나라 진수가 쓴 『위지魏志』「동이전」은 고구려에서는 '사람들이 스스로 장양藏釀을 잘한다'고 했다. 장양은 한국의 전통적인 발효식품 김치나 장을 의미하는 것이라는 해석이 있긴 하지만, 주류酒類 학자들은 음식물을 저장할 때 술을 빚어 저장하는 방법을 일러 장양이라고 해석한다.

우리나라 역사에서 술에 관한 최초의 이야기는 고구려를 세운 주몽의 건국 설화에서 등장한다. 천제의 아들 해모수가 능신 연못 가에서 하백의 세 자매를 취하려 할 때, 이들이 수궁으로 들어가지 못하게 미리 술을 마련해놓고 먹여서 취하게 한 다음에 세 처녀 중에서 큰딸 유화柳花와 인연을 맺어 주몽을 낳았다는 설이다. 주몽 설화는 말 그대로 설화일 뿐이지만 우리나라에서 술의 내력이 매우 오래되었음을 보여준다고 할 수 있겠다.

아쉬운 것은 해모수가 유화를 유혹했던 술이 무슨 술이었는지, 이름이나 종류, 만드는 방법에 대한 기록은 전혀 알려지지 않고 있다는 점이다. 다만 당대에 술 제조 기술이 상당히 발달했음은 『위지』「동이전」에서 확인할 수 있다. 「동이전」의 '고구려조'에는 고구려 건국 초기(기원후 28)에 '지주旨酒를 빚어 한나라의 요동 태수를 물리쳤다'는 내용과 함께 중국인들이 '고구려는 자희선장양自喜善醬釀(장과 술 등 발효 음식을 만들어 즐긴다)하는 나라'라고 말했다는 기록이 있다. 또한 『태평어람太平御覽』은 고구려 여인이 빚은 '곡아주曲阿酒'가 장쑤성江蘇省 일대에서 명주 대접을 받았다고 했다. 『삼국유사三國遺事』'태종춘주공조'에는 다음과 같은 기록이 있다.

"왕은 하루에 쌀 서 말三斗 밥과 꿩 아홉 마리를 먹었다. 그러나 경신庚申(660)에 백제百濟를 멸한 뒤로는 점심을 먹지 않고 다만 아침저녁뿐이었다. 그래도 하루에 쌀 여섯 말, 술 여섯 말, 꿩 열 마리를 먹었다."

하루에 쌀 6말, 술 6말, 꿩 10마리를 먹었다니 엄청난 양이다. 현대의 도량형으로 볼 때 아무리 왕이라 하더라도 하루에 쌀 6말을 먹을 수 있는 것은 아니므로 용량 자체로만 보면 과장이라고 볼 수 있지만 이때 6말의 술도 함께 먹었다는 기록으로 미루어 보아 술을 상식常食, 즉 '반주飯酒'로 식사와 함께 항상 먹었다는 것을 알 수 있다.

일본에 술 빚는 기술을 전해준 백제

일본의 『고사기古事記』에는 백제가 일본에 술 빚는 기술을 전해주었다고 기록되어 있다. '백제 사람 인번仁番(수수보리)이 누룩을 이용한 술 빚는 기술을 전해왔는데, 천황이 이 술을 마시고 덩실덩실 춤을 추었으며, 인번을 주신酒神으로 모셨다'는 내용이다. 이때의 술은 쌀로 빚은 것으로 여겨진다. 이때 술 빚는 것을 '쌀 등을 삭힌다'라고 했는데, 일본에서 술을 총칭하는 의미로 사용되는 사케가 여기에서 유래했다는 설도 있다. '삭힌다'에서 '사가 주酒'로 변형되어 청주를 일본말로 '사케'라 부르게 되었다는 것이다. 이 당시 한반도의 술은 탁주라 볼 수 있다.

삼국시대 후기에 이르러 백제의 주조 기술이 중국과 대등할 정도로 그 틀이 갖추어졌다. 『주서周書』를 보면, 이 시기에 주류 문화, 예醴(감주) 문화가 정착되어 주국酒麴 또는 맥아麥芽를 이용한 감주 발효법이 정착되었음을 알 수 있다. 그뿐 아니다. 『태평어람』에 따르면, 이 시기에 고구려의 양조 기술이 중국으로 건너가 '곡아주' 를 중국 현지에 하치荷置했다.

"단도丹徒에 고려산이 있다. 고구려 여인이 이곳에 왔을 때 동해 신이 술을 가지고 그 여인을 맞이하고자 하나 이에 응하지 않자 노한 동해 신이 술동이를 뒤엎어버렸다. 이때 엎어진 술이 곡아호에 들어가 곡아주는 맛있다고 하였다."⁴

여하튼 삼국시대에는 발효 식품의 기술이 발달해 장醬, 시豉, 혜醯를 상비했다. 이때 소금과 함께 술이 식품의 저장에 이용되었고, 어패류와 수조육류, 산류蒜類, 죽순 같은 자연 채소류의 절임에도 술이 이용되었는데, 이를 통해 술이 쌀이나 기름, 장과 같이 필수 식품으로 자리 잡았음을 알 수 있다. 또 당시의 저장 음식 가운데 하나였던 포脯와 채소 절임 등에 술이 이용되었는데, 이런 저장법 은 큰 틀에서 세계 각국에서 기본적으로 활용한 것이기도 했다.

통일신라로 내려오면서 양조 곡주들이 다양하게 개발되기 시작 했다. 상류 사회에서는 청주류의 음용이 성행했고 주류 문화, 예醴 문화가 틀을 잡았다. 고려시대에 이르러 술에 대한 기록이 많아진 다. 특히 술의 종류가 다양해짐과 동시에 몽골에서 증류법이 도입 되면서 우리의 양조 기술은 전성기를 맞게 된다. 이때 양조업은 인 력과 재력이 집중되었던 사원을 중심으로 활성화되었는데, 이는

🍶 조선시대에 등장한 '소줏고리'로 인해 증류법은 크게 발전했다. 소줏고리는 특히 소
주의 유행을 불러왔다.

당시 사원과 승려들이 사회의 중심을 이루었기 때문이다. 사원에
서는 사원 소속의 각종 토지에서 생산되는 미곡을 이용해 만든 술
을 제조하여 시판했는데, 당시 한 사원(통도사)에서 만든 누룩으로
빚은 술이 영남 일대의 수요를 담당했다는 것을 볼 때 사원의 양
조업 규모를 짐작할 수 있다.

　고려시대의 술은 크게 청주淸酒, 탁주濁酒, 소주燒酒, 과실주果實酒로
분류되는데, 청주를 위시해 법주, 과일주와 생약재를 가미해서 빚
은 약용약주藥用藥酒, 꽃의 향을 가미해서 빚은 가향주佳香酒 등 다양
한 술이 등장한다. 특히 원나라에서 도입된 증류법은 우리의 음주
문화와 양조법에 일대 변화를 가져오게 된다. 아랍 문화의 하나였
던 증류법이 12세기경 서구로 전해지면서, 브랜디와 위스키의 시

초를 이루었으며, 동양(몽골)에 전해져 오늘날의 소주가 탄생했다. 이를 보면 고려 전기까지는 탁주와 청주류가 정착했으나 소주 음용을 계기로 중국과의 교섭이 활발해지면서 외래주의 유입이 시작되었다고 볼 수 있다. 특히 조선시대로 들어와 '소줏고리'의 등장과 함께 증류법은 더욱 발전해 소주의 유행을 불러왔다.

명주가 등장한 조선시대

조선 전기에는 멥쌀보다 찹쌀 위주의 양조 원료 사용이 증가하면서 양조 기법의 주류도 단양법單釀法에서 중양법重釀法으로 바뀌어 전통주가 기본을 이룬다. 특히 각 지방과 집안마다의 가전비법家傳秘法으로 빚어졌던 명주名酒들이 속속 등장한다. 조선시대의 술 빚기는 앞선 시대와 3가지 면에서 다른 특징을 보인다.

첫째, 찹쌀로 빚은 술이 증가했다. 찹쌀술의 증가는 찹쌀의 산출량이 그리 많지 않았던 조선시대에 술의 고급화가 진행되었다는 것을 뜻한다. 둘째, 술 빚는 과정에서 여러 번에 걸쳐 덧술을 한다. 즉, 이양주와 삼양주 등 여러 번의 덧술 과정을 거친 중양주를 생산해 알코올 함량을 높이는 등 술의 고급화를 꾀했다. 셋째, 고려시대에 비해 소주의 선호도가 증가했다. 또한 소주를 기본으로 한 약용약주, 재제주, 혼양주가 많아졌으며 지역에 따라 특징적인 술이 등장한다. 큰 틀에서 남부(탁주), 중부(약주), 북부(증류주) 등 주종별 제조법으로 특화된다.

조선시대에서 특히 가양주 문화家釀酒文化가 꽃을 피운 것은 유교 문화의 영향으로 제사와 세시풍속이 중요시되었기 때문이다. 그러므로 각 가정마다의 비법으로 만들어진 가양주에 의한 '명가명주名家銘酒'라는 말이 생겨났다. 특히 가양주와 토속주에 쌀 등의 곡물에 누룩과 물을 섞어 발효시키면서 꽃이나 향기 식물을 넣는 것은 물론 인삼 등 초근목피를 넣어 그 약리적 효과를 얻고자 한 약용약주와 혼성주도 등장했고 알코올 도수가 높은 몽골에서 전수된 증류주도 많이 생산되었다. 그중에서 가향약주加香藥酒 또는 향약주香藥酒는 술에 독특한 향이나 빛깔을 내는 목적 외에도 약용을 목적으로 제조되는 경우가 많았다.

현재 국내의 가양주나 전통주는 100종 이상이 되는데 이것은 지방마다 집집마다 고유한 술 빚기가 이루어졌다는 것을 시사해준다. 국화를 넣으면 국화주, 진달래꽃을 넣으면 두견주, 송순을 넣으면 송순주, 연잎을 넣으면 연엽주, 인삼을 넣으면 인삼주가 된다. 또 탁주나 청주, 약주를 증류시켜 만든 소주에 각종 한약재를 넣어 그 약용 성분을 이용하는 약용 목적의 혼성약주混成藥酒 또는 재제주를 개발했다. 우리의 전통주를 고두밥에 누룩과 물을 섞어 만든 단순한 술로 치부하는 것이 아니라 약주藥酒라 부르는 이유다.

우리나라 술의 특징은 술 빚는 방법이 다양하다는 점이다. 술 빚기는 대부분 누룩과 고두밥, 물을 주재료로 일정한 온도와 기간을 거쳐 발효를 시키는 식으로 이루어지는데, 이와 같은 과정을 몇 번 반복하느냐에 따라 단양주, 이양주, 삼양주 등 중양주로 분류되며 이에 따라 술의 품질이 달라진다. 우리나라의 술은 2번 담는 이양주 이상 중양주가 70퍼센트 이상을 차지한다.

한국인의 정서와 혼이
깃들어 있는 탁주

우리나라 술의 역사에서 씹어 먹는 술도 등장한다. 떡처럼 물렁해 갖고 다니며 씹어 먹기도 하고 딱딱해지면 칼로 썰어 먹기도 하는 술이다. 이 고체 술은 알코올 농도와 향, 색소 등을 적절히 조합해 소주나 위스키 등 각종 주류와 거의 비슷한 맛을 지닌 젤리나 과자 모양으로도 만들 수 있다. 한마디로 고체 위스키, 고체 막걸리 등 주종도 다양한 데다 안주 맛도 가미된 주효일체酒肴一體라 안주 값도 절약된다고 한다.

고체 술은 휴대하기 어려운 액체 술의 단점을 보완했다는 점에서 참신한 시도로 보이는데, 사실 고체 술은 상당히 오래전부터 있었다. '비어롤리포프'라는 맥주 엿이 런던에서 상품화되기도 했다. 캔디처럼 생긴 이 맥주 엿은 향과 맛이 맥주와 비슷하고 빨면 거품까지 나와 아이들이 즐겨 사먹는 바람에 런던의 주부들이 추방 운동을 벌이기도 했다고 한다.

미국에서도 한때 인스턴트 비어라는 고체 맥주가 나와 물에 타면 맥주가 되었는데, 주조업자와 노동자들이 들고 일어나 의회에서도 문제가 되었다. 프랑스 마르세유의 한 제약 회사에서는 브랜드 치약과 페퍼민트 치약을 개발했는데, 이를 닦으면 숙취가 가시는 해장국이 된다고 선전했다.

씹어 먹는 술이 언뜻 편리하기는 하나 술에 곁들인 풍류나 오가는 정은 찾을 수 없으니 과학 만능으로만 비치는 사회가 아쉽다는 말도 있다. 이는 술이 갖는 정취가 남다르다는 것에서 기인할 것이다.[5] 알코올이 좌우하는 술임에도 편리성만 찾는 것이 아니라 한국인의 정서와 혼이 깃들어 있는 탁주에 매력을 느끼는 것도 그런 이유 때문이라 할 수 있다. 술을 거르는 방법에 따른 분류로는 탁주濁酒, 청주淸酒, 소주燒酒로 나눈다. 근래 우리 주변에서 잘 보이는 토속주와 민속주의 정의부터 알아보자.

토속주는 우리나라의 방방곡곡에서 빚어졌던 술로, 그 지방만의 특성을 띠고 있는 향토주를 말한다. 진도 홍주(전남 무형문화재 제26호)나 전주 이강주(전북 무형문화재 제6-2호), 제주도의 오메기술(제주 무형문화재 제3호) 등과 같이 다른 지방과는 차별화된 그 지방만의 독특한 양조 방법으로 빚어왔던 술을 가리킨다. 이는 지방별 특산품을 이용하기 때문으로도 볼 수 있는데, 사실 학자들은 이 용어 사용에 문제점을 지적하기도 한다. 오늘날 지방별 특산품의 의미가 희석되면서 토속주라는 말이나 그 가치가 상실되었기 때문으로 이는 주산지는 있어도 특산지는 없어졌다는 것과도 관련이 있다. 그럼에도 양조장 중에서 자신의 술이 토속주라고 주장하는 곳이 있음은 물론이다.

민속주란 말은 사실 어정쩡하다. 가양주나 전통주라는 말보다 '민속주' 하면 어렴풋이 우리 민족의 풍속과 관련된 술 정도로 해석하기 마련이다. 그런데 '민속주'라는 단어는 『국어사전』에도 나와 있지 않을 정도로 잘 알려지지 않은 용어다. 이 용어가 우리에

🌀 민속주라는 용어는 우리 고유의 술 빚기 방법을 전통문화로서 보존·계승하고자 하는 국가의 정책적인 유도에서 비롯되었다.

게 친근하게 다가오는 것은 우리 고유의 술 빚기 방법을 전통문화로서 보존·계승하고자 하는 국가의 정책적인 유도가 있었기 때문이다. 즉, 공장이나 양조장에서 개량식 방법에 의해 빚어진 술과 차별화하기 위한 방편으로 국가기관이 '전통주', '관광 토속주', '명인이 제조한 술'을 민속주로 지정해 관리하고 있는 것이다.

국세청이 '민속주' 개념을 사용하고 있는데, '주세법'에 의한 민속주의 정의는 다음과 같다. ① 전통문화의 전수·보존에 필요하다고 인정하여 문화재청장 또는 특별시장, 광역시장, 도지사가 추천한 주류. ② 농림부 장관이 주류 부문 '전통 식품 명인'으로 지정하고 국세청장에게 추천한 주류. ③ 1999년 2월 5일 이전에 제주도 지사가 국세청장과 협의하여 제조 허가한 주류. ④ 관광 진흥을 위하여 1991년 6월 30일 이전에 건설교통부 장관이 추천하여 주류 심의회 심의를 거친 주류.[6]

『국어사전』에 나오지 않았다고 해서 새로운 말을 사용치 못하는 것은 아니다. 더욱이 신규 양조장은 과거부터 존재했던 것이 아니므로 자신의 술을 '전통주'라고 표시할 수는 없는 일이다. 그러므로 '우리 술'이라는 것을 강조하기 위해 '전통 민속주'라고 표기한 것에 이의를 제기할 필요는 없을 것이다. 그들이 제조하는 술이 좋으냐 아니냐에 더 신경을 쓴다면 얼마든지 고객들이 이에 대해 심판할 것이기 때문이다.

술 이야기에서
빠지지 않는 미인주

한국의 술 이야기에서 빠지지 않고 등장하는 술이 미인주美人酒다. 조선시대 때, 일본 오키나와에 표류되었다 돌아온 제주도 사람이 오키나와의 풍속을 말하면서 '그곳에는 탁주가 없고 청주가 있다. 쌀을 물에 담갔다가 여자로 하여금 입에 넣고 씹게 하여 나무통에 뱉어내어 술을 만든다'고 했다.

세조 때에 우리나라에 온 유구의 사신 보수고普須古는 이 술을 하루 만에 빚는다 하여 '일일주一日酒'라 하면서 15세 미혼 여성이 입을 깨끗이 씻고, 밥을 씹어서 술을 빚으며, 그 맛이 기막히게 달다고 말했다. 이수광은 『지봉유설』에서 마시면 미인이 되는 술이 아니라 미모의 여인들이 곡물을 씹어서 빚은 술이라는 뜻으로 미인주라 했다. 『위서緯書』에 고구려에 흡수 합병된 물길국勿吉國(숙신 · 읍루)에서는 곡물을 씹어서 술을 빚는데 이것을 마시면 능히 취한다라는 기록이 있는 것으로 미루어 보아 고대 우리나라에도 미인주와 유사한 술이 있었을 것이라고 짐작할 수 있다.

곡물을 씹어서 술을 빚는다는 것이 말이 되느냐는 질문도 있겠지만 이는 충분히 가능한 일이다. 사람의 침 속에는 아밀라아제라는 효소가 들어 있어서, 곡물을 당화시킬 수가 있다. 누룩이나 발효제가 없던 시절의 이야기다. 젊은 여성들 여럿이 항아리에 둘러앉아, 곡물을 씹어 항아리에 뱉어 담아두면 천연 효모가 안착해 알코올 발효를 시킨다.

오늘날 미인주는 주로 열대지방에서 만들어졌던 것으로 알려져 있는데, 술을 빚은 지 하루 만에 마시므로 '일일주'라 한다는 것을 보면 도수는 매우 낮았을 것으로 추정된다. 술을 빚어 하루를 두면 당화는 되지만 알코올 발효는 그다지 이루어지지 않아 독하지 않고 달달한 맛만 띠게 되는데, 물길국의 술은 취한다는 내용을 볼 때 다소 다른 술로 보인다. 오키나와에서는 지금은 특별한 행사 때만 미인주를 시연한다고 한다.[7]

'막 걸렀다'에서 유래한 막걸리

막걸리는 20세기 이전까지 주로 요醪, 탁료濁醪, 탁주濁酒, 농주農酒, 재주滓酒, 회주灰酒라고도 불렸다. 탁료는 옛 문헌에 자주 등장하는 막걸리의 한자식 표기며 한자를 차음하여 막걸리莫乬里라고도 한다. 막걸리와 같은 탁주류에 대한 구체적인 명칭과 제법을 알 수 있는 기록은 없지만, 매우 오래전부터 우리나라에서 제조되었다는 것은 틀림없는 사실이다.

『삼국유사』「가락국기」에 수로왕에게 제사를 지내기 위해 요례醪醴를 빚었다는 기록이 있는데, 여기에 탁주를 뜻하는 요醪 자가 들어 있어 이것을 탁주류에 대한 기록으로 보기도 한다.

고려시대는 우리 민족이 상음한 3대 주종인 청주, 탁주, 소주가 완성된 시기로 이전의 삼국시대와 달리 여러 문헌에서 구체적인 술 이름이 등장하기 때문에 대략적인 술의 성격을 짐작할 수 있다. 『동국이상국집東國李相國集』의 백주白酒, 『도은집陶隱集』의 탁주濁酒, 『동문선東文選』의 박주薄酒 등은 막걸리의 별칭으로 추정한다. 그러나 막걸리를 직접 지칭한 기록은 매우 늦었는데, 1123년 송나라 사신으로 고려를 방문한 서긍이 쓴 『고려도경』에 다음과 같은 내용이 나온다.

"고려 사람들은 술을 즐긴다. 그러나 서민들은 왕의 술을 빚는 사온서司醞署에서 나오는 청주와 법주 등의 고급 주류를 얻기 어려워 맛이 박薄하고 빛깔이 진하며 마셔도 잘 취하지 않는다는 술을 마신다."

이 글 속에 등장하는 술의 빛깔이나 도수가 낮은 점 등은 막걸리의 특징과 같은데, 이로 보아 고려 서민들이 마신 '탁한 술'이 막걸리임을 알 수 있다.

조선시대는 가양주 문화의 발달로 양조 기술이 더욱 고급화되고 술의 종류도 다양해진 시기다. 술의 종류와 양조 기법들이 기술된 백과사전류의 서적과 고古조리서를 통해 이 시기 술 문화의 특성을 알 수 있다. 『임원경제지林園經濟志』는 우리 술을 처음으로 분류한 서적으로, 여기에서는 170종의 술을 11가지로 분류했다. 그중 막걸리 등의 탁주는 앙료류醱醪類로 분리되었는데, 이화주梨花酒, 집성향集聖香, 추모주秋麰酒, 백료주白醪酒, 분국백료주粉麴白醪酒 등이 여기에 속한 술이었다.[8]

조선시대에 많은 막걸리가 주조되었지만, 막걸리라는 한글 표기는 매우 늦게 나타났다. 현재까지 확인된 가장 오래된 기록은 19세기 말에 판각되어 유통되었던 『춘향전』 완판본 『열녀춘향수절가』에서 발견할 수 있다. 암행어사가 된 이 도령이 거지 행세를 하고 남원 관아의 변 사또 생일잔치에 참석해서 술 1잔을 청하는 대목에서 나온다.

"어삿도 상을 보니 어찌 아니 통분하랴. 모 떨어진 개 상판에 닥채 저붐 콩나물 깍때기 목걸리 한 사발 나왔구나. 상을 발길로 탁 차 던지며 운봉의 갈비를 직신 갈비 한 대 먹고지겨……."

여기에서 등장하는 '목걸리'가 바로 막걸리다. 막걸리를 목걸리로 발음한 것과 관련해 허시명은 '아'를 '오'로 발음했던 중세 국어의 흔적으로 보았다.[9] 막걸리라는 이름은 '막(마구) 걸렀다' 또는 '함부로 걸렀다'에서 유래했다. 즉, '막되고 박한 술'이라는 뜻이 담겨 있는 것이다. 이렇게 마구 거른 술은 빛깔이 뜨물처럼 희고 탁하다는 뜻에서 탁배기, 탁백이, 탁주배기, 탁바리라고도 불렀다. 탁배기는 황해도 이북, 탁주배기는 부산, 탁바리는 제주도에서 주로 사용되었다. 일반 가정에서 담그는 술이라는 뜻의 가주家酒, 술빛깔이 우유처럼 희다고 하여 백주白酒라고도 부른다.

모든 민족의
원시적인 술은 탁주

막걸리는 쌀과 누룩 원료인 밀이나 쌀겨, 밀기울, 조 등을 찌지 않고 자연 상태의 미생물을 증식시키거나 고지(원료를 쪄서 식힌 다음 미생물을 인공적으로 배양한 것을 말함)를 통해 술을 빚은 후 숙성이 되면 체에 밭쳐 버무려 걸러 내는데 이때 쌀알이 부서져서 뿌옇게 흐려진다. 우리나라는 다른 나라처럼 술을 만드는 재료인 포도 등의 과일이 많지 않았기 때문에 쌀로 술을 만드는 방법을 개발하지 않을 수 없었다. 그러나 쌀에는 포도당의 원료인 전분(녹말)만 있기 때문에 술을 담글 때 전분을 포도당으로 전환시키기 위해 누룩을 사용한다. 대부분 누룩은 밀, 보리로 만들지만 쌀로 만든 이화국, 녹두로 만든 향온국과 녹두국처럼 다양한 곡물로도 만들 수 있다.

막걸리는 술이 발효된 상태에서 청주를 떠내지 않고 조잡하게 걸렀다는 뜻의 조여粗濾로서 알코올 성분이 적다는 것이 특징을 가지고 있다. 일반적으로 막걸리는 조잡하게 만들었다고 생각해서인지 매우 저렴하게 팔리는 것을 당연하게 여긴다. 제조원가가 아주 낮을 것이라고 생각하는 것이다. 하지만 사실 제조원조가 낮은 것은 아니다.[10]

막걸리를 우리 민족의 술이라고 말하는 사람도 있지만 사실 막걸리가 한국인만의 술이라고 정확하게 비정할 수는 없다. 술의 근원을 따진다면 모든 민족의 원시적인 술은 탁한 형태를 갖고 있다.

엄밀한 의미에서 포도주도 탁한 술이라는데 이론의 여지가 없는데, 그것은 고대 각국의 술 역시 큰 틀에서 보자면 막걸리와 같은 발효주를 기본으로 하고 있기 때문이다.

그럼에도 현재 세계의 간판스타 술은 각국에 따라 다르다. 중국은 알코올 40퍼센트의 마오타이의 나라, 일본은 알코올 16~18퍼센트의 사케의 나라다. 반면에 한국은 알코올 6퍼센트의 막걸리의 나라다. 맥주는 보리로 만들고, 포도주는 포도로 만들고, 막걸리는 쌀로 만드는데, 재료만 보면 쌀 음료는 보리 음료보다 부드럽고, 포도 음료보다 엷으므로 세상에서 가장 엷고 부드러운 술이 막걸리라는 뜻이다.

막걸리와 탁주는 동일한 것이냐 그렇지 않으면 다른 것이냐는 질문이 있는데, 이 문제는 사실 똑 부러지게 설명할 수 있는 것은 아니다. 우선 탁주는 한자어고, 막걸리는 한글이란 점이 다르다. 뜻 그대로를 풀자면 탁주는 탁한 술이고, 막걸리는 막 걸러낸 술이다. 막걸리의 '막'에는 '방금'이란 뜻도 있고, '함부로·거칠게'라는 뜻도 있는데, 대체로 후자의 의미로 쓰인다.

막걸리라는 표현이 술 빚기의 마지막 단계인 여과의 특징을 형상화한 말이라면, 탁주는 술의 맑고 흐림을 판단하는 용어다. 그러나 법적인 면에서 탁주와 막걸리의 차이는 분명하다. 탁주는 법적인 명칭인데 반해 막걸리는 법적인 명칭이 아니기 때문이다. 우리나라는 법적으로 탁주를 다음과 같이 정의하고 있다.

"곡류, 기타 전분이 함유된 물료 또는 전분당과 국麴 및 물을 원료로 하여 발효시킨 술덧(숙성된 술)을 여과하지 아니하고 혼탁하게 제성한 것, 또는 그 발효 제성 과정에 대통령령이 정하는 물료를 첨가한 것."

여기서 말하는 물료에는 아스파탐, 스테비오사이드, 젖산, 과실, 당분, 식물 약재 등이 포함된다. 막걸리가 한국의 고유한 전통주란 사실을 모르는 사람이 없는데도 법적으로 공인되지 않았다는 말에 어리둥절할 수도 있겠지만 막걸리라는 단어는 백과사전에 등재되어 있다. 민중서관의 『표준국어대사전』은 '청주를 뜨지 않고 마구 걸러내어 빛이 맑지 못하고 맛이 텁텁한 술, 탁주'라고 적고 있다.

또한 민정사의 『민중국어대사전』은 '청주를 떠내지 않고 그대로 걸러낸 술. 빛이 맑지 않고 탁하여 맛이 텁텁하고 알코올 성분이 적음. 탁주'라고 정의했다. 한편 이희승 편저의 『국어대사전』은 '청주를 떠내지 않고 그대로 걸러낸 술. 빛이 맑지 않고 탁하여 맛이 텁텁하고 알코올 성분이 적음. 찹쌀을 원료로 한 것을 찹쌀막걸리라 함'이라 적고 있다. 백과사전의 글은 대동소이한데, 1935년 조선주조협회가 간행한 『조선주조사』는 막걸리를 다음과 같이 정의하고 있다.

"중국에서 전래된 막걸리는 처음에는 대동강 일대에서 빚어지기 시작해서 나라의 성쇠를 막론하고 국토의 구석구석까지 전파되어 민족의 고유주가 되었다. 그 진부를 가리기는 어려우나 막걸리가 조선의 역사를 담고 있는 조선의 술임은 틀림이 없다.……조선 술에는 탁주, 약주, 소주의 3종류가 있으나 이들 제조 방법으로 보아 탁주가 가장 오래된 술이라 할 수 있으며 탁주에서 찌꺼기를 제거하여 약주를 만들고 약주나 탁주를 증류하여 소주를 제조했다고 알려진다."

끈질긴 생명력을 자랑한
막걸리

사람들을 어리둥절하게 만드는 것은 탁주의 정의에 탁주는 술덧을 여과하지 않고 혼탁하게 제성한 것이라고 했는데, 막걸리는 거칠게 여과한 것이라는 설명이다. 과거에는 막걸리를 둥근 체나 광목 자루에 여과하는 정도라 탁했지만, 근래는 기계식 여과기를 사용하므로 물처럼 투명하게 여과한다. 법령에서 탁주를 여과하지 않고 혼탁하게 제상했다고 설명되는 이유다. 또한 막걸리를 실제로 이들 사전처럼 '맛이 텁텁하고 알코올 성분이 적고 마구 걸러낸 술'로 정의하지만 이런 설명에 이의를 제기하는 사람들도 있음은 물론이다.

막걸리라고 하면 모두가 쌀을 원재료로 보고 있지만 그것은 사실이 아니다. 전통적으로 막걸리는 쌀로 만들었으나 1960년대 이후부터 밀가루와 옥수수가 주원료로 등장했다. 지금도 막걸리의 3대 주재료는 쌀 · 밀가루 · 옥수수며, 여기에 전분당이나 올리고당도 가미한다. 1982년에 막걸리의 알코올 도수를 일률적으로 6퍼센트에서 8퍼센트로 올린 적이 있다. 그때 공사장에서 안전사고가 빈발했다. 알코올 농도 6퍼센트의 술은 혈액순환을 도와 활력을 주지만, 그 이상은 운동신경을 둔하게 만들 수 있다는 이야기다.

도수가 낮은 술의 세계 제패를 잘 보여주고 있는 술은 맥주다. 낮은 데로 흘러다니는 대중적인 술, 서민적인 술이라는 점도 얼마든지 큰 장점이 될 수 있다. 막걸리는 가격이 싸다고 해서 저급한 술이 아니다. 막걸리 1통과 소주 1병, 맥주 1병의 가격은 비슷하지만, 제조원가를 비교해보면 막걸리가 월등히 높다. 물론 세금이 적기 때문이라는 설명도 있지만 알코올 함량도 가장 적고, 1밀리리터당 원가도 가장 낮은 맥주야말로 가장 싸구려 술이라 할 수 있다. 한마디로 가격이 싸기 때문에 품질이 낮고 저급하다는 평가는 막걸리로서는 억울하기 짝이 없는 누명이다.[11]

막걸리가 한민족에게 국민의 술로 인식되는 것은 그만큼 막걸리가 끈질긴 생명력을 자랑하는 술이라는 것을 시사해준다. 기록을 보면 우리나라에는 금주령이 잦았다. 조선시대 영조는 백성들에게 3가지를 철저히 지키도록 했는데, 첫째는 소를 도살하지 말 것, 둘째는 술을 팔지 말 것, 셋째는 소나무를 베지 말 것이었다. 그 가운데 술을 팔지 못하게 했던 것은 쌀이 절대적으로 모자랐기 때문이다. 이를 어겼다가 적발되면 귀향을 보냈다. 그럼에도 이 명령이 제대로 시행되지 않자 암행어사를 각지에 보내 사정을 정탐하게 했다. 역사학자 이이화에 의하면, 암행어사 박문수는 왕명을 충실하게 받들어 금주령을 어기는 자를 많이 적발한 공로로 후한 상을 받았다고 한다.

그래도 금주령이 지켜지지 않자 영조는 종묘에 단술을 제주祭酒로 올리도록 명했다. 단술도 쌀로 빚지만 술을 쓰지 않는다는 의지를 천명한 것이다. 그러나 예외는 있었다. 훈련이 끝난 후 군인들

🥢 금주령을 엄하게 시행했던 영조도 막걸리만은 금주령에서 제외했다. 단원 김홍도의 풍속화 〈타작도〉(18세기 후반). 국립중앙박물관 소장.

에게 내리는 탁주와 농부들이 마시는 탁주만은 금주령에서 빼도록 한 것이다. 정조도 영조의 뜻을 이어받아 금주령을 강력히 시행했다. 종묘 등의 제사에 단술을 쓰게 하는 것은 물론 양반들의 제사에는 청수淸水를 쓰게 한 것이다. 그러나 대신들이 농사일에는 막걸리가 빠져서는 안 된다고 건의하자 막걸리만은 금주령에서 제외시켰다.

복잡한
막걸리 변천사

조선시대는 세계 어느 나라보다 많이 집에서 빚는 술인 가양주를 주조해 사용했다. 자본주의 체제를 일찍이 받아들인 일본은 조선인들의 상당수가 가정에서 가양주를 직접 빚어 사용한다는 것을 알고 이를 세수용으로 활용하고자 했다. 일본은 1909년 세수를 늘리기 위해 법률 제3호로 '주세법'을 제정해 자가용과 판매용을 가리지 않고 무제한 면허제를 실시했다. 그 후 1916년에는 '주세령'을 공표하면서 좀더 강도 높은 제한 면허제를 시행했다. 이 법안에는 자가용 술에 대한 과세율을 양조장의 판매용 술보다 높게 매기고 최저 생산량을 늘리는 것 등이 포함되어 있었다.[12]

일본의 이런 정책은 그야말로 놀라운 결과를 불러왔다. 1910년 조선의 양조장 수는 15만 6,000곳으로 자가 술 제조 면허를 받은 사람이 36만 6,700명이었으나, 1926년 자가 술 제조 면허자 수는 13만 1,700명으로 줄어들었다. 그러나 조선총독부의 강력한 양조장 억제 정책은 더 가속화하여 1926년에는 면허자가 265명으로 급격히 감소했으며, 1932년에는 단 1명만 허가를 받더니 1934년에는 자가 술의 제조 면허제 자체를 폐지했다. 이에 따라 각 가정에서 빚던 가양주는 밀주로 단속의 대상이 되어 우리 전통주의 맥은 완전히 사라지기 시작했다.[13]

이것은 그동안 각 가정에서 빚는 제주와 가양주 역시 철퇴를 맞았다는 것을 의미한다. 이러한 일본의 정책으로 그동안 조선 전통의 누룩을 사용해 지방마다, 집집마다 만들던 다양한 각종 술이 사라지게 되었고 오로지 허가 받은 주조업체들만 일본의 고지(개량누룩)를 사용한 막걸리를 주조하게 되었다.

사실 조선에서 수많은 가양주가 만들어진 것은 각 가정 또는 가문에서 소량으로 만들어왔기 때문이다. 이는 대량생산이 거의 불가능하다는 것을 의미한다. 이를 역으로 말한다면 일제강점기 때 세수를 올리기 위해 조선산 정통 누룩과 주조를 금지했지만, 개량 누룩 자체에 문제가 있다는 것은 아닌 것이다. 적어도 막걸리 생산에서 일본의 개량 누룩은 전통 누룩이 갖지 못한 장점을 갖고 있기 때문이다.

한국 누룩과 일본 누룩은 상당한 차이가 있다. 한국 전통 누룩의 장점은 막걸리 주조를 매우 단순하게 만든다는 점이다. 원래 막걸리를 만들려면 누룩곰팡이와 효모가 있어야 하는데 한국 누룩 안에는 누룩곰팡이와 효모가 동시에 공존한다. 간단하게 말해 한국식 누룩만 넣으면 막걸리가 만들어지는 것이다. 반면에 일본의 누룩에는 누룩곰팡이만 존재하기 때문에 일본의 누룩을 사용할 때는 별도로 효모를 투입해야만 막걸리를 만들 수 있다.

애초 한반도에서 일본으로 막걸리 주조법이 전달되었을 때는 누룩도 함께 전달되었다. 그런데 일본은 일반적으로 한국보다 습기가 많은 곳이라 한국식으로 누룩을 만들면 막걸리 주조에 실패할 수밖에 없었기에 누룩곰팡이와 효모를 분리했다. 이런 식으로 하면 한국의 전통 누룩보다 당화력糖化力이 강해져 안정적으로 술을 빚을 수 있었기 때문에 한국산 누룩을 사용할 때처럼 주조에 실패하는 경우가 거의 없다.

또한 당화력이 강하다는 것은 막걸리 주조에 안정성을 가져오고 주조 시간이 단축된다는 것을 의미한다. 더불어 개량 누룩은 공장 생산으로도 만들 수 있으므로 제조 공정도 빠르다는 장점이 있다.

전통 누룩으로 양조하던 양조장 입장에서 볼 때, 그야말로 획기적인 누룩이 등장한 것이다. 한마디로 일본에서 개발된 누룩 사용법은 엄밀하게 말해 발효 알코올 주조에 혁신을 갖고온 기술의 상징으로 볼 수 있다.

일본 막걸리는 공장에서 대량생산한 누룩을 사용하므로 막걸리 맛이 획일적으로 변했다는 지적이 있긴 하지만 이는 올바른 지적이 아니다. 일본식으로 만든 막걸리라 해도 한국 누룩으로 만든 막걸리와 비교할 때 원천적으로 맛과 향에서 큰 차이가 나는 것은 아니기 때문이다. 게다가 막걸리의 맛은 물이 좌우하기에 일본의 누룩을 사용한다고 해도 한국 막걸리는 일본 막걸리와는 다른 맛을 내며 각 양조장이 갖고 있는 주조 비법에 따라서도 막걸리의 맛은 큰 차이를 보인다.

전통 누룩으로 빚은 막걸리가 아닌 일본의 누룩으로 만든 막걸리를 조선인이 크게 거부감을 보이지 않고 즐겨 마신 것도 이런 이유 때문이다. 일제가 강제적으로 일본의 누룩을 사용하도록 했다지만, 일제강점기 때 막걸리 맛으로 인한 파동은 일어나지 않았다는 것도 이를 시사해준다. 한국인들이 제례용으로 사용하는 제주를 매우 중요하게 여겼다는 것을 감안하면 더욱 그러하다.

양곡법과
'카바이드 막걸리' 소동

1945년 8월 15일 해방된 이후에도 한국에선 일본의 누룩으로 만든 막걸리가 주류를 이루었는데, 이는 당시 한국이 처한 특수 상황과 관련이 깊다. 특히 한국이 일제의 강점에서 벗어난 후 곧바로 한국전쟁이 발생해 만성적인 식량 부족에 시달리는 상황에 놓였다는 게 중요한 요인으로 작용했다. 1950년대 밀가루가 미국의 원조 물자로 대량 유입되는 한편 전 국민을 대상으로 밀가루를 주재료로 한 분식이 장려된 것도 그런 식량난 때문이었다.

1948년 10월 9일에 제정된 '양곡관리법'에 의해 술의 재료로 쌀을 사용하는 행위가 금지되었다. 당장 먹을 쌀도 없는 상황에서 쌀로 술을 만드는 것은 있을 수 없다는 게 이유였다. 원래 한국 전통주는 쌀로 만드는 것이 근간을 이루었는데, 누룩 문제에 이어 원료 문제까지 겹치면서 막걸리는 또 다른 시련을 겪어야 했다. 당장 미국에서 수입된 밀가루와 옥수수로 막걸리를 빚어야 해서 문제가 발생했다. 밀가루와 옥수수에 한국산 전통 누룩을 사용해 막걸리를 주조하는 게 만만치 않았기 때문이다.

이런 문제 때문에 양조업자들이 이른바 난리를 치자 정부는 그동안 사용하던 일본식 개량 누룩을 사용해 막걸리 주조를 하라는 대안을 제시했다. 일본의 개량 누룩을 활용하면 쌀이 아닌 밀가루나 옥수수를 원료로 사용해도 막걸리 주조에 문제가 없었기 때문이다. 일본의 강권과 같은 제도적 압력이 없었음에도 일본의 누룩이 한국의 막걸리 시장을 평정한 것도 이런 이유 때문이었다.

개량 누룩으로 만든 막걸리는 경제개발이 진행되던 1960~1970년대에 막걸리 소비량이 폭발적으로 증가하면서 진가를 발휘했다. 공장에서 획일적으로 만든 개량 누룩으로 인해 막걸리 맛이 단조롭게 변했다는 지적이 있었음에도 막걸리는 1960년대 술 소비량의 80퍼센트나 차지할 정도로 주류 시장에서 큰 인기를 차지했다.

막걸리를 싫어하는 사람들이 막걸리의 가장 큰 문제로 지적하는 게 마시면 뒤끝이 안 좋다는 것이다. 그런데 이것은 과거의 막걸리에 대한 나쁜 추억 때문에 생긴 선입견이다. 1965년 쌀로 술을 빚는 것을 금지하는 양곡법이 시행되었다. 그런데 이때 악명 높은 이른바 '카바이드 막걸리'가 등장했다. 업자들이 발효 기간을 앞당겨 생산원가를 줄이려고 공업용 화학물질인 '카바이드calcium carbide'를 넣어 막걸리를 만든 것이다. 카바이드 막걸리는 발열제인 카바이드를 비닐봉지에 싸서 술통에 넣어 속성으로 발효시킨 것으로, 이는 카바이드와 물이 합해지면 아세틸렌을 발생시키면서 열을 내는 것을 이용한 방법이었다.

카바이드 막걸리 소동은 오늘날보다 추웠던 과거의 날씨와 적잖은 관련이 있었다. 알코올을 발생시키는 발효는 주조 과정에 따라 온도가 높아야 할 단계가 있다. 그런데 추운 날씨로 인해 연료비 부담이 커지자 양조장들이 카바이드를 사용했는데,[14] 이때 악취가 발생하는 문제가 생긴 것이다. 카바이드는 주로 가스 용접할 때 사용하는 것으로 특유의 냄새가 나는데 막걸리 주조에 카바이드를 사용하면 막걸리가 속성으로 만들어지는 것은 사실이지만 냄새 역시 막걸리에 배게 마련이었다. 카바이드 막걸리는 공급이 수요를 따라가지 못해 나타난 현상이라고 할 수 있다.

당시 카바이드 냄새가 나는 막걸리를 싫어하는 사람이 많았는데, 그럴 수밖에 없었다. 카바이드 막걸리를 마신 다음 날엔 어김

없이 숙취와 두통이 뒤따랐기 때문이다. 이런 이유 때문에 '카바이드 막걸리'는 악명이 높았으며, 막걸리는 '뒤끝이 안 좋은 술'이라는 불명예를 안게 되었다. 카바이드 막걸리는 맥주와 소주가 주류 시장을 장악하는 데 적잖은 영향을 끼쳤다고도 할 수 있다.

그러나 요즘엔 카바이드를 사용해 막걸리를 만들지 않으므로 악명 높은 카바이드 냄새와 숙취와 두통은 사라졌다. 물론 막걸리를 많이 마시면 숙취가 생기는데, 이것은 모든 발효 술에서 발견되는 공통된 특성이다. 1병에 수백만 원 하는 포도주도 많이 마시면 취하고 머리가 아프기는 마찬가지인데 이는 포도주 역시 발효주기 때문이다.[15]

통일벼의 보급과 쌀막걸리의 부활

막걸리 역사에 한 획을 그은 사건은 통일벼의 보급이다. 통일벼가 보급되고 때마침 계속되는 대풍으로 1975년 쌀 자급을 달성하자 1977년부터 쌀막걸리가 허용되었다. 그런데 놀라운 것은 한껏 기대를 안고 출시된 쌀막걸리였지만 소비자들의 폭발적인 반응은 이끌어내지 못했다는 사실이다. 이는 한국인들의 입맛에 이미 밀막걸리가 익숙해져 있었기 때문으로, 당시 소비자들은 밀막걸리에 비해 쌀막걸리가 싱거워서 맛이 없다는 평을 내놓았다.

그럼에도 처음 쌀막걸리의 판매는 어느 정도 순조로웠는데 문제는 판매 과정에서 불거졌다. 공장에서 출고할 때는 별 문제가 없었는데 공급이 수요를 따라가지 못하자 유통 과정에서 계속 물을 탄 막걸리가 유통되기 시작한 것이다. 자연히 쌀막걸리는 맹물과 같이 싱거워질 수밖에 없었기에 마시고 나면 뒷맛이 개운치 않은 현상까지 유발했다. 심지어 쌀막걸리를 술잔에 부어놓으면 술과 물이 분리되기도 하는 등 애주가들의 기분을 언짢게 하기도 했다. 이런 현상은 자연스럽게 판매 부진으로 이어졌다.[16]

쌀막걸리를 둘러싼 논란이 발생한 가운데 1979년부터 다시 정책이 바뀌어 쌀막걸리 주조가 금지되어 밀막걸리가 부활했다. 식량 수급의 불안정 때문이라는 게 이유였는데, 정부의 주조 관련 제조 방침이 자주 바뀌는 통에 주조장 사람들이 볼멘소리를 낼 수밖에 없었다. 그런데 소주와 맥주 업계가 바로 이런 여러 가지 악재를 활용해 시장을 잠식하면서 막걸리 소비는 급격히 줄어들게 든다. 막걸리가 이들 술에 밀려 추억의 술이 된 것이다.

막걸리에 대한 이미지가 추락하는 가운데 또다시 정책이 바뀌어 1990년부터 쌀막걸리 주조가 다시 허용되었다. 쌀막걸리 주조 허가는 통일벼 소비를 위한 것이었다. 당시 농가에서 주로 생산하던 통일벼는 밥맛이 없어 생각보다 소비가 많지 않았는데, 통일벼 쌀의 소비를 촉진하기 위해 쌀막걸리를 권장한 것이다.

다시 등장한 쌀막걸리와 쌀과 밀을 혼합한 막걸리 등은 쌀 소비의 증가를 가져왔지만, 밀막걸리의 위상은 아직도 요지부동이었다. 이는 한국인의 입맛이 이미 밀막걸리에 적응되어 있다는 걸 의미하는 것이기도 하다. 이 때문에 쌀막걸리를 주조하는 업체에서는 쌀막걸리야말로 한국의 전통 막걸리라며 밀막걸리를 공격했지

🍵 1975년 쌀 자급이 달성되자 정부는 1977년 쌀막걸리를 허용했지만, 소비자들은 밀막걸리에 비해 싱거워서 맛이 없다는 평을 내놓았다.

만 이런 공격은 큰 효과를 거두지 못했다. 이는 막걸리 주조 과정에서 가장 핵심적인 역할을 하는 누룩과도 적잖은 관련이 있다고 할 수 있다. 쌀막걸리와 밀막걸리는 일본의 누룩을 기본으로 하고 있기에 소비자들은 별 차이를 느끼지 못하고 있었기 때문이다.[17]

한국에서 일본식 주조법이 도입된 것은 무려 100여 년 전으로 거슬러 올라간다. 한마디로 거의 100년 동안 막걸리는 일본의 누룩을 사용해 만들어온 것으로, 이는 한국인들이 일본의 누룩을 사용해 만든 막걸리를 한국 막걸리로 인식하면서 마셔왔다는 것을 의미한다. 일본의 누룩이 한국의 막걸리 주조의 주류로 자리매김한 것은 입맛에 관한 한 까다롭기 그지없는 한국인들이 주저 없이 마실 수 있는 막걸리를 제공했기 때문으로 볼 수 있다. 사실 일본의 누룩으로 만든 막걸리에 문제가 있었다면, 아무리 일제강점기라 할지라도 보급되는 데 큰 어려움을 겪었을 것이고 특히 해방 후에 한국에서 사용하지 않았을 것으로 추정할 수 있다.

한국의 전통 누룩을 대체한 일본의 누룩

이런 여러 가지 정황을 감안해 일부 학자들은 왜 일본의 누룩을 사용한 막걸리를 고깝게 보느냐고 지적하기도 한다. 아이러니한 것은 현재 각지에서 불고 있는 전통주 부활 움직임의 방향성이다. 현재 부상하고 있는 전통주는 1995년 자가 양조가 허용되기 전까지 몰래 집에서 빚어 제사나 명절, 농번기, 잔치 등에 사용하고 판매도 했던 밀주로 보아도 과언이 아니다. 즉, 밀주 제조자와 이를 단속하려는 단속반의 치열한 싸움이 계속되는 가운데 수많은 전통주 기술이 사실상 사라졌는데, 당국의 규제가 풀리자 전통주란 이름으로 등장한 것이라 볼 수 있다. 그런데 밀주로 연명한 것은 사실이라 하더라도 그 숫자가 미미한 데다 한번 사라진 기술을 복원한다는 것 자체가 간단한 일은 아니다. 적어도 완전히 체계를 갖춘 일본식 주조법을 현 상태에서 대체하는 것은 불가능하다고 볼 수 있다.

학자들은 일부 지역에서 한국식 전통주를 복원한다 하더라도 일본 누룩의 장점까지 매도할 일은 아니라고 지적한다. 일본의 누룩이 한국의 전통 누룩을 대체할 수 있는 장점이 있었기 때문으로 이에 대한 대안은 간명하다. 메밀막걸리를 주조하는 '농업회사법인 한스팜'의 엄규식 공장장은 한국식 전통 누룩의 단점을 개선해 일본의 누룩을 밀어낼 수 있다면 모든 주조장에서 환영하지 않을 이유가 없다고 말한다. 일본의 누룩이 한국에 도입되었다 하더라도 한국인들에게 알맞은 누룩 개발은 도외시한 채 일본의 누룩이라고 해서 비난하는 것은 옳지 않다는 뜻과 다름없는 이야기다.

언젠가 개선된 한국의 누룩이 등장하면 이 문제는 더는 논란거리가 되지 않을 것으로 생각한다. 애주가들은 물론 막걸리 연구자들이 신경 써야 할 대목이지만, 그 시기까지 대부분의 막걸리 주조장에서 일본의 개량된 기술로 개발된 누룩 사용은 불가항력이다. 학자들은 신규 기술과 과거 기술의 알력을 국가주의적인 포장으로 폄하시킬 것이 아니라 한국식 누룩 개량에 힘을 써야 한다는 뜻이다. 이 문제는 시간이 해결해줄 것으로 생각한다.[18]

제2장

막걸리의 모든 것

청주와 탁주의
모호한 구분

일제강점기의 일본인들은 우리의 술을 청주와 탁주, 약주로 따로 분류하지 않고, 청주와 약주를 조선주(약주)로 묶는 대신 일본술만 청주로 분류했다. 그 영향으로 많은 사람이 제사에 드리는 술은 정종(일본 청주)을 사용하며 음복飮福에는 정종을 데워서 마시기도 한다. 그러나 『부인필지婦人必知』에 "밥은 봄과 같이 먹고, 국은 여름과 같이 먹고, 장은 가을과 같이 먹고, 술은 겨울과 같이 하라"고 적혀 있는 것처럼 따뜻한 밥과 뜨거운 국을 먹는 경우 술은 차게 해서 마셔야 음식 궁합이 맞다는 지적도 있다.

탁주와 청주는 큰 틀에서 같은 모체를 갖고 있으므로 이들을 구분하는 데 혼동이 가기 마련이다. 한마디로 얼마만큼 맑아야 청주고 얼마나 흐려야 탁주인가, 하는 문제가 발생하는 것이다. 탁주의 정의 자체가 '술덧을 여과하지 아니하고 혼탁하게 제성한 것'이라 하여 경계도 분명하지 않다. 과학적이라고 볼 수는 없지만 일반적으로 투명한 병에 술을 담고 신문이나 작은 물체를 병 뒤쪽에 밀착했을 때 글씨를 판독하기 어렵거나 물체를 인식하기 어려운 정도로 혼탁할 때 탁주라고 부른다. 이 경우 탁도계로 측정하면, 350ebc(혼탁도를 나타내는 단위) 이상의 수치가 나온다. 청주는 18ebc 이하의 탁도가 나오고 일반 막걸리는 1,500ebc가 나온다.

막걸리의 정체를 다시 부연한다면 쌀이나 밀, 조, 옥수수 등 곡물을 주재료로 누룩과 물을 섞어 빚은 술이다. 즉, 곡식의 전분이 미생물의 작용으로 알코올화한 것이다. 이 과정은 둘로 나뉘는데 첫째는 효모의 역할이다. 효모는 녹말을 바로 분해하지 못하므로 곡식에 들어 있는 녹말을 엿당(맥아당)이나 포도당으로 전화하는 당화 과정을 거친다. 이 역할을 해주는 것이 누룩곰팡이다. 누룩곰팡이가 아밀라아제(녹말을 엿당으로 만드는 효소)를 가지고 있기 때문이다. 누룩곰팡이는 아밀라아제를 이용해 녹말을 잘게 잘라 이당류나 단당류로 분해하고 이 과정에서 만들어진 엿당이나 포도당을 효모가 알코올로 분해한다. 이러한 분해 과정을 발효라 하는데, 이 과정에서 알코올 이외에 이산화탄소와 에너지가 발생한다. 누룩곰팡이나 효모는 이 에너지를 이용해 살아간다.[1]

막걸리 빚기의
시작

막걸리 빚기는 기본적으로 누룩곰팡이를 번식시킨 한국식 누룩 곡자麯子 또는 일본의 누룩인 국麴을 발효제로 하여, 전분澱粉이 주성분인 곡물과 물을 주재료로 이루어진다. 이때 전분이 주성분인 쌀, 보리 등의 곡물은 찌거나 끓이거나 삶거나 하여 익힌 상태로 만드는데, 전분을 익히는 까닭은 발효제인 누룩의 곰팡이 균이 술이 발효하는 과정에서 전분 분해 효소를 생성하여 전분의 당화를 용이하게 하기 위한 것이다. 다시 말하면 술을 빚기 위해 익힌 곡물과 물, 누룩을 섞어 따뜻하게 두면 누룩 속의 곰팡이 균이 효소를 생성하여 전분을 당화시키고, 당화 과정에서 생성된 당(포도당)을 누룩 속에 포함 또는 첨가한 효모east를 이용한다.

효모는 통성혐기성미생물(산소 호흡을 주로 하지만 무산소 환경에서도 증식할 수 있는 미생물)이므로 산소가 많으면 증식하고 산소가 적으면 증식보다 혐기적 호흡에 의해 대사 중간 생성물인 알코올을 생산하는 특징이 있다. 즉, 효모는 섭취하는 에너지원(포도당)을 효모 세포 체내에서 분해하므로 유리되는 에너지를 생물 자신의 원동력으로 이용한다. 이를 효모의 호흡 과정이라고 하는데 호흡 과정은 생체가 최대한 에너지를 생성하기 위해 호기적 상태를 유지하여 에너지원을 완전히 산화하고 이산화탄소와 물로 분해한다. 이때 생성되는 많은 에너지를 효모 자신의 증식에만 사용하므로 효모의 수가 급격히 증가한다. 이때 효모의 숫자를 증가시키기 위해 하루에 여러 번 휘저어 섞어주는 것은 호기적 상태를 유지하기 위해서다.

그런데 효모가 알코올을 만드는 것은 에너지원, 즉 포도당을 산화시켜 성장과 증식을 하지만 산소가 부족하거나 없는 혐기성 조건에서는 에너지원이 불완전 산화되어 산화의 중간 생성물인 에틸알코올 C_2H_5OH을 생성한다. 한마디로 막걸리가 태어나는 것이다. 그러므로 술을 빚을 때 술덧을 혐기적 상태로 유지시키는 것이 중요하다. 술덧에 공기가 유입되면 호기적 상태가 되므로 탄산가스와 물로 완전 산화됨에 따라 알코올이 생성되지 않기 때문이다.

효모의 이런 작용을 막걸리 주조에만 사용하는 것은 아니다. 술덧의 발효 조건을 다르게 하면 다이너마이트 원료, 화장품과 식품산업에서 유연재로 사용되는 글리세롤glycerol 등을 만들 수 있다. 발효가 얼마나 우리 생활에 깊숙이 침투하고 있음을 알 수 있다.[2] 여하튼 효모는 당의 일부를 먹이로 이용하면서 증식하는 과정에서 나머지 당을 분해해 알코올, 곧 술을 만드는 역할을 한다. 그런데 효모에 의해 알코올이 생성될 때 이산화탄소와 열이 동시에 발생하는데, 이 때문에 술이 만들어지는 발효 과정을 '술이 끓어오른다' 또는 '술이 괴어오른다'고 한다.

누룩 속의 곰팡이 균에 의해 전분을 분해하는 당화 과정이 활발해지면서 필요 이상으로 당의 농도가 높아지거나 술독의 열이 지나치게 올라가게 되면 효모에 의한 알코올 발효가 원활하게 이루어지지 않는다. 열이 지나치게 올라가게 되면 효모가 사멸하기 때문이다. 그러므로 이런 현상을 오히려 역이용해 수분을 함유하고

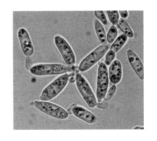

막걸리를 주조하기 위해선 누룩곰팡이와 효모가 있어야 한다. 한국의 누룩 안에는 누룩곰팡이와 효모가 동시에 공존하기에 이것만 넣으면 막걸리를 만들 수 있다. 누룩(왼쪽)과 효모.

있는 여러 가지 식품에 꿀이나 설탕을 많이 넣어주거나 가열하여 식품이 변패變敗되지 않고 오랫동안 보관·저장이 가능한 '당장법糖 長法' 또는 '가열살균법加熱殺菌法'을 활용하기도 한다.

막걸리를 만들 때 술의 재료, 즉 고두밥 등 전분의 투입량과 누룩의 사용량을 적절하게 사용하는 것이 매우 중요하다. 누룩 양에 비해서 필요 이상의 고두밥을 넣어주는 것은 지나치게 당 농도가 높아지는 현상을 초래하므로 바람직하지 못하다. 반대로 누룩 양은 많은데 비해 고두밥 양이 지나치게 적으면 발효가 빨라지면서 독하고 쓴맛이 나거나 술 빛깔이 검어지는 등 향기나 맛이 떨어진다.

막걸리의 성패

발효는 쌀의 녹말이 알코올이라는 전혀 다른 화학적 생성물, 즉 술을 생산한다는 데 묘미가 있다. 그런데 술이 만들어지는 과정에서 전분 분해 효소에 의한 전분의 분해 곧 당화 작용이 독립적으로 이루어지지 않고 알코올 발효와 동시에 이루어지는데 바로 이 점을 세계 학자들은 가장 놀라운 과학기술의 성과로 평가한다. 이 부분은 뒤에서 본격적으로 설명하겠지만, 여하튼 알코올 발효는 당화가 진행되는 동안 증식된 효모에 의해 알코올과 이산화탄소를 동시에 생성한다.

이때 자연스럽게 열이 수반되는데 이때의 열이 술의 제조에 결정적인 역할을 한다. 이를 술독의 품온品溫이 술의 질을 결정한다고 말하는데, 술독의 적정 품온은 32~33도 정도로 그 이상이 되면 술의 산패酸敗를 초래한다. 한마디로 내부의 열에 의해 효모를 비롯한 미생물이 사멸되는데 이 때문에 알코올 발효가 중단되고 곧바로 초산醋酸 발효 단계로 옮아가므로 술이 시어진다. 그러므로 양조 시에 술독의 품온이 지나치게 오르지 않도록 술독의 온도를 내려주는 조처가 필요하다. 일반적으로 창문을 열어 찬 공기를 유입시키거나 술독의 뚜껑을 벗기고, 주걱으로 휘저어준다.

이러한 과정을 '냉각'이라고 부르는데 봄, 가을, 겨울철에는 창문을 열어 방안의 공기를 순환시켜주는 것만으로도 충분하지만, 무더운 여름철에는 주변의 온도와 습도도 높아 품온의 냉각이 수월하지 않다. 따라서 여름철에 가정에서 소규모로 술을 빚을 때에는 큰 그릇이나 욕조 같은 것에 찬물을 받아두고, 그 안에 술독을 담가서 냉각 효과가 크게 일어나도록 하며 공장에서 생산할 때는 냉각수를 뿌려주기도 한다.

술을 빚을 때 술덧의 상태를 살피는 것이 중요하다. 술덧의 맛을 보거나 온도, 괴어오르는 기포의 발생 정도를 감지하는 일이다. 발효가 일어나면서 술독의 품온이 오르기 시작하면 무수한 공기방울이 생성되고, 공기방울은 생성과 동시에 터지게 되는데, 이 기포가 터지는 소리가 한여름에 소나기가 오는 소리와 같이 들린다고도 말한다. 이러한 공기방울의 생성은 알코올과 함께 생성된 이산화탄소가 술덧 밖으로 분출되면서 내는 소리다.

술의 성패는 술을 안친 지 2~3일째가 되면 알 수가 있다. 발효 상태에 따라 냉각시켜주어야 할 시기가 달라지기 때문이다. 학자들은 대체로 냉각에 필요한 시간을 4~5시간 정도로 인식한다. 술독의 품온을 냉각시킨 후 12~15일간(여름철에는 2~3일간) 후발효를 시킨다. 이때 빚은 술의 재료 배합 비율을 상세히 체크하는 것이 중요하다. 재료 배합 비율에서 쌀보다 물의 양이 많았을 경우, 술이 위로 고이고 밥알 찌꺼기와 누룩 찌꺼기가 수면 아래로 가라앉는다. 반면에 쌀 양이 물의 양보다 많을 경우, 밥알 찌꺼기와 누룩 찌꺼기가 위로 떠올라 있고 술은 밑으로 고인다.

한편 후발효 후라도 술독 안에서 기포가 터지는 소리가 들리고 매운 냄새가 나면, 아직 발효가 끝나지 않은 상태다. 그러나 술이 끓는 소리가 들리지 않고 매우 달고 향기로운 냄새가 나면서, 술덧의 한가운데가 오목하게 살짝 가라앉은 상태가 되면 발효가 끝나 술이 다 익었다는 것을 뜻한다.[3]

막걸리 주조에서
가장 중요한 원료는 누룩

막걸리 주조에서 가장 중요한 원료 중 하나가 누룩이다. 누룩이란 술 발효제로서, 술의 발효와 숙성 중에 주원료로 사용되는 곡물(찹쌀, 멥쌀, 보리, 밀, 옥수수, 수수, 조 등)의 전분질을 분해, 당화시켜 포도당으로 만들어주는 효소원이자 발효원이다. 전통적으로 누룩은 밀과 보리, 쌀, 기장, 조 등의 곡물을 이용해 만들지만 원리적으로 보면 술의 주원료가 되는 전분질 중심의 곡물이면 모두 가능하다. 누룩이 필요한 이유는 간단하다. 건조된 곡물과 낱알 형태 그대로는 누룩곰팡이나 효모의 번식이 곤란하기 때문이다. 그러므로 이를 파쇄해 적정량의 수분과 온도를 제공하면서 미생물이 증식하도록 한 것이 누룩이다.[4]

학자들은 한국에서 누룩이 처음 만들어진 시기를 중국 춘추전국시대(기원전 5세기경)로 추정한다. 당시의 재료는 지금처럼 밀이 아닌 조粟였다고 한다. 기원전 3세기경 편찬된 『주례周禮』에는 '산국散麴'이 등장하고, 한나라 때의 『방언方言』에는 지금과 같은 형태의 '병국餠麴'이 술 빚기의 주종을 이루었다고 적혀 있다. 고대 우리나라의 술도 중국과 마찬가지로 기본적으로 발효주였으므로 중국에서 누룩의 아이디어를 차용하여 술을 만들었다고 추정한다. 그러나 누룩에 대한 우리나라의 기록은 매우 늦어 1450년경, 즉 조선왕조 창건 초엽인 세종과 세조 때 의관 전순의가 편찬한 『산가요록山家要錄』을 시작으로 『사시찬요초四時纂要抄』, 『음식디미방飮食知味方』

등에 누룩 만드는 법이 기록되어 있다.

이들 문헌에 소개된 누룩의 재료는 밀을 중심으로 쌀, 찹쌀, 보리, 녹두 등이다. 특히 구한말에는 '분국粉麴'이라 불리는 밀가루로 만든 누룩과 밀가루와 밀기울을 섞어 만든 '조국粗麴'이 사용되었다. '분국'은 약주와 청주 전용의 술 빚기에 이용되었고, '조국'은 탁주와 소주 전용으로 이용되었다. 그러나 함경도 지역에서는 귀리, 겉보리, 피 등에 술지게미를 섞어 찐 것을 누룩의 원료로 이용했다.

전통적으로 누룩을 국자麴子, 국麴, 곡자麯子라고 표기해왔는데, 언젠가부터 한·중·일 삼국은 각기 다르게 표기했다. 중국은 국자麴子, 일본은 국麹, 한국은 곡자麯子라고 표기했는데 이것은 각국이 독자적인 누룩을 제조했기 때문으로 추정된다. 중국의 '국자', 한국의 '곡자'는 누룩에 누룩곰팡이와 효모가 공존하므로 누룩만 넣으면 발효가 가능한데 반해 일본의 '국'은 누룩곰팡이만 있는 경우로 효모를 투입해 주어야만 발효를 시킬 수 있는 것이 다르다. 현재 한국의 대부분 양조장에서 사용하는 것은 바로 일본식 '국', 즉 고지다. 누룩을 만드는 방법, 즉 발효법은 대체로 다음과 같다.

누룩곰팡이는 누룩의 재료가 되는 밀 등의 전분질에 적당량의 수분을 가하고 상온에서 보온을 하는 발효 과정을 거치는 과정에서 젖산균과 물, 공기, 볏짚 등이 상호작용해 자란다. 누룩을 만들면 제일 먼저 젖산균이 자라고, 다음에 효모가 번식하는데, 술덧의 품온이 올라가면 효모는 번식을 중단하고, 최후에 누룩곰팡이가 자라는 등 이런 과정을 수없이 반복한다.

지방마다 다른
누룩 제조법

누룩이 만들어지는 이러한 과정을 '발효'라고 하는 까닭은 누룩의 재료로 이용되는 밀 등의 전분질에 적당량의 수분을 가하고 상온에서 보온을 해주면, 젖산균의 도움으로 누룩의 재료나 물, 공기, 볏짚 등에 존재하던 잡균이나 세균의 활동이 억제되면서 상대적으로 젖산에 강한 누룩곰팡이와 효모의 활동이 활발해지기 때문이다. 특히 효모의 증식과 대사로 인해 이산화탄소가 생성되고 열이 발생한다. 누룩의 반죽이 빵처럼 부풀어 오르고 따뜻해지는 현상이 그것이다.

또 일정한 시간이 경과하면 누룩 반죽의 열이 식고 딱딱해지면서 누룩곰팡이가 많이 자라 있는 것을 볼 수 있으며, 누룩 반죽은 다시 원래 형태로 되돌아가게 된다. 누룩의 발효 시 이와 같은 현상이 반복되는 것을 목격할 수 있는데, 발효와 동시에 발생되는 열로 인해 수분 증발이 다 이루어지면 그와 같은 현상이 끝나게 되고 발효는 종료된다. 누룩이 다 띄워진 것이라고 할 수 있다. 이런 누룩을 술 빚기 2~3일 전에 용도에 따라 크기를 달리하여 밤낮으로 햇볕과 이슬을 맞혀서 살균과 냄새 제거, 표백을 하는 법제法製 과정을 거치게 된다.[5] 이 과정을 이지현은 다음과 같이 정리하여 설명한다.

"누룩을 만들면 제일 먼저 젖산균이 활발하게 자란다. 젖산균은 젖산을 만들고 부패균 증식의 원인이 되는 영양분을 먹어치워서 부패균 번식을 억제하는 천연 방부제의 역할도 한다. 젖산균에 의해 환경이 산성이 되면 젖산균의 번식은 줄어들고 약산성에서 번식 능력이 좋은 효모가 대량 증식한다. 이 효모가 곡물을 술로 만드는 발효 단계에서 알코올을 만들어낸다. 효모가 많아지면 이들이 살아가기 위해 호흡을 하는 과정에서 에너지를 생산하여 누룩의 온도가 올라가며 효모는 번식을 멈춘다. 누룩에는 여러 가지 곰팡이가 자라는데 이들이 다당류를 분해시키는 효소 아밀라아제를 만들어 다당류인 곡물을 포도당인 단당류로 분해하는 당화 과정을 담당한다."

선조들은 술을 빚을 때까지 누룩을 건조하여 보관했다. 이는 건조된 누룩에서 미생물이 더는 증식하지 못하도록 하기 위해서였으며 햇볕에 쬐는 것은 살균과 냄새 제거, 표백의 효과를 얻기 위한 것이었다.[6] 누룩은 사용 목적에 따라 약주용, 탁주용, 소주용 누룩이 있으며 누룩의 전분질 원료에 따라 소맥, 쌀, 수수로 제조한 고량누룩, 호밀로 제조한 연맥누룩 등이 있다. 또한 원료의 분해 정도에 따라 밀을 곱게 분쇄한 분말로 만든 분국粉麴, 밀을 거칠게 분쇄한 분말로 만든 조국粗麴, 밀을 분쇄하여 밀기울을 분리하여 밀가루로 만든 백국白麴이 있으며 한약재 등을 누룩에 첨가하기도 한다.

한국의 누룩은 지방마다 독특한 기후의 영향으로 모양과 제조법, 발효 기간의 차이를 나타낸다. 서울을 비롯해 경기, 영남 지방에서는 성형한 누룩을 짚으로 싼 후 온돌방에 쌓아서 4~5일간 띄우고, 호남 지방과 충청도 서해안 지방에서는 짚으로 묶고, 실내의 시렁이나 천장에 매달아서 10~30일에 걸쳐 띄우는 것이 일반적

🍃 선조들은 술을 빚을 때까지 누룩을 건조하여 보관했다. 다양한 누룩들.

이다. 또한 서울, 경기, 영남 지방의 누룩 형태는 편원형片元形 또는 원반형原盤形, 호남과 충청도 지방의 누룩은 원추형圓錐形과 모자형茅茨形, 방형方形, 정방형正方形으로 주로 제조한다. 이런 차이는 서로 다른 지리적 환경과 기후에서 비롯된다. 서울을 비롯하여 경기도, 영남 지방은 산이 비교적 높기 때문에 일조량이 적어 두꺼운 누룩을 건조시키는 데 어려움이 있지만 호남 지방과 충남의 서해안 지방은 산이 낮아 일조시간이 길기 때문에 누룩이 두꺼워도 충분한 건조가 가능해 이런 차이가 발생한 것이다.

과학적인 지식을 통해
음식 문화를 개발한 한국인

누룩의 두께가 너무 두꺼우면 발효(띄우기) 시 누룩의 중앙 부분이 썩기 쉬우며, 건조가 잘 되지 않아 좋은 누룩이 만들어지지 않는다. 또 누룩이 너무 얇으면 발효 시 곰팡이가 충분히 번식하지 못한 상태에서 건조되므로, 역시 품질이 좋은 누룩을 만들 수가 없다. 이러한 예는 같은 발효 식품인 장을 발효시킬 때 사용하는 장독, 김장 항아리의 형태에서도 찾아볼 수가 있다.

경상도나 전라도에 살면서 장 담그는 데 남다른 비법을 갖고 있는 할머니가 서울로 시집간 딸의 집에서 장을 담가주었는데 원래의 맛이 나지 않는다고 투덜거리는 것을 자주 듣는다. 반대로 경기도에서 장 담그는 방법을 익혀서 전라도나 경상도로 시집을 갔는데 장맛이 나쁘다고 시어머니에게서 핀잔을 들었다는 이야기도 적지 않다. 이유는 간단하다. 발효와 저장 시설로 안성맞춤인 옹기가 지역에 따라 모양이 다르게 제작되었다는 것을 간과했기 때문이다. 우리나라의 옹기는 각 지역에 따라 다소 다르게 제작되었는데, 국립중앙과학관 연구팀은 한국의 옹기를 3지역으로 나누어 구분했다.

중부 이북에서 주로 사용하는 소위 북부 지방의 옹기는 전반적으로 입口徑이 큰 것이 특징이다. 저장된 음식이 얼어서 옹기가 깨지는 것을 막기 위해서다. 반면에 배 부분이 부르지 않고 키가 높다. 중부 지방의 옹기는 대체로 밑과 입 지름의 크기가 비슷하며 항아리의 생김새도 맵시 있다. 남부 지방의 옹기는 타 지방에 비해 배가 부른 편이지만 기본적으로 더운 날씨 때문에 물이 증발하는 것을 막기 위해 입을 좁게 만들었다. 전라도 지방과 경상도 지방의 옹기가 다소 다르다. 경상도 지역의 항아리 몸통의 지름에 대한 입의 지름보다 전라도 지역의 항아리 입이 훨씬 더 넓다. 특히 경상도 지역 옹기는 입은 호남 지역과 마찬가지로 좁지만 어깨에서 배까지 점차적으로 팽창되어 수박동이 모습을 취한 것이 특징이다.

옹기의 모양이 다른 것은 그 지역의 환경과 기후 조건에 따라 다르게 제작되었기 때문이다. 중부 지역은 일조량과 기온이 높지 않으므로 장을 담글 때 자외선을 충분히 쪼이게 하기 위해 입을 넓게 만들었다. 반면 영호남 지역은 중부 지역에 비해 기온이 높고 일조량이 많으므로 옹기 입이 넓으면 수분 증발이 많아진다. 그래서 이를 방지하기 위해 입을 좁게 만들고 대신 어깨를 넓게 함으로써 옹기 표면으로 복사열을 많이 받아들이도록 했다. 그러므로 영호남 지역 법식으로 중부 지역에서 장을 담그면 장맛이 달라지고 신선도가 낮아지는 것은 오히려 당연한 일이다. 우리 선조들이 과학적인 지식을 갖고 음식 문화를 개발했다는 것을 뜻하는데 같은 발효 식품인 막걸리를 만드는데도 이와 같은 과학적인 지식이 동원된 것이다.[7]

전통 누룩을 자연 상태에서 띄우므로 비위생적이라는 지적도 있었지만, 누룩에 대한 수많은 검사에서 병원 미생물이나 대장균이 발견되지 않았다. 날곡류를 누룩의 원료로 사용하므로 생전분 환경에서는 병원성 세균이 번식할 수 없기 때문으로 전통 누룩은 매우 위생적이라 볼 수 있다. 설사 유해 세균에 오염되더라도 발효 과정에서 생성된 산과 알코올에 의해 사멸되므로 위생적으로 아무런 문제가 되지 않는다. 더불어 막걸리의 발효 중에는 14~16퍼센트의 알코올이 존재하므로 발효 과정에서 유해 세균의 오염은 있을 수 없다.

누룩
다이제스트

누룩을 『표준국어대사전』에서는 '술을 빚는 데 쓰는 발효제', 『새우리말큰사전』에서는 '곡물을 쪄서 누룩곰팡이를 번식시킨 술을 빚는 데 쓰는 발효제'로 풀이해놓았다. 이를 구체적으로 설명하면 누룩은 날곡류를 분쇄해 물에 개어 형태를 잡은 것으로, 이곳에 곰팡이와 효모가 번식해 각종 효소를 생성 분비하고 있는 발효제의 하나라 할 수 있다. 현재 주조장에서 술을 빚는 발효제로 사용되고 있는 것은 전통 누룩, 곰팡이류를 인위적으로 번식시킨 입국粒麴, 조효소제(개량 누룩), 정제 효소제, 건조 효모, 액상 효모, 엿기름 등이 있다. 이 발효제들을 단독으로 쓰기도 하지만 적절히 배합하여 사용하기도 한다.

① 전통 누룩

전통 누룩에는 소위 누룩곰팡이로 황국균黃麴菌, Aspergillus oryzae, 백국균白麴菌, Asp Luchuensis mut. Kawachii, 흑국균Asp awamori 등이 있는데, 이들 속에는 젖산균Homo lactic acid bacteria과 효모인 사카로마이세스 코리아

누스Saccharomyces coreanus, 사카로마이세스 세르비제Saccharomyces crerevisiae 가 공생 공존하여 술의 발효에 관여한다.[8]

현재 주로 사용하고 있는 누룩은 통밀 등을 분쇄하여 만든다. 전통 누룩은 다양한 형태로 만들어지는데 주종, 사용 원료에 따라 수십 종이 존재한다. 단단하게 뭉친 떡누룩(병국)은 원료 분쇄 정도에 따라 곡류를 곱게 분쇄한 분말로 만든 분국, 거칠게 분쇄한 분말로 만든 조국, 한약재(쑥, 여귀, 녹두, 도꼬마리, 천초, 생강, 연꽃, 매화꽃) 첨가에 따라 초국으로 분류한다. 병국과 대별되는 흩임누룩(산국)은 곡물의 낱알이 흩어진 상태로 완성된다.

전문가들은 누룩의 단면은 황회색 또는 회백색으로 균사가 충분히 파고 들어간 것이 좋고 발색 부분이 많은 것은 수분 과다에 고온 경과를 계속한 것으로 좋지 못하다고 말한다. 전체적으로 얇게 제조한 누룩은 짧은 시간에 숙성되어 색상은 좋지만 외측 수분이 빨리 증발되어 당화력이 나빠질 수 있고 향미가 깊지 않으며 술지게미가 많이 생긴다고 설명한다. 따라서 온습도를 조절할 수 있는 누룩 발효실을 따로 만들어 활용한다.

두껍게 성형한 누룩은 내부의 수분 발산이 어려워 품온이 높아질 수 있고 고온에서 잘 생육하는 나쁜 미생물이 존재할 수 있다. 외측의 수분은 공기 중으로 쉽게 날아가지만 내부는 수분 발산이 어려워 중심부가 썩어 들어가기도 한다. 특히 성형할 때 단단히 밟지 않으면 발효될 때 부풀어 오른 틈에 나쁜 미생물이 번식하여 부패하기 쉽다. 누룩은 지역과 제조 방법에 따라 미생물상이 각기 달라질 수 있으므로 각자 독특한 누룩을 만들 수 있다. 같은 지역이라도 계절과 제조 시기에 따른 미생물 간 차이로 누룩의 특색이 달라지기도 하므로 이들의 차이를 잘 이용하는 것이 중요하다.

② 흩임누룩(입국)

입국은 쌀, 보리, 밀가루를 찐 후 배양한 곰팡이 종국을 접종 · 배양한 흩임누룩이다. 입국은 일본 누룩의 일종인 발효제로 곰팡이가 생성한 유기산은 주모의 잡균 증식을 억제하여 안전한 발효에 기여한다. 곧바로 곰팡이를 배양하기 때문에 국 자체가 발효제인 동시에 원료다. 입국은 주로 아스퍼질러스Aspergillus 속의 곰팡이를 사용하며 백국균, 황국균, 흑국균으로 나뉜다. 이들은 당화력과 단백질 분해력이 강해 막걸리, 청주, 증류주를 비롯하여 식초류, 장류, 음청류(감주) 등의 양조 산업에 많이 사용한다.

한국의 막걸리는 주로 백국균, 일본의 청주는 황국균, 중국과 대만의 홍주는 흑국균을 주로 사용한다. 백국균은 흑국균에서 변이된 종으로 '아스퍼질러스 루추엔시스Aspergillus Luchuensis'라 부른다. 막걸리에서 주로 백국을 사용하는 것은 황국과 달리 산 생성이 강하므로 술덧에서 잡균의 오염을 방지하기 때문이다. 특히 백국균은 당화형의 내산성 아밀라아제와 구연산을 많이 생성하므로 초기 담금의 pH가 3.1~3.3이어서 여름철 발효에 대단히 유효하다.

③ 조효소제(개량 누룩)

조효소제는 전분질을 함유한 곡물에 인위적으로 우량한 당화 효소 생성균을 번식시킨 것을 말한다. 일반적으로 재래 누룩의 여러 균을 배양한 후 혼합해 당화력을 높인 것으로 자연 누룩의 복잡한 맛과 당화력을 동시에 추구한 것이다. 정상적인 제조 관리로 만들어진 조효소제는 독특한 향취를 풍기는 회백색의 과립 상태 제품이다. 조효소제는 내산성 당화력이 존재하므로 첫 담금(수국 또는 초단 담금)할 때에 사용하거나 덧담금할 때 사용해도 무방하다. 이는 자가 제조 입국의 불균형성에서 오는 역가 부족을 보강하여 발효의 안정도를 높이는 데 사용한다.

④ 정제 효소제

고체와 액체 배지에 당화 효소 생성 곰팡이를 배양한 후 전분질을 당화·분해시키는 효소만 추출 분리한 것을 말한다. 덧담금할 때에 물에 풀어 사용한다.[9]

한국식으로 변형시킨
일본의 누룩 기술

이 설명은 전통 누룩과 일제강점기에 도입된 고지와 효모(종균)를 따로 사용한다는 뜻으로 대부분의 양조장에서 이 방식을 사용한다. 소위 양조장에서 찐 밀가루 등으로 만든 입국을 사용한다. 입국이란 일반적으로 곡류를 분쇄하지 않고 입자 상태의 쌀을 증자한 후 아스퍼질러스 속 또는 리조푸스 속 등의 단일 곰팡이만 번식시켜 효소를 생성시킨 당화제다. 이를 일본의 누룩인 고지라 부른다.

고지는 종국이라는 씨 누룩을 사용하는데 황국균, 백국균이나 털곰팡이를 인위적으로 접종하므로 한국 전통 누룩과 달리 여러 종류의 미생물이 번식하지 않고 종국으로 사용한 황국균이나 털곰팡이만 단일로 번식한다. 과거에는 주로 황국균을 종균으로 사용했는데 황국균은 당화 효소 활성은 높지만 산酸 생산력이 약하므로 최근에는 산 생성력이 우수한 백국균을 많이 사용한다. 즉, 입국을 이용하여 술을 빚을 때, 배양 효모와 젖산을 투입해주므로 우리 고유의 양조 방식과는 분명한 차이가 있다. 그러나 현대 대부분의 국내 막걸리 양조장에서 한국의 전통 누룩이 아니라 일본의 누룩을 사용하고 있다는 것은 그만큼 장점이 있다는 것을 의미한다.

우리의 대표적인 대형 양조장에서 생산하는 서울 장수, 부산 생탁, 대구 불로, 인천 소성주 등의 대도시 막걸리는 일본의 누룩으로 술을 빚는다. 백국균은 흔히 술의 신맛을 좌우하며, 황국균은 고소하고 담백한 맛을 낸다고 하는데 양조장에 따라 백국과 황국을 혼합해서 술을 빚기도 한다. 이 밖에도 술을 빚는 데 들어가는 검은색의 흑국균黑麴菌은 주로 오키나와 지방과 중국 일부에서 황주를 빚는 원주에 이용되는데 흑국과 백국은 맛이 비슷하므로 한국에서는 흑국을 많이 사용하지 않는다. 현재는 백국을 미림, 간장, 미소에도 사용하고 있다.[10]

이를 다시 설명하면 한국의 전통 누룩은 당화제뿐만 아니라 주모의 역할도 수행하여 전통 주류를 만드는 것에 반해 고지는 살균한 곡류에 순수 배양한 미생물을 살포하여 만들기 때문에 그 미생물의 조성이 매우 단순하다. 그런데 고지처럼 단일 균류로 술을 빚을 경우 술 제조 공정의 안정적 관리와 균일한 맛을 유지하므로 대량생산에 유리하고 숙성 속도가 빠르다. 반면에 전통 누룩은 여러 균이 모두 포함되므로 술의 맛이 상당히 복잡하고 발효 시간이 길어 상황에 따라 2배의 시간이 걸리기도 한다.[11]

물론 엄밀하게 말하면 현재 한국에서 대부분 사용하는 누룩은 큰 틀에서 일본식 전형으로만 볼 것도 아니다. 한국 고유 누룩은 통밀을 빻아 메주처럼 단단하게 뭉친 밀누룩이다. 일본은 고두밥에 황국균을 파종하여 만든 바슬바슬한 쌀알누룩이다. 그런데 현재 대부분의 막걸리 양조장에서는 밀가루에 백국균을 파종하여 만든 가루누룩을 사용하고 있다. 제조법은 일본식이지만, 일본에서는 사용하지 않는 방식이다. 즉, 일본은 쌀알에다가 균을 뿌리지만, 우리는 밀가루에다가 뿌린다는 점이 다르다.

또한 일본은 황국균을 주로 사용하지만, 한국은 대부분 백국균을 쓴다. 이 면만 본다면 일본 소주에 사용하는 백국균을 들여와 한국 막걸리에 투입시킨 것으로 소위 일본의 누룩 기술을 받아들이되, 이를 한국식으로 변형시킨 것이라 할 수 있다. 현재 대부분의 양조장에서 사용하는 누룩을 일본식이라고 도매금으로 지칭할 것은 못 된다는 소리다.

한국에만 존재하는 밀막걸리

여기에는 한국의 특수 사항도 한몫을 했다. 1960년대 중반에 국가에서 쌀로 술을 빚지 못하게 하자 대체 원료로 미국산 원조 밀가루를 사용해야 했다. 그런데 한국에서는 밀로 누룩을 만들었지만 술을 빚어본 적이 없다. 이런 상황에서 밀가루로 술을 빚으라고 하니 양조장에서는 술맛을 낼 수 없다고 아우성을 쳤다. 이에 대안으로 국세청기술연구소에서 일본의 누룩 제조법을 들여와 양조장에 보급한 것이다. 정부의 이런 정책에 피해를 입은 곳은 그나마 근근이 견디고 있던 한국식 누룩 제조장들이었다. 판로가 없으니 자동적으로 문을 닫지 않을 수 없었고 이 여파로 인해 한국의 막걸리 제조 전통은 완전하게 사라지게 되었다.

그런데 그야말로 예상치 못한 결과가 나왔다. 일본식을 차용한 소위 개량 누룩으로 만든 막걸리를 한국인들이 거부하지 않은 것이다. 사실 그런 막걸리라도 없는 것보다 낫다는 지적도 있긴 하지만 엄밀하게 말해 개량 누룩으로 만든 막걸리가 주조 기간을 획기적으로 단축시켜주고 원가도 절감시켜주었기 때문에 양조장에서는 이 방식을 선호했다. 맛을 일일이 구분하면서 마시지 않은 일반 애주가들 역시 가격이 저렴해지자 새로운 막걸리를 거부하지 않았으며, 추억과 낭만을 주는 물질로 대우한 것이라 볼 수 있다.

미국산 밀가루와 일본의 누룩으로 만든 밀막걸리가 태어난 지도 이제 40년이 넘었는데 밀막걸리가 일본에도 없고, 미국에도 없고, 오로지 한국에만 존재한다는 것은 여러 가지 점을 시사한다. 엄밀한 의미에서 현재 대부분의 양조장에서 주조하는 막걸리는 한국화된 한국의 막걸리로 볼 수 있다는 뜻이다. 일각에서 전통 막걸리를 강조하지만 현대화된 한국식 막걸리 역시 한국산이라는 논리

🍶 2016년 2월 주세법 시행령이 개정되어 음식점 등에서 직접 만든 이른바 '수제 막걸리'를 팔 수 있게 되었다. 현재 한국에서 생산되는 전통주는 100종 이상이다.

로 발전할 수 있으므로 과거의 전통 막걸리만 고집하면 이상한 논리에 빠진다고 지적이 나오는 이유다.

　물론 막걸리 상황도 현재는 많이 바뀌었다. 2016년 2월부터 일반인들이 막걸리를 만들어 파는 데 문제가 없을 정도로 자유롭게 주조할 수 있는 세상이 되었다. 새로운 주세법은 전통주 면허의 설비 기준을 5킬로리터에서 1킬로리터로 완화했다. 음식점 등에서 직접 만든 이른바 '수제 막걸리'를 팔 수 있게 된 것이다. 이는 한국인이라면 누구나 개성을 갖고 만든 소량의 술들을 만들 수 있다는 뜻으로 대량생산해서 대량 공급하는 방식이 아닌, 소량으로 만들어 맛을 차별화한 일종의 음료수처럼 술을 마실 수 있게 된 것이다. 물론 전통주라고 해서 막걸리만 의미하는 것은 아니지만 우리의 술이 우리의 주방으로 들어올 수 있게 되었다는 것은 큰 변

화다.[12]

여하튼 전통 누룩으로 만든 우리 쌀막걸리, 밀가루 누룩으로 만든 쌀막걸리와 밀막걸리 등이 앞으로 혈투를 벌일 것은 자명한 일이다. 이 중 누가 주도권을 잡을지 모르지만 이로 인해 어느 나라보다 다양한 주류, 즉 막걸리가 태어날 수 있는 환경이 만들어졌다는 것은 한국인들이 고마워해야 할 지점이다. 입맛에 따라 여러 가지 막걸리를 마실 수 있게 되었으니 말이다.[13]

일본의 누룩을 사용해 막걸리 만들기

현재 한국의 막걸리 만드는 법은 전통 누룩을 사용하는 것과 일본식 누룩을 사용하는 것으로 나뉘는데, 한국에서 주조되는 대부분의 막걸리는 일본의 누룩을 사용한다. 일본의 누룩을 사용해 막걸리 만드는 과정을 간략하게 설명하자면 다음과 같다.

① 깨끗이 씻은 쌀은 2시간가량 물에 불린 다음 채반을 이용해 물기를 제거한다. 볼에 누룩과 이스트를 넣고 잘 섞은 다음 물 1컵을 붓고 2시간가량 불린다.

② 물기를 제거한 쌀은 찜솥을 이용해 40~60분가량 찐 다음 10분간 뜸을 들여 고두밥을 만든다. 고두밥을 쟁반에 넓게 펼쳐 담고 뒤적이면서 충분히 식힌다.

③ 끓는 물로 소독한 항아리에 고두밥, 불린 누룩과 이스트, 물 4리

터를 넣고 잘 섞는다.

④ 재료를 잘 섞은 다음 항아리 입구를 한지나 깨끗한 천으로 덮고 끈으로 동여맨다. 실내 온도가 15~25도로 유지되는 곳에 두고 발효시킨다. 이때 바닥 온도가 올라오지 않도록 한다.

⑤ 발효를 시작한 뒤 처음 3~4일간 하루에 한두 번씩 막걸리를 젓는다.

⑥ 발효를 시작하고 5일이 지나면 젓지 않아도 거품이 부글부글 끓으며 발효가 진행된다. 7~12일 뒤 거품이 나지 않고 윗부분이 맑아지면 채반이나 광목천으로 찌꺼기를 걸러낸다.

⑦ 걸러낸 막걸리와 동량의 찬물을 섞어 도수를 희석시킨 다음 3~4일간 냉장고에서 숙성시킨다.[14]

이와 같이 간략하게 설명했지만 과거 수많은 가양주가 한국에 존재했다는 것을 감안하면 여러 가지 변형을 토대로 수많은 막걸리를 만들 수 있음은 물론이다. 그런데 막걸리 제조에 실무적으로 들어가면 누룩과 함께 가장 중요하게 등장하는 것이 밑술과 덧술이므로 이 부분을 자세하게 설명하자면 다음과 같다.

밑술은 '술밑' 또는 '주모'라고도 하는데, 개량식 술 빚기에서 별도로 만들어두는 '주모'와는 다소 차이가 있다. 개량식 주모(일본식)에는 누룩 대신 종국種麴(국균)을 사용하고, 물과 곡물 이외에 별도의 배양 효모를 첨가하기 때문에 전통적인 술 빚기에서의 밑술이란 개념과는 차이가 크다. 전통 술 빚기에서 밑술을 만드는 까닭은 술의 발효를 도와 알코올 도수가 높으면서 맛과 향이 좋은 술을 빚기 위한 것으로서, 일차적으로는 효모균의 증식과 배양에 그 목적이 있다.

밑술의 제조 목적은 우수한 효모를 다량으로 증식시키는 데 있다. 옛날 사람들이 처음 빚었던 술은 술 빚기를 한 번으로 그치는 단양주였다. 처음 술을 빚어 마셨을 때는 한 번 빚은 단양주라도 그 맛이 좋았고, 낮은 알코올 도수라도 기호를 충족시켰지만 자주 마시면 좀더 알코올 도수가 높고 강한 술을 추구하게 마련이다. 그래서 먼저 빚어둔 술을 이용하여 다시 술을 빚어 넣고 익혔는데 두 번 빚는 것을 이양주라 부른다. 그러므로 처음 담근 술을 '밑술'이라고 하고, 나중에 밑술에 보태는 술을 '위덮이' 또는 '덧술'이라고 부른다.

술 빚기도 점점 발전하여 밑술을 담글 때 사용하는 재료를 처음에는 죽으로 만들었는데, 떡(백설기)으로 만들어 빚은 술이 부드럽다는 것도 알게 되면서 백설기로 술을 빚기도 했다. 또한 고두밥 형태로 술을 빚자 다른 방법보다 술 빚기가 간편하고 독한 술이 만들어지므로, 이런 방법이 일반화되기 시작했다. 그러므로 술 빚기에서 술맛과 향, 알코올 도수 등이 관건이 되어 밑술의 중요성이 강조되기 시작했다.

특히 밑술의 재료 처리 상태에 따라 효모균의 생성과 증식도 달라지는데, 이는 전분의 익힘 상태와 밀접한 관련이 있기 때문이다. 즉, 전분이 잘 익은 상태라야 당화가 잘되고, 당화에 의해 생성된 당(포도당)을 활용하여 효모의 증식이 잘 이루어지도록 해야 한다. 그런데 누룩 속의 효모가 증식할 때 젖산균과 기타 미생물도 번식하는데, 젖산균의 활동으로 젖산이 생성되면 공기를 싫어하는 낙산균을 비롯해 잡균 등 부패균이 더는 자라나지 못한다. 즉, 젖산균과 효모만이 남게 되는데 젖산균은 효모균의 발육과 증식을 도우며 효모균이 당을 분해하여 알코올과 이산화탄소를 생성한다. 그러나 효모에 의해 생성된 알코올은 다시 젖산균과 누룩곰팡이의 증식을 억제하므로, 효모만 살아남는다.[15]

학자들은 선조들이 밑술로 삼국시대에 '죽'을 비롯하여 '백설기'와 '고두밥' 형태로 술을 빚어왔다고 추정한다. 고려시대에 밑술로 이화주梨花酒와 백하주白霞酒 등 '구멍떡'과 '범벅' 형태의 술 빚기가 등장하더니, 조선시대에 이르러서는 한층 다양화되어 친 떡인 '인절미'와 삶은 떡인 경단 형태의 '물송편', 빚은 떡인 '개떡' 형태의 술 빚는 방법이 등장한다. 한마디로 전통주의 제조 방법이 한층 다양화되었음을 알 수 있다. 따라서 우리나라 전통주는 어떤 경우라도 이 8가지 방법을 사용한다고 볼 수 있다.

밑술은 주원료인 전분, 곧 곡식의 전처리를 어떻게 하고 가공하느냐에 따라 다르다. 따라서 쌀은 '백세한다'고 하여 가능한 한 많이 씻어서 3~4시간 또는 하룻밤 불렸다가 다시 씻어 건져서 그대로 익히거나 가루로 빻아서 끓여 만든 죽을 비롯하여 삶은 떡이나 찐 떡으로 만드는데, 어떤 방법을 취하느냐에 따라 술의 맛과 향기, 알코올 도수가 달라지는 것이 전통주의 특징이자 장점이다.

밑술을 빚는 방법에 따라
달라지는 막걸리

막걸리는 근본적으로 밑술 빚는 법에 따라 여러 가지 특징이 나타난다. 밑술은 우리 술의 근본을 이해하는 데 도움이 되므로 8가지 밑술에 대해서 설명하도록 하겠다. 밑술 빚는 방법은 박록담의 글을 상당 부분 인용했다.[16]

① 죽으로 빚는 술

학자들은 선조들의 술 빚기에서 죽이 가장 먼저 사용되었을 것으로 추정한다. 죽으로 빚은 술이 가장 오래된 방법이라는 근거는 '황제가 최초로 곡물을 삶아 죽을 만들었다'라는 중국의 '황제黃帝'에 관한 전설에 따른 것이다. 한국에는 『주방문酒方文』, 『증보산림경제增補山林經濟』, 『규곤시의방閨壼是議方』 등에 죽으로 빚은 술이 가장 많이 수록되어 있다. 이는 죽으로 빚은 술이 우리나라 사람들의 기호에 맞기 때문에 선호한 것으로 보지만 현재는 거의 사라진 방법이다.

죽으로 빚은 술을 선조들이 애용한 것은 빛깔이 맑고 밝으며, 술의 양이 많다는 점에서 매우 경제적인 방법이었기 때문이다. 여기에서 죽을 잘 쑤려면 먼저 죽을 쑬 재료를 물에 깨끗이 씻고 충분히 불려야 한다. 엄밀하게 따지자면 죽 쑬 재료의 소출 연대가 중요한데 오래된 것일수록 여러 번에 걸쳐서 물에 깨끗이 씻어야 하고, 오랜 시간 불려야 한다. 죽은 물의 사용량에 따라 상태가 달라지지만 기본적으로 오래 묵은 것은 약 10시간, 그해에 소출된 것은 절반인 5~6시간 정도면 충분하다.

죽을 쑬 때는 미리 사용할 물의 양을 산정해서 처음부터 가루와 함께 넣고 끓여야 좋다. 특히 소금은 금기다. 죽에 소금이 들어가게 되면 발효가 원활하지 못할 뿐 아니라, 술을 마시고 나면 심한 갈증을 느끼게 된다.

② 개떡으로 빚는 술

한국인들의 개념으로 볼품도 없고 맛에서 가장 떨어지는 떡을 '개떡'이라 말한다. 볼품이 없다는 것은 송편처럼 공을 많이 들이지 않고 만들 수 있다는 의미다. 쌀가루를 대충 버무려 둥글납작하게 빚어 급히 시루에 쪄내므로 송편에 비해 홀대를 받았지만, 이런 개떡을 술 빚는 데 사용하면 천하의 명주를 만들 수 있다. 『임원십육지林園十六志』는 천하의 명주를 개떡으로 만드는 술이라고 적었는데, 현재는 완전히 사라진 것으로 추정한다.

개떡으로 술 빚는 것이 간단하지 않고 재료의 양에 비해 얻어지는 술의 양도 적기 때문이다. 한마디로 맛과 향이 매우 뛰어난 최고급의 술로 알려지지만 쌀 사용량에 비해 상대적으로 얻어지는 술의 양이 매우 적고, 발효 과정도 까다로워 일반 서민층들이 만들 수 있는 게 아니었으므로 주조법 자체가 사라졌다고 볼 수 있다.

③ 인절미로 빚는 술

인절미는 1670년경의 『음식디미방』에서 '인절미 굽는 법'으로

🐝 전통주에 대한 관심이 높아지면서 전통 가양주 만들기 체험에 참여하는 사람들도 증가하고 있다.

처음 등장하며 100년 후인 1766년의 『증보산림경제』에도 '인절병제법'이 수록되어 있다. 따라서 인절미로 빚는 술의 등장은 떡의 다양화가 이루어졌던 조선시대로 추정한다. 곡물을 인절미 형태로 하여 빚는 술로, 『임원십육지』의 '추모주秋麰酒'와 '소맥주방小麥酒方', 김천 지방의 '과하주過夏酒' 등이 알려진다. 인절미 형태의 술 빚기가 간단하지 않지만 과하주는 술맛이 감칠맛을 주어 탁주와 청주, 소주 등 주종에 관계없이 빚어졌다.

인절미 형태의 술 빚기는 치는 떡이 찌는 떡에 비해 소화가 잘되는 것처럼 백설기나 흰무리, 기타 개떡 형태로 빚는 술보다 발효가 잘 이루어지는 장점과 함께, 특히 뛰어난 감칠맛을 자랑한다. 그러나 인절미 형태의 술 빚기는 그 어떤 형태의 술 빚기보다 과정이 복잡하고 힘이 든다는 점에서 널리 이용되지는 못한 것으로 추정된다.

④ 구멍떡으로 빚는 술

쌀 등을 가공하여 구멍떡으로 빚은 다음 이를 삶아낸 떡으로 술을 빚는 방법인데, 과거 부유층이나 사대부에서 빚어 마셨던 고급 '방향주芳香酒'에 주로 사용되었다. 특히 술 빚는 기술이 매우 뛰어나야 하는 데다 재료의 양에 비해 얻어지는 술의 양이 매우 적어 보편적으로 활용되지는 못했다. 그러나 한여름에도 오래 두고 마실 수 있는 저장성이 높으므로 상류층에서 귀한 손님 접대에 이용되었다.

⑤ 물송편으로 빚는 술

물송편으로 빚는 술은 구멍떡으로 빚는 술과 비슷하지만 이들보다 술 빛깔이 맑고 깨끗하다는 것이 특징이다. 그러므로 물송편 형태의 술 빚기는 구멍떡이나 개떡 형태의 변형으로 소위 구멍떡의 개량형이라 볼 수 있다. 구멍떡으로 술을 빚으려면 삶은 떡을 멍울을 풀어서 죽으로 만들어야 하는데 이것이 만만한 일은 아니다. 시간과 힘이 많이 들어가므로 물송편으로 만들면 상당한 에너지를 절약할 수 있다. 술 빛깔이 맑고 깨끗한 맛과 향기를 자랑한다.

⑥ 백설기(흰무리)로 빚는 술

백설기는 한국의 전통 병과류의 한 가지다. 우리말로는 '흰무리'라고도 하는데, 그 모양이 '하얀 눈처럼 생겼다' 하여 이름 지은 떡으로, 우리나라의 찌는 떡 가운데 시루떡의 원형으로 추정한다. 백설기가 언제부터 우리의 전통 음식으로 자리매김하게 되는지 정확히 알 수 없으나, 『박씨전』에 "마의태자가 개골산으로 들어가 은 거하면서 나라를 잃은 슬픔을 술로 달랬는데, 그 맛이 '소곡주'와 같았다"는 기록이 있다. '소곡주'는 백설기로 빚는 술이다. 이는 적 어도 마의태자 시대인 1500~1600년 전부터 애용되어왔다고 볼 수 있다. 특히 『삼국사기』의 '추곡의 흉작으로 식량이 부족하므로, 민가 사양주私釀酒의 하나인 소곡주를 전면 금지시켰다'는 기록도 이를 뒷받침해준다. 물론 소곡주는 백설기 외에 '죽'과 '구멍떡' 등 으로도 주조가 가능하다.

⑦ 범벅으로 빚는 술

우리말의 '데 ~익다'와 '데치다'는 말은 '덜 익다', '설다'와 '끓 는 물에 잠깐 넣어 슬쩍 익혀내다'는 말로 풀이된다. 한편 '개다' 는 말은 '흙이나 밀가루 따위의 가루로 된 것에 액체를 쳐서 으깨 거나, 이길 때' 사용한다. 이 두 가지를 혼용한 방법, 즉 곡물을 가 루 내어 끓는 물을 쳐서 이겨 만들어지는 '범벅'을 사용한 술이 범 벅 술이다. 범벅 형태의 술 빚기는 그 특징이 술 재료 중 곡물 가 루의 양에 비해 사용되는 양조 용수의 양이 현저하게 적은데 이런 술 빚기는 고급 방향주를 만들 때 사용한다.

⑧ 고두밥으로 빚는 술

우리나라 주조에서 가장 후기에 등장한 것이 고두밥을 이용하는 방법이다. 고두밥은 '지에밥', '술밥'이라고도 하며, 곡물을 낱알 그 대로 수증기를 이용하여 찌는 증자법으로 우리의 술 빚기 방법 중 가장 수월한 방법이다. 고두밥은 쌀을 비롯하여 보리, 찹쌀, 차조, 기장, 수수, 메밀 등 여러 가지 곡물을 사용해 만든다.

고두밥을 골고루 잘 익힐 수 있는 요령은, 처음에 부드러운 불로 고두밥을 짓다가, 시루 위로 수증기가 많이 솟아 나오면 이때 시루 안 고두밥 위에 찬물을 한 바가지 골고루 뿌려주는 것이다. 수증기가 한창 오를 때 찬물을 뿌려주면 시루 안 곡물 전체가 골고루 익는다. 특히 시루의 수증기가 한창 오를 때 찬물을 뿌려주면 술이 맑고 깨끗하며, 밥알의 모양을 그대로 간직하게 되어 상품 가치가 높아지는 장점이 있다.

덧술을 활용해 빚는 전통 술

한국에서는 여러 가지 방법으로 술을 주조했는데, 1920년대를 기점으로 '구멍떡'과 '범벅', '물송편', '개떡' 형태의 술 빚는 방법은 완전히 사라지고, 고두밥 중심의 술 빚기로 획일화된다. 고두밥은 과거부터 한국에서도 사용되던 전통적인 방법이지만 다른 밑술로 만드는 것보다 간편한 데다 일제강점기부터 일본의 누룩이 도입되자 현재까지 한국의 술 주조법의 주축으로 자리 잡는다.

단양주와 하루나 사흘 만에 술을 만들어 마시는 속성주에서는 술의 발효가 단시간 내에 이루어지므로, 젖산균에 의한 젖산이 채 생성되기 전에 술의 발효가 일어나 잡균에 의한 오염과 산패를 막기 어렵다. 그러므로 미리 만들어둔 좋은 청주나 소주, 막걸리 등을 첨가하여 효모의 증식을 돕는가 하면, 젖산 생성을 촉진시키기 위해 수곡水麴을 만들어 술을 빚기도 한다. 그러나 이때 사용하는 술(청주, 소주, 탁주)은 근본적으로 양조장에서 첨가물로 사용하는 젖산 또는 구연산과도 크게 구별된다. 현재 개량식 양조장에서는 발효 시 효모균의 증식을 가로막는 잡균의 침입과 증식을 억제하기 위해 젖산이나 구연산 등을 첨가하지만, 전통 술 빚기에서는 일체의 화학적 첨가물 없이 밑술에 덧술을 첨가하는 것만으로 술을 빚는다.

덧술은 밑술의 증식된 효모로 인해 더 활발하고 안정적으로 술을 빚는 목적을 갖고 있으며, 많은 양의 술을 얻기 위한 방법이라고 할 수 있다. 1번으로 그치는 경우를 이양주라고 하며, 2번, 3번, 4번 등 계속할 수가 있는데, 횟수에 따라 삼양주·사양주·오양주로 분류한다. 3번 빚는 삼양주는 밑술에 위덮는 술, 곧 덧술을 '중밑술'이라 부르고 3번째 빚어 넣는 술을 '덧술'이라고 이르기도 한다. 여하튼 덧술은 먼저 빚어둔 밑술을 발판으로 맑고 밝은 빛깔과 알코올 도수가 높은 술, 저장성이 높은 술을 빚기 위한 것이다. 대개는 멥쌀이나 찹쌀이 주원료고, 이들 쌀을 고두밥으로 만들어넣는 데 누룩과 물을 같이 사용하기도 한다.

덧술 빚기에서 중요한 것은 덧술의 주재료로 사용되는 쌀의 양이다. 즉, 밑술의 양에 따라 덧술의 양이 결정된다는 것이다. 대개의 전통주에서는 밑술에 사용된 쌀의 양에 비해 덧술의 양이 최소한 같거나 2배 또는 4배·5배·10배까지 많아진다.

덧술을 담글 때 발효에 따른 적정 온도는 18~20도 정도의 낮은 온도로서, 저온에서 오랜 시간 충분히 익혔을 때 좋은 맛과 향의 술을 얻을 수 있다고 알려진다. 덧술을 넣은 술독은 발효가 진행됨에 따라 1~2일 내에 품온이 상승해 30도 이상으로 오르게 되므로 이때 술독의 품온을 30~35도를 넘지 않도록 술독을 냉각시켜주는 것이 필요하다.[17]

변천하는 막걸리 도수

막걸리는 5대 미덕을 지녔다고 알려진다. 허기를 다스려주고, 취기를 심하게 하지 않으며, 추위를 덜어줄뿐더러 일하기 좋게 기분을 북돋우며, 의사소통을 원활하게 해준다는 것이다. 막걸리는 선조들에게 큰 영향을 주었는데, 이는 노인을 봉양하는 데 술보다 좋은 것은 없다고 여긴 데서 비롯되었다. 조선시대에 대사헌을 지낸 이육李陸이 쓴 야사집 『청파극담靑坡劇談』에는 다음과 같은 글이 있다.

"일찍이 하동(정여창)이 말하기를 '술은 노인의 젖이다. 곡식으로 만들었으니 마땅히 사람에게 유익할 것이다. 내 평생에 밥을 먹을 수 없었으니, 술이 아니었더라면 어떻게 지금까지 살아왔을까?'라고 하였다. 서달성(서거정), 이평중, 손칠휴도 또한 술로써 밥을 대신했다. 사람의 오장五臟의 강약이 다르고 또 술도 술술 들어가는 곳이 따로 있는 것인지 알 수 없다."

정여창鄭汝昌은 경남 함양군 지곡면 개평마을 출신으로 동방 5현과 동국 18현에 포함되는 성리학자로 젊어서 통음하고 들판에서 쓰러져 밤을 지새운 적도 있다고 알려진다. 그 일로 어머니의 질책을 받은 뒤로 한때 왕이 내린 술도 마시지 않았다고 한다. 손칠휴는 칠후거사로 알려진 손순효孫舜孝를 일컫는다. 그는 순수하고 참된 성품을 갖고 있었는데 술에 취하면 호기스러운 말을 쉴 새 없이 늘어놓았다. 그는 왕 앞에서도 술에 취한 모습을 보인 적이 많은데 죽을 때 술과 함께 묻어달라고 유언했다고 한다.

현재 시중에서 팔리고 있는 막걸리의 평균 도수는 6퍼센트다. 알코올 도수가 4퍼센트인 맥주보다는 높고 12퍼센트 정도인 포도주나 13퍼센트 정도인 약주보다는 낮다. 막걸리의 도수가 6퍼센트로 정해진 데에는 매우 흥미로운 이유가 있다. 술이란 알코올 도수 1퍼센트 이상을 말하지만 현재 주세법으로 탁주는 알코올 도수가 3퍼센트 이상이면 된다. 시판되는 막걸리 중 알코올 도수가 15퍼센트나 되는 것도 있다. 이것은 탁주의 도수가 딱 정해진 것이 아님을 의미한다. 그럼에도 6~8퍼센트로 제조되는 것은 1949년부터 알코올 도수가 엄격히 제한되었기 때문이다. 이후 한국전쟁과 군사쿠데타가 일어나고 식량 사정이 원활치 못해 막걸리를 자유롭게 제조할 수 없었다. 이 당시 알코올 도수는 6~8퍼센트로 제한되었다.

그런데 1982년 알코올 함량을 6퍼센트에서 8퍼센트로 올리자 사달이 일어났다. 마침 주류 시장도 변하기 시작해 4퍼센트 맥주와 25퍼센트 소주가 시장을 잠식하기 시작했는데, 이는 도시화가 가속화되기 시작했기 때문이다. 이런 위기를 극복하기 위해 알코올 도수를 8퍼센트로 올린 것인데 막걸리 판매는 업계의 예상과는 달리 상승 곡선을 그리지 않았다. 당시 많은 건설 공사가 각지에서 벌어졌는데 막걸리가 8퍼센트로 오르자 인부들이 막걸리에 취해 안전사고가 발생하기 시작해 많은 공사 현장에서 막걸리를 마시지 못하게 했다. 안전사고가 문제가 되자 업계에서 다시 6퍼센트로 돌려세웠지만 막걸리의 하향세와 맥주의 상승세를 막을 수 없었다. 막걸리 도수를 정부에서 통제하다보니 양조장의 변신과 다양성을 가로막은 것은 물론 소비자의 취향 변화에 대처하지 못한 것이다.

1949년 이전의 자료를 보면 놀랍다. 1916년부터 1939년까지의 탁주 분석표를 보면 알코올 도수는 6~12퍼센트로 다양했다. 학자들은 과거 선조들이 마시던 일반적인 막걸리, 즉 누룩으로 빚은 술의 알코올 도수는 14~16퍼센트라고 말한다. 그러나 맑은 청주는 떠내고 술지게미에 물을 부어가며 거르면 알코올 도수는 절반 이하로 떨어진다. 즉, 이렇게 해서 만든 막걸리 도수는 6~8퍼센트 정도다. 현재 판매되는 막걸리는 선조들이 음용하던 바로 그 기준에 부합된다.

요즘 시중에서 팔리는 탁주는 체에 막 거르던 예전 막걸리와는 다르다. 일반적으로 쌀이든 밀가루든 곡물 10킬로그램으로 술을 빚으면 막걸리 60리터 정도가 나온다. 과거에는 술독에서 청주를 떠낸 뒤 그 밑에 지게미와 함께 남은 술을 체에 걸러 막걸리를 만들었지만, 지금은 알코올 도수 15퍼센트가 되도록 술을 빚어서 이를 거칠게 걸러낸 뒤 물을 부어 알코올 도수를 6퍼센트로 낮춘다.

즉, 청주를 따로 떠내지 않고 빚은 술 전체를 거칠게 걸러낸 뒤 물을 섞어 도수를 맞춘 다음 시중에 내놓는 것이다.[18]

세계 각국의
술에 관한 법

미국 재무성 산하 주류담배총포담당국BATF은 술에 대해 'refreshin(상쾌한)'과 같은 단어를 사용하지 못하게 한다. 이 단어가 술 소비자들에게 맥주는 '활발함', 진은 '기운을 돋워주는', 포도주는 '회복시켜주는'과 같은 의미로 받아들여질 수 있다고 판단하기 때문이다.

미국의 학교와 캠퍼스 내 마약 추방법은 미성년자가 해외 유학을 하고 있을 경우라도 현지에서 음주하면 처벌받도록 하고 있다. 미국 아이오와주 디모인에서는 오로지 현금으로만 술을 살 수 있으며 바에서 술을 추가 주문하는 것은 불법이다. 텍사스주는 집에서 맥주를 만드는 방법이 들어 있다는 이유로 『브리태니커 백과사전』 전집의 반입을 금지하고 있다. 또한 서 있는 사람은 한 번에 세 모금 이상의 맥주를 살 수 없도록 하고 있다. 물론 쓰러져 있거나 비틀거리는 사람에 대해서는 이야기가 다르다. 또한 오하이오주는 낚시 중에 물고기에게 술을 먹이는 행위를 불법으로 규정하고 있다. 따라서 '술고래'라는 뜻의 숙어인 'drinks like a fish'라는 말은 이 지역에서는 전혀 맞지 않는 표현이다.

펜실베이니아주 법은 아내의 허락 없이 남편이 술을 사는 행위를 불법으로 규정하고 있다.[19] 뉴욕주는 술을 마시든 마시지 않든 뚜껑이 열린 술병을 들고 있는 것을 범죄행위(경범죄)로 규정해 과태료를 부과한다. 술을 마시는 것뿐만 아니라 술병을 남들 눈에 보이게 들고 다니는 것도 불법으로 규정하고 있다. 그러므로 뉴욕의 편의점과 슈퍼에서는 술을 사면 밖에서 내용물(술병)을 볼 수 없는 갈색 종이봉투인 '브라운 백brown bag'에 담아서 준다.

　일본의 상당수 대학은 학내에서 음주를 금지하고 있다. 호세이 대학은 학내 금주 규정을 어길 경우 반성문 제출, 명단 공개, 부모에게 통보 등의 조치를 취한다. 교토 세카이대학은 학내 음주 금지는 물론 음주에 관한 과목을 필수 수강 과목으로 지정하고 있다. 학생들의 과도한 음주로 인한 사고를 막기 위해서다.

　영국은 공공장소에서 음주를 하거나 술에 취해 소란을 피우면, 벌금을 부과할 뿐 아니라 영장 없이 체포할 수 있도록 규정하고 있다. 프랑스는 공공장소에서 주취 상태를 140년 전인 1873년부터 범죄로 규정하고 있다.[20] 독일에서는 맥주나 포도주를 16세부터 마실 수 있다. 14~15세 청소년은 어른과 동반하면 술집에서 맥주와 포도주를 마실 수 있다.[21]

제3장

막걸리를
과학적으로 해부하다

술탐에서 비롯된
장비의 죽음

영웅호걸이 수없이 등장하는 『삼국지』에서 관심을 끄는 것은 장비의 술탐에 대한 설명이다. 유비·관우에 비해 명석하지는 않지만, 용맹한 장비의 일화에는 술이 많이 나오는데 그와 술의 관계는 명백하다. 장비가 술에 관한 한 『삼국지』에 등장하는 어느 누구도 당할 수 없을 만큼 많이 마시는 주당이지만, 술을 적절히 자제하지 못했기 때문에 결국 촉나라가 멸망케 되는 빌미를 제공했다는 것이다. 장비는 술을 안 마실 때 가끔 명석한 두뇌를 사용해 유비·관우에게서 칭찬을 받기도 하지만 과음은 계속 그를 따라다닌다. 장비의 죽음도 술탐에 의한 엉뚱한 사건 때문에 일어난다.

유비·관우·장비 3명이 도원결의桃園結義한 후 똘똘 뭉쳐 촉나라를 세웠지만, 관우가 손권에게 살해되자 유비는 자신의 처남이기도 한 손권을 총공격하기 위해 병력을 동원한다. 장비도 관우가 살해되었다는 데 분개해 복수심으로 손권 공격에 앞장선다. 그러나 복수심이 너무 앞선 장비가 그만 술을 마시고 부하에게 행패를 부리다가 결국 살해당한 것이다.

장비와 같은 대장군이 전투 중에 사망한 것이 아니라 술을 자제하지 못해 살해되어 촉나라의 작전은 엉망이 되는데 여기에서 관심사는 그가 마신 술은 무엇이며 또한 얼마나 많은 술을 마셨을까 하는 점이다. 여기에서 굳이 『삼국지』의 장비를 거론하는 것은 장비의 실례가 술에 대한 거의 모든 것을 예시해주기 때문이다. 더구나 장비와 같은 대장군이 술만 마시면 행패를 부렸다고 하는데, 그 이유도 궁금하지 않을 수 없다. 보통 사람들은 아무리 술을 많이 마신다고 해도 장비와 같이 행패나 주사를 부리지 않기 때문이다.

불경의 『사분율四分律』은 음주에는 10가지 잘못이 있다고 적는다.

"얼굴빛이 악해지고, 기력이 약해지며, 눈이 침침해지고, 서로 성을 내고 노려보며, 쓸모없는 밭에 비용만 발생하고, 질병을 악화시키며, 이익을 다투고 소송을 하고, 나쁜 소문이 널리 퍼져나가며, 지혜가 감소하고, 몸이 축이나 생명이 다하고, 만악萬惡의 길로 떨어진다."[1]

그야말로 술이 지구상에서 가장 나쁜 것으로 묘사되어 있다. 그럼에도 술이 지상에서 사라지리라고 생각하는 사람은 없다. 단점도 있지만 단점을 상쇄할 수 있는 장점도 이에 못지않기 때문이다. 사람들은 기쁠 때도 술을 마시고 슬플 때도 술을 마신다. 이처럼 양면성을 띠는 것은 술에는 인간에게 위안을 주는 특별한 요소가 있기 때문이다.

늦으고 자다
살해된 장비

장비가 살해되는 장면은 극적이다. 장비는 관우의 죽음을 복수하려고 손권을 치기 위해 준비하던 중 범강과 장달에 의해 살해되는데, 그 이유가 술이다. 장비가 부하들에게 사흘 안에 병사들이 입을 백기白旗와 흰 갑옷白甲을 만들라고 명령하자 범강과 장달은 시간이 촉박하다며 말미를 달라고 했다. 그러나 장비는 원수를 급히 갚아야 한다며 자신의 명령을 어긴다고 두 사람을 나무에 매달고 채찍으로 때리면서 기한 내에 반드시 백기와 갑옷을 만들라고 했다.

범강과 장달은 어차피 기한 내에 백기와 갑옷을 만드는 것이 불가능하므로 이왕 죽을 바에는 먼저 장비를 죽이는 것이 유리하다는 판단을 내린다. 그들은 장비가 술을 마시고 대취한 것을 알고 장비를 살해하기 위해 단도를 갖고 장비가 자고 있는 장막 안으로 들어갔다. 장비 곁으로 간 그들은 깜짝 놀랐다. 수염이 빳빳이 뻗쳐 있는 장비가 눈을 뜨고 있었기 때문이다. 원래 장비는 잠이 들어도 눈을 뜨고 잤다고 하는데 문제는 코를 골았다는 것이다. 범강과 장달은 장비가 코를 고는 것을 보고 단도로 찔러 살해한다.

장비가 죽은 후 각지에서 많은 장비 사당이 세워졌는데, 그중 가장 유명한 것이 쓰촨성四川省 랑중閬中의 '장환후사'다. 장비 묘와 후

원으로 구성되어 있다. 사당은 랑중 성 내에 있는데 장비가 랑중을 수비하고 또 랑중에서 피살되었으므로 랑중의 장비 묘는 모든 장비 묘 중 가장 의미 있는 장소로 인식된다. 실제로 장비 묘는 쓰촨성 윈양현雲陽縣 창장강長江 남안南岸, 즉 삼협三峽 중의 하나인 취탕샤瞿塘峽의 페이펑산飛鳳山 기슭에 있다고 알려진다. 이 묘는 1700년의 역사를 갖고 있으며 '파촉 제1명승'으로 불리는데, 장비 묘가 윈양에 있는 이유는 설화와 관련이 있다.

전설에 의하면 장비를 죽인 범강과 장달이 장비의 수급을 가지고 오나라로 가던 중에 손권이 유비에게 화친을 청했다는 소식을 듣는다. 결론은 유비가 손권의 제안을 거절하고 대군을 동원하지만, 이런 소식을 모르는 이들은 장비의 머리를 창장강에 버리고 도망을 쳤다. 장비의 머리는 물살을 따라 흘러 내려오다 윈양의 한 어부의 그물에 걸렸는데, 당황한 어부가 다시 강물에 버렸지만 떠내려가지 않았다. 그리고 어부의 꿈에 나타나 원수인 오나라로 흘러갈 수 없으니 자신의 머리를 건져 촉나라 땅에 묻어줄 것을 애원했다고 한다. 어부는 장비의 머리를 건져 비봉산에 묻어주고 마을 사람들과 사당을 지어 장비를 모셨는데, 오랜 세월이 흐르면서 커다란 사당이 되었다는 설명이다.[2]

장비가 술에 곯아떨어져 살해되었다는 것은 사실로 보이는데, 삼국시대 사람들을 포함해 과거의 주당들이 대체 얼마나 많이 마셨는지 궁금하지 않을 수 없다. 원말명초元末明初의 시내암施耐庵이 쓰고 『삼국지』의 저자 나관중이 손질한 중국 4대 기서奇書 중의 하나인 『수호지』에 다음과 같은 글이 있다.

"무송武松이 장문신蔣門神을 치러 가는 도중에 지나치는 각 술집마다 술 세 사발을 마셔야 한다는 조건을 걸고 있다."

이는 맹주의 귀양지에서 출발해 쾌활림까지 가는 도중 술집을 지날 때마다 반드시 큰 사발로 3잔의 술을 마셔야 한다는 것이다. 큰 사발은 현재 막걸리 병의 절반으로 계산하더라도 한 병 반 정도가 된다. 지나가는 길에 모두 10여 군데의 술집이 있으므로 이를 모두 계산하면 최소한 막걸리 20여 병이 된다. 그 엄청난 양을 단기간에 마시면 배가 남산만큼이나 불렀을 텐데 싸움을 할 수 있을지 의아하다.

술은
전쟁의 필수품

중국처럼 술을 정치의 한 도구로 삼은 고대국가는 거의 없다고 해도 과언이 아니다. 중국의 역대 왕조들은 술의 제조와 연회를 준비하고 거행하는 전문기구를 설립했다. 주나라 때에는 주정酒正이라는 곳에서 술의 제조와 주연을 관리했으며, 이들의 직급은 장관급이었다. 또한 술은 문인 관료들로 하여금 대체로 격식을 갖추도록 하는 작용을 했으며 예의나 성은을 표시하는 것으로 인식했다.

그러나 술이 가장 많이 사용된 곳은 병영이다. 군대에선 장수와 병사 간의 유대가 전투에서 결정적인 영향을 미치므로 술은 전투력 증진을 위해서 매우 중요하게 생각한 것이었다. 술은 병영 생활에서 가장 큰 즐거움이었고 또한 흥분제 역할을 해서 나약한 병사를 용맹하게 만들고 지친 병사들을 분발하게 하여 사기를 진작시키는 최고의 명약으로 인식되었다.

역대 통치자들은 술로써 병사들을 위로하고 포상했으며 출정할 때는 술을 하사했고 개선한 후에도 술을 내려 전공을 치하했다. 이는 병사들에게 상으로 술을 내리지 않았을 때는 바로 사기가 떨어지고 일을 그르치게 될 수도 있음을 의미했다. 술이 군사작전에서 얼마나 중요하게 생각되었는지는 『좌전左傳』의 다음 이야기로도 알 수 있다.

"진秦 목공이 진晉을 공격할 때 공교롭게도 수중에는 술이 한 단지밖에 남지 않았다. 이에 건숙蹇叔이 나서서 그에게 남은 술을 모두 강물에 부어버리도록 진언하여 모든 병사가 그 강물을 마시고 취했다."

엄밀한 의미에서 모든 병사가 군주인 목공과 함께 술을 나누어 마셨다고 느끼게 하는 것이 주된 목적이었다. 이와 비슷한 예로 월越의 구천勾踐이 회계會稽의 치욕을 복수하고자 군대를 일으켰는데 술이 나누어 마시기에 부족하자 강물에 붓고 장병들에게 마시게 하여 함께 취했다는 기록도 있을 정도로 전쟁에서 술은 필수적인 군수품이었다. 이 전투에서는 구천이 승리했는데 당시의 상황은 다음과 같다.

춘추시대, 월왕 구천에 의해 패배한 오왕吳王 합려闔閭는 임종 때 태자인 부차夫差에게 반드시 구천을 쳐서 원수를 갚으라고 유명했다.(기원전 496) 오왕이 된 부차는 부왕父王의 유명을 잊지 않으려고 섶 위에서 잠을 자고, 자기 방을 드나드는 신하들에게는 방문 앞에서 구천이 자신의 아버지를 죽였다는 것을 잊어서는 안 된다고 외치게 했다.

밤낮 없이 복수를 맹세한 부차는 은밀히 군사를 훈련시키면서 때가 오기만을 기다렸는데, 구천은 참모인 범려가 간하는 것도 듣지 않고 선제공격을 감행했다. 그러나 구천은 회계산會稽山에서 부차에게 대패하자 부차에게 신하가 되겠다며 항복했다. 이때 오나라의 중신 오자서伍子胥가 '후환을 남기지 않으려면 지금 구천을 쳐야 한다'고 말했으나 부차는 구천을 살려주고 귀국까지 허락했다.

구천은 고국으로 돌아오자 항상 곁에다 쓸개를 놔두고 앉으나 서나 그 쓴맛을 맛보며, 회계산의 패배를 상기하면서 군사를 훈련시키면서 복수의 기회를 노렸다. 그 후 12년이 지나 구천은 부차를 굴복시키고 마침내 회계산의 치욕을 씻었는데 이때 부하들에게 술을 나누어주면서 장병들을 독려한 것이다.

장병들의 사기를 올려주기 위해 술을 나누어 마신 일화로 가장 유명한 것은 한 무제 때 흉노와의 전투에서 일어났다. 무제는 북방에서 한나라를 호시탐탐 노리는 흉노를 정벌하기 위해 장건張騫을 서역으로 파견했다. 흉노와 원수지간인 대월지와 연합하여 협공하기 위해서였다. 그러나 대월지는 흉노에 쫓겨 새로 정착한 지역이 살기 좋은 곳임을 알고 굳이 강력한 흉노와 대항하려 하지 않아 한나라와 대월지의 연합은 실패로 돌아갔다. 무제는 대월지와의 연합을 포기하고 기원전 129년부터 기원전 119년까지 10년 동안 6차례에 걸쳐 이청과 곽거병 장군에게 단독으로 간쑤甘肅 지방 허시쩌우랑河西走廊에 있던 흉노를 공격하게 했다. 이 지역은 추후에

『삼국지』에서 대활약하는 마초馬超 등이 태어난 고향이다.

　이때 무제가 장병들을 격려하기 위해 전투 현장으로 술을 보냈다. 그런데 무제가 보낸 술을 장병들이 모두 나누어 마시기에는 너무나 부족하자 곽거병은 중국 고사를 떠올리고 오아시스에 있는 물에 술을 부어 모든 장병이 마시게 했다. 이 오아시스가 중국 술로 유명한 주천酒泉이다. 주천은 한 무제가 곽거병에 하사했던 고사에서 유래한 한무어漢武御 술의 생산지로 현지인들은 술의 신이 살고 있다고 말한다.

중국 고수들의
주량은 10말

　『삼국지』에서 엄청나게 많은 술을 마셨다는 사람으로는 채옹蔡邕이 잘 알려져 있다. 한나라 말 여성 문인인 채문희蔡文姬의 아버지로 잘 알려진 채옹은 시중侍中(황제의 고문관) 벼슬을 할 정도의 고관으로 환관 십상시十常侍들의 행패를 규탄하는 상소를 올려 모함을 받고 쫓겨났다가 동탁에 의해 중용되었다. 동탁이 살해되자 모두 기뻐하는데 채옹만이 동탁의 시체 앞에서 울다가 체포되어 당시의 실권자 왕윤王允에게 끌려갔다. 그는 자신이 동탁의 시체 앞에서 슬피 운 이유를 왕윤에게 설명했다.

　"당당한 한나라의 신하로서 어찌 나라를 배반하고 동탁을 두둔하겠습니까. 그러나 공公은 공이요 사私는 사입니다. 동탁은 일찍이 저의 재주를 알아주어 비록 국가에 대해서는 역적이지만 저한테는 지우知遇라 할 것입니다. 사사로운 정을 이기지 못하여 한 번 울어 그의 가련한 죽음을 조상한 것뿐입니다.……원컨대 극형을 면케 해준다면 그동안 작성하던 『한사漢史』를 계속 탈고해서 속죄하겠습니다."

그의 재주를 아까워한 모든 사람이 채옹의 구명을 요청했으나 이때 왕윤이 뜻밖의 말을 한다.

"한나라 효무제孝武帝는 사마천을 죽이지 아니하고 『사기史記』를 짓게 했더니 그가 책에 비방하는 글을 써서 후세에 전하도록 했고, 나라의 운수가 쇠미하고 조정이 어려울 때 간사한 신하가 어린 임금의 곁에서 사관史官 노릇을 한다면 후세에 우리도 욕을 먹을 것이요."

결국 왕윤이 채옹을 처형토록 하여 그의 『한사』는 태어나지 못했다. 학자들이 『삼국지』에서 가장 아쉽게 생각하는 대목이다. 여하튼 인재 중의 인재인 채옹을 가차 없이 죽인 왕윤의 처신을 보고 그 역시 동탁과 다름이 없다고 말하면서 그의 정권도 오래가지 못할 것을 예언했는데, 이각李傕에 의해 곧바로 살해되었다. 왕윤의 명을 재촉한 것은 천하의 천재라 볼 수 있는 채옹을 처형했기 때문이라는 설명인데, 채옹이 더 유명한 것은 그의 주량 때문이다. 그는 술 10말을 마실 수 있었다고 알려져 있으며 항상 취해 길바닥에 드러누워 있었기 때문에 그를 '취한 용醉龍'이라 불렀다고 한다.

한편 나관중은 채옹이 동탁의 죽음을 애도했기 때문에 살해되었다고 하는데 이는 사실이 아니다. 채옹은 동탁이 죽은 뒤 동탁의 무리 중 한 명이므로 감옥에서 죽었다. 또한 『삼국지』에서는 동탁이 권력을 잡기 전에 등장하지만, 그는 권력을 잡은 동탁이 그 재주를 알고 완력으로 끌어 벼슬길에 들어서게 하고는 사흘 동안에 벼슬을 3번이나 옮겨 좌중랑장左中郎將으로 만들었다는 것이 『후한서』에 기록되어 있다. 좌중랑장은 광록훈 아래에서 좌서左書를 맡은 품계 2,000석의 매우 높은 벼슬이다. 그러나 그가 환관들을 반대해 영제에게 글을 올려 정사를 논하다가 모함당해 감옥에 갇힌 후 멀리 정배定配를 갔고 후에 사면 받아 오군과 회계에서 12년 동안 망명 생활을 한 것은 사실이다.[3]

채옹과 같은 시대의 유학자 정현鄭玄과 그의 제자, 노식盧植의 주량도 만만치 않아 10말 이상을 마실 수 있었다고 한다. 노식은 유비와 공손찬의 스승으로 환관 좌풍에게 뇌물을 주지 않아 무고로 귀양 갔다 후에 복권되며 동탁이 소제昭帝를 폐하고 진류왕을 즉위시키자 이를 반대하다가 파직되어 낙향하며 『삼국지』 초반 유비에 큰 영향을 미친다.

중국의 주당들

징양강景陽崗 산기슭에서도 '세 잔이면 언덕을 넘지 못한다'는 투병향透甁香(술의 향기가 병을 뚫고 나온다는 술)을 무송은 혼자 10잔 정도를 마셨다. 당시는 원나라 말이므로 증류주가 중국에서 생산되었으므로 투병향도 증류주, 즉 고량주의 일종일 가능성이 있다. 그러므로 무송이 마신 술잔을 큰 사발로 보고 알코올 농도 40~50도의 고량주로 간주한다면 막걸리 병으로 5병이 되었다고 추정할 수 있다. 아무리 주당 중의 주당인 무송이라 하더라도 걸을 수 있었을지 의문이 든다. 여하튼 『수호지』에는 무송이 이미 취한 상태에서 호랑이를 만났는데, 생명이 위급한 상황인 데다 무송이 걸출한 무인이라 그렇지 보통 실력이라면 호랑이를 때려잡을 수 없었을 것이다.

위·진 시대의 죽림칠현竹林七賢은 모두 대단한 애주가인데, 그중에서 산도山濤는 8말 이상을 마셨고 유영劉伶은 가히 주선酒仙이라 불릴 만했다고 한다. 술을 너무 많이 마시는 그에게 부인이 몸을 생각해 술을 끊으라고 권하자 먼저 술을 준비하여 축복을 비는 제를 올린 후 술을 끊겠다고 했다. 부인이 기뻐하며 술과 고기를 준비하자 유영은 제를 드리면서 말했다.

"하늘이 유영을 낳았으니 술로써 이름을 날렸네. 한 번 마시면 10말을 마시고 다시 해장으로 5말을 마셔야 하니, 부인의 말을 절대 들을 수 없겠네."

그는 제를 때려치우고 준비된 술과 고기를 모두 먹어 거나하게 취해버렸다고 한다. 그의 말대로라면 5말은 단지 해장술 정도고 한번에 적어도 10말은 마셔야 양에 찼다는 뜻이다. 중국의 주당이라면 적어도 8말에서 10말 이상을 마시고도 전혀 흐트러짐이 없어야 한다고 했지만 이 말이 사실이라고 믿는 사람은 없을 것이다. 현대의 기준으로 1말은 18리터이므로 10말이란 180리터를 의미한다.

죽림칠현은 삼국시대와 밀접한 관계를 갖고 있다. 삼국시대 위나라 말기 실세였던 사마씨 일족들이 국정을 장악하고 전횡을 일

삼자 이에 등을 돌리고 완적阮籍 · 혜강嵆康 · 산도 · 향수向秀 · 유영劉伶 · 완함阮咸 · 왕융王戎 등 7명은 당시 사회를 풍자하고 방관자적인 입장을 취하며 정치와 거리를 두었다. 특히 그들은 개인주의와 무정부주의적인 노장사상老莊思想을 신봉해 지배 권력이 강요하는 유가적 질서나 형식적 예교禮教를 조소하고 그 위선을 폭로하기 위해 상식에 벗어난 언동을 하기도 했다.

이후 이들은 위魏나라를 멸망시키고 진晉나라를 세운 사마씨에 의해 회유되는데, 이 중 혜강만은 끝까지 사마씨의 회유를 뿌리치다 결국 사형을 당했다. 그들이 그룹을 형성한 것은 일시적인 데다 집권자와 타협해 관계에 돌아가거나 죽임을 당해 본래의 취지에서 다소 퇴색되었지만 그들에 대한 풍부한 일화는 계속 전해져 중국의 지식인들 간에 좋은 토론의 대상이 되었다.

여하튼 술에 관한 한 자타가 공인하는 유영은 집안일을 전혀 돌보지 않고, 사슴이 끄는 수레를 타고 술병을 들고 하인에게는 가래를 메고 따르게 하여 자신이 죽으면 바로 그 자리에 묻으라고 부탁했다고 알려진다. 평소 글을 쓰지 않았기에 남긴 것도 별로 없지만, 그가 남긴 유일한 글은 술을 칭송하는 「주덕송」 1편뿐으로 알려진다.

시선詩仙으로 불리는 이태백도 가히 주당 중의 주당으로 한번 술을 마시기 시작하면 3,000잔을 마셨다는 이야기가 있다. 더욱 놀라운 것은 술 한 잔 마신 후 시를 한 수씩 지었다는 것이다. 3,000잔을 어떻게 마시느냐고 말하겠지만 주선酒仙으로 불리는 이태백에겐 놀라운 노하우가 있었다. 전설에 따르면, 그는 조그마한 은행 껍데기로 만든 술잔을 이용해 술을 마셨다. 일반적으로 아무리 유능한 시인이라도 시 한 수를 짓는 데는 7분 이상이 걸린다고 한다. 은행껍데기로 술 한 잔 마시고 7분 동안 생각한 후 시를 지었다면, 그가 3,000잔을 마셨더라도 취하지 않았을 것이다.

흔히 술 실력은 체력에 비례하고 '술 먹는 배가 따로 있다'는 말도 있지만 이 말에도 한계가 있다. 일반적으로 잘 알려져 있는 이야기지만 술 1~2잔은 사람이 술을 마시지만 3~4잔부터는 술이 술을 마시고 9~10잔째는 술이 사람을 마신다고 한다. 술이 사람을 마실 정도라면 아무리 장비와 같은 장사라 하더라도 제 몸을 지탱하기 어렵다.

대부분의 애주가들은 모두 자신의 주량을 과장하길 좋아하며 분명히 취했지만 취하지 않았다고 우긴다. 그럼에도 중국인들이 주당의 기준으로 설명되는 술 10말을 마신다는 것은 불가능하다는 것을 누구나 알 수 있다. 그런데 고대의 술그릇은 모양이나 용량이 엄격하게 정해져 있지 않았다. 또한 고대와 현대의 도량형 제도는 크게 다를 뿐만 아니라 각 시대별로 모두 차이가 있다.

그러므로 고대의 주당들이 말하는 10말도 시대와 나라에 따라 같은 양이 되지 않는다는 것을 이해할 필요가 있다. 한漢나라 때는 10말이 120근斤에 달했다고 하는데 1근은 대체로 0.5리터이므로 10말은 대체로 60킬로그램(60리터)에 달한다. 이 역시 성인 한 명의 몸무게에 해당하는 데 인간이 마실 수 있는 양이 못 된다.[4]

중국에서
가장 오래된 술

2003년, 산시성山西省 시안西安시 북문 부근에서 전한시대의 묘지가 발견되었는데, 이곳에서 발굴된 한 청동기 안에서 세계를 놀라게 하는 물질이 나왔다. 묘지는 이미 도굴되어 내부 구조와 부장품의 상황을 자세히 알 수 없었지만, 묘실 속에서 101개의 옥편, 측실에서 청동종青銅鐘 2개와 청동기 15개가 발견되었다. 청동종 중 하나는 중간 부분이 파열되었고 하나는 보존 상태가 좋았다. 발굴팀이 상태가 양호한 청동종 위에 붙은 흙, 녹과 뚜껑을 봉한 생칠을 제거한 후 뚜껑을 열었더니 초록색 액체에서 술 냄새가 났다. 발굴 팀은 술 향기가 나는 초록색 액체를 유리 용기 안으로 옮겼는데 분량은 모두 25리터나 되었다. 한마디로 2,000여 년간 보존된 전한시대의 술이었다.

학자들은 전한시대의 술이 어떻게 현재까지 보존될 수 있었는지에 주목했다. 알코올은 휘발하기 쉬운 물체로 보존이 매우 힘들어 2,000년이나 보관될 수 있다는 것은 사실상 불가능한 일이기 때문이다. 이는 장기간 술이 보관될 수 있는 특수한 환경이 만들어졌기 때문에 가능한 일로 추정되었다. 청동종의 뚜껑을 막고 있던 흙과 녹, 뚜껑을 막은 생칠이 밀폐된 환경을 만들어 술의 보존에 결정적인 역할을 했다는 것이다.

술은 청동종 안에 담겨져 있었으므로 청동기의 산화 반응에 의해 초록색을 띠므로 술 역시 초록색을 띠게 된 것이다. 곧바로 이

술이 어떤 술이냐에 관심이 모아졌다. 중국황주협회 회장 마오자오셴毛照顯은 "술의 냄새를 맡아보니 황주黃酒가 틀림없다. 현대 황주에 대한 정의는 벼쌀, 조쌀 양식 등 농작물을 증류 발효 과정을 거쳐 걸러내어 생긴 것이다. 전한의 술은 이 정의에 부합하고, 보통 말하는 미주米酒 역시 황주의 한 부분이다"라고 말했다.

황주는 일반적으로 15~20도로 알코올 도수는 낮은 편이며, 색이 황색이며 윤기가 있어 황주라고 하는데 한국의 막걸리에 해당하는 술이다. 그다지 독하지 않고, 색은 막걸리만큼 탁하지 않다. 황주는 기본적으로 쌀로 빚지만 일부 지역에선 조로 빚기도 한다. 곡물을 주원료로 누룩과 술 약을 첨가해 당화, 발효, 숙성의 과정을 거쳐 마지막으로 압축해서 만들기 때문에 한국의 막걸리 제조법과 같다. 중국에서 백주가 발달하면서 생산지가 축소되고, 생산량도 줄어들어 찾기 어렵게 되었지만 공항에서나 마트에서 발견할 수도 있다.[5]

물론 일부 학자들은 과일주일 가능성을 제시했다. 시안시문보소西安市文保所 쑨푸시孫福禧 소장은 문헌상으로 볼 때 전한시대의 술은 대개 과일주로 발효시킨 것이 틀림없다고 주장했다. 『사기』도 서역의 대월씨국大月氏國에서 포도주가 나타났다고 말한다. 포도주를 대표로 하는 과일주는 전한 말기에 나타나기 시작했는데, 일반적으로 장건이 서역을 다녀온 이후 도입된 것으로 추정된다.

중국에서 가장 오래된 술은 1974년에 발견되었다. 일부 학자들이 기자조선의 기자箕子 후예가 설립한 것으로 추정하는 중산국中山國의 유적인 허베이성河北省 핑안平安 싼지현三汲縣에서 기원전 4세기경의 중산국의 왕릉과 성터가 발견되었다. 이곳에서 천자를 뜻하는 구정九鼎, 즉 정鼎이 9개나 나왔는데 이는 기원전 4세기경에 이미 중산국이 조·위·한·연과 더불어 왕(천자)을 칭했음을 방증해주는 자료로 제시되었다.

그런데 출토품 가운데 밀폐된 술병들이 다수 나왔고, 그 안에 술이 들어 있었는데 성분을 분석하니 곡주穀酒로 추정되었다. 이것은 중국에서 발견된 술 중에서 가장 오래된 증거품이다. 중산주中山酒는 '한 번 마시면 3년 동안 죽은 듯 무덤에 묻혀 있다가 깨어날 정도이며, 3년 후 깨어난 사람의 주변에 있던 사람들도 그 술 냄새에 3개월간이나 취할 정도라는 전설'이 있을 정도로 유명한 술이다.[6]

일반적으로 한나라에는 대략 2가지 종류의 술이 있었다고 추정된다. 한 가지는 누룩으로 만든 술로 익은 후 일정한 비율로 물을 섞는 것이다. 어떤 것은 물을 탄 후 다시 누룩을 넣기도 한다. 오늘날 한국의 막걸리로 볼 수 있다. 또 한 가지는 포도주와 같은 과일주로 즙액을 '예醴(감주)'라고 달리 불렀다. 맛이 달콤해 술을 잘 못하는 사람들을 위해 제공했다. 이들 술은 도수가 10도를 초과하지 않는다.

고대 중국에서 일반적으로 금나라 전까지는 과일이나 곡식으로 발효시켜 만든 발효주를 제조했지 증류주를 만들지 않았다. 이시진李時珍은 『본초강목本草綱目』에서 "증류주인 소주는 옛날에는 존재하지 않았고 원나라 때부터 나타났다. 진한 술과 조를 용기에 담아서, 끓여서 증기가 오르게 하여 그릇에 떨어지는 술 방울을 받아 담는다. 상한 술은 모두 증류할 수 있다"고 적었다.

이것은 이 시기에 발효주뿐만 아니라 발효시킨 것을 증류하는 양조법이 개발되었다는 것을 의미한다. 물론 증류주가 이보다도 훨씬 먼저 태어났다는 주장도 있으나, 이 문제는 아직 결론이 난 것은 아니다. 또한 과거에 증류주가 있었다고 하더라도 알코올 농도를 40퍼센트로 한다면 이는 알코올 농도 6퍼센트의 막걸리보다 6.7배, 알코올 농도가 4.5퍼센트인 맥주의 8.9배나 되는 것이니 몇 말씩 마실 수 있는 것은 아니다.

술의 알코올 함량 측정 방법은 1800년에 정해지기 시작해서 현재의 '표준 알코올 농도 측정법'이 되었고 알코올 농도는 퍼센트로 표시한다. 술의 알코올 함량 측정 방법이 발견되기 이전인 1700년대까지는 화약을 술에 붓고 불을 붙여서 알코올 농도를 측정했는데, 불이 붙는 정도를 프루프proof 단위로 표시했다.[7]

혈중 알코올 농도와 음주 측정의 역사

술을 얼마나 마셨는지를 알아보려면 혈중 알코올 농도를 재보면 된다. 예를 들어 0.1퍼센트는 혈액 100밀리리터당 0.1그램의 알코올이 존재한다는 것을 의미한다. 혈중 알코올 농도에 비례해 우리의 뇌는 영향을 받고, 또 각기 다른 반응을 나타낸다. 사람에 따라 다르기는 하지만 일반적으로 맥주 한 잔이나 위스키 한 잔을 마시면, 혈액 내 알코올 농도는 1시간 이내에 0.02~0.03퍼센트에 달해 긴장이 완화되고 기분이 좋아진다. 알코올이 몸에 좋다는 말은 여기에 근거를 두고 있다.

0.04~0.06퍼센트의 혈중 알코올 농도가 되면 약간 흥분된 상태가 되어 호기를 부린다. 0.06~0.09퍼센트에 도달하면 몸의 균형이 약간 흐트러지는 것을 느낄 수 있다. 그러나 사고와 판단력에는 별다른 문제가 없다. 그러나 혈중 알코올 농도가 0.1~0.12퍼센트에 이르면 몸의 균형이 깨질 뿐만 아니라 올바른 판단력을 잃고 횡설수설하게 된다. 나아가 0.12~0.15퍼센트가 되면 언어구사, 사고, 판단력이 현저히 떨어진다.

그럼에도 계속 술을 마시면 혈중 알코올 농도는 더욱 높아지고, 0.2퍼센트가 되면 뇌의 중추신경 기능이 상당히 떨어진다. 알코올 농도 0.3퍼센트에서는 몸을 가누지 못하고, 0.4퍼센트에서는 의식을 잃는다. 여기서 계속 술을 마실 경우 알코올이 축적되어 0.5퍼센트에 달하면 혼수상태에 들어가고, 0.6퍼센트에서는 심장마비나 호흡 중지로 사망하게 된다. 이렇게 혈중 알코올 농도가 높아지면 당연히 교통사고나 안전사고가 발생하는 것은 물론이거니와 음주자의 건강도 깨지고 나아가 생명까지도 잃는다.

자동차가 세계적으로 일반인에게 보급된 현 상황에서 음주와 관련해 가장 문제가 되는 것은 말할 것도 없이 음주 운전이다. 술을 마시면 먼 거리의 물체를 식별하는 능력이나 어둠 속에서 물체를 가려내는 능력이 25퍼센트 정도 떨어진다. 음주가 운전에 미치는 영향은 혈중 알코올 농도에 따라 다르게 나타난다. 혈중 알코올 농도 0.05퍼센트 이하에서는 술을 마시지 않은 사람과 차이가 없으나, 0.05~0.09퍼센트가 되면 사고율이 1.2~2배 증가하며, 0.1퍼센트면 5배, 0.15퍼센트면 10배, 0.18퍼센트면 20배나 높아진다.

그 때문에 각국에서는 음주 운전 단속을 더욱 강화하고 있다. 한국도 이에 결코 소홀하지 않다. 혈중 알코올 농도 0.1 이상은 형사 입건되고 면허가 취소된다. 0.26 이상은 영장이 청구되고 2년간 면허 취득 자격을 잃는다. 0.36 이상은 사고 유무를 불문하고 영장 청구와 더불어 면허가 취소됨은 물론이다. 혈중 알코올 농도가 이런 상태라면 타인의 생명도 위협하게 된다.

미국에서 보고된 사고에 관한 연구에 의하면, 음주로 인한 치명적인 추락 사고의 비율은 17~53퍼센트에 이르는데, 혈중 알코올 농도가 0.05~0.1이면 3배, 0.1~0.15면 10배, 그 이상이면 60배 이상으로 사고 위험이 높아진다. 추락 사고 사망자의 최고 70퍼센트, 부상자의 최고 63퍼센트가 음주와 관련이 있다고 할 때 음주가 개인의 안전을 크게 위협하고 있는 것이 사실이다.

음주 측정의 역사는 1939년으로 올라간다. 미국의 인디애나주 경찰국에서 처음으로 시도했는데, 당시에는 풍선처럼 생긴 플라스틱 주머니에 숨을 불어넣었을 때 변하는 색깔의 정도를 보고 음주 여부를 판독했다. 풍선 모양의 주머니 안에는 중크롬산칼륨과 유산을 실리카겔에 흡착시킨 물질이 들어 있었다. 측정 대상자가 숨을 불어넣으면 그 숨에 포함되어 있는 알코올이 산화되면서 적황색의 중크롬산칼륨을 녹색의 유산크롬으로 바꾼다. 즉, 당시의 음주 측정기는 숨을 내쉴 때 나오는 알코올 양을 측정해 간접적으로 혈중 알코올 농도를 측정했다.

반면에 현대의 전자식 음주 측정기는 숨으로 나온 알코올이 연소되면서 발생하는 전류의 크기를 측정하는 방식으로 아인슈타인의 광전효과를 활용한 것이다. 술을 마시면 체내로 들어간 알코올 성분이 호흡을 통해 배출된다. 알코올이 측정기 안의 백금 양극판에 닿으면 푸른색의 가스로 변하고 금속판에 닿으면 전자가 방출되어 전류를 발생시킨다. 이 전류의 양을 측정해 혈중 알코올 농도를 알아내는데, 숨 속에 알코올이 많을수록 전류가 많이 발생하므로 일종의 연료전지라 볼 수 있다.

물론 음주 측정기는 이 밖에도 알코올에 의해 흡수되는 적외선의 양을 측정하거나 고온으로 가열된 반도체 금속 산화물의 표면이 알코올이 흡착될 때 흐르는 전류의 변화를 이용하기도 한다. 또한 휘발성이 있는 기체의 분리 추출에 사용하는 기체크로마토그래피 방법을 사용하기도 한다.

엄밀하게 따지면 '술 마신 사람은 운전하지 않는다'는 규칙만 지키면 음주 측정기는 필요 없다. 그런데 현재 휴대전화에 부착된 음주 측정기가 시판 중인 것은 물론 특허청에 음주한 사람이 자동차에 탔을 때 시동이 걸리지 않는 기술 등 음주 측정과 관련된 특허가 가장 많이 제출되고 있는 것을 보면 과학기술의 도움을 받지 않고서 음주 운전을 사라지게 할 방법은 없는 듯하다. 다시 한번 말하면 인간의 의지가 없으면 금주가 불가능하다는 뜻이다. 인간들이 워낙 개성이 강한 동물이므로 음주 운전이 사라지지 않는다고 볼 수 있다.[8]

술을 마시면
얼굴이 빨개지는 이유

술에 취한다는 것은 술을 마시는 시간에 크게 좌우된다는 것을 의미한다. 여기에 술 마시는 분위기 역시 큰 역할을 한다. 사마천의 『사기』 「골계전」에는 다음과 같은 이야기가 나온다. 전국시대 초엽, 제나라 위왕威王 때 초나라의 침략을 받은 위왕은 순우곤을 조나라에 보내 원군을 청하게 했다. 이윽고 순우곤이 10만 명의 원군을 이끌고 오자 초나라는 야밤을 타서 철수했다. 순우곤의 역할로 전화를 모면하게 된 위왕은 크게 기뻐하며 주연을 베풀고 순우곤에게 물었다.

"그대는 얼마나 마시면 취하는고?"

"신은 한 되를 마셔도 취하고 한 말을 마셔도 취합니다."

"한 되를 마셔도 취하는 사람이 어찌 한 말을 마실 수 있겠는가?"

"경우에 따라 주량이 달라진다는 뜻입니다. 만약 고관대작들이 지켜보는 자리에서 마신다면 두려워서 한 되도 못 마시고 취할 것이며 또한 근엄한 친척 어른들을 모시고 마신다면 자주 일어나서 술잔을 권해야 하므로 두 되도 못 마시고 취할 겁니다. 반면에 옛 벗을 만나 회포를 풀면서 마신다면 그땐 대여섯 되를 마실 수 있습니다. 동네 남녀들이 어울려 쌍륙雙六(주사위 놀이)이나 투호投壺 (화살을 던져 병 속에 넣는 놀이)를 하면서 마신다면 그땐 여덟 되쯤 마시면 취기가 두서너 번 돌 것입니다. 그리고 해가 지고 나서 취흥이 일면 남녀가 무릎을 맞대고 신발이 뒤섞이며 '술잔과 접시가 마치 이리에게 깔렸던 풀처럼 어지럽게 흩어지고, 집 안에 등불이 꺼질 무렵 안주인이 손님들을 돌려보낸 뒤 신前 곁에서 엷은 속적 삼의 옷깃을 헤칠 때 색정적인 향내가 감돈다면 그땐 한 말이라도 마실 수 있습니다.'

이 이야기는 원래 '배반낭자杯盤狼藉'라는 고사성어를 설명하기 위해 순우곤이 주색을 좋아하는 위왕에게 "술이 극에 달하면 어지러워지고 즐거움이 극에 달하면 슬픈 일이 생기므로 조심해야 합니다"라고 간언한 내용이다. 배반낭자는 너무 어지럽게 술을 마시다가 난잡한 상황이 된다는 의미로, 지나친 술자리에 대한 경고의 뜻을 갖고 있는 고사성어다. 순우곤의 경고를 들은 위왕은 이후 철야로 주연을 베푸는 것을 삼갔다고 하며, 순우곤을 제후의 주객主客(외국 사신을 접대하는 관리의 우두머리)으로 삼아 왕실의 주연이 있을 때는 꼭 곁에 두고 술을 마셨다고 한다.[9]

그러나 엄밀한 의미에서 술에 취한다는 것은 오래 술을 마시든 분위기에 좌우되어 경각심을 갖든 안 갖든 혈중 알코올 농도가 높아지면서 발생하는 현상이다. 거구의 몸집을 자랑하는 사람이 작은 잔으로 맥주 한 잔을 마셨는데도 얼굴이 새빨개지는 것은 물론 구토까지 하는 경우가 있는 것이다.

술을 마시면 얼굴이 빨개지는 까닭은 알코올이 혈관신경을 자극해 혈관을 확장시키기 때문이다. 얼굴이 화끈거리는 것은 실제로 체온이 상승하는 것이 아니라 다만 그렇게 느끼는 것이다. 한국음주문화연대에서 '술 앞에 인간은 평등하지 않다'라는 구호를 만든 것도 이를 뜻하는 것으로 보인다.

술을 마시면
즉사를 부리는 이유

술이 다른 어떤 음료보다 인간에게 친숙한 것은 슬퍼도 마시고 기뻐도 마실 수 있기 때문이다. 술은 어색한 분위기를 반전시키고 서로 다른 계층과 문화의 차이로 인해 꽁꽁 얼어붙어 있는 관계와 마음을 녹이는 역할도 한다. 사실상 어떤 사람이라도 많은 술을 마신다면 취하기 마련이다. 술을 많이 마시면 말이 많아지고 같은 소리를 또 하며 예상치 못한 실수도 하기 십상이다. 여기에서 술에 대한 해악만 이야기하는 사람과 술의 장점을 이야기하는 사람은 완전히 달라진다. 술자리에서 술 한 잔 하지 않는 사람은 술 마시고 같은 소리를 반복하면서 실수하는 사람들을 책망한다.

그런데 같이 술 마시는 사람들은 그런 책망을 하지 않는다. 술을 함께 마시는 사람은 상대방이 많이 마시면 소위 녹음기 틀어 놓은 것과 다름없는 행동을 하는 것을 보면서 자신도 술을 많이 마시면 같은 행동을 한다는 것을 알고 있기 때문이다. 술좌석을 같이한다는 것은 상대방과 자신이 술 마실 때 같은 이야기를 반복하거나 어느 정도 실수하는 것을 서로 이해해줄 수 있는 사이라는 것을 의미한다. 즉, 자신의 속내를 은연중 내비치면서도 다소 허술한 대화를 할 수 있는 여건이 형성되는 것이다.

개인의 술버릇은 천차만별로 셀 수 없이 많지만 대체로 3가지 유형으로 나뉜다. 술에 취하면 우는 대성통곡형, 평소에 유순하다가도 술에 취하면 폭력적으로 변하는 폭력형, 말이 많아지는 수다쟁이형이 그것이다. 각기 다른 술버릇을 보이는 사람들의 한 가지 공통점은 바로 알코올이 뇌에 흡수되었다는 사실이다. 술을 마시면 말이 많아지는 것은 알코올로 인해 언어중추 기능이 활발해지는 것과 관련이 있다. 평소 언어중추를 억제해주는 것은 전두엽(운동중추와 운동 언어중추가 있고 사고 · 판단과 같은 고도의 정신 작용이 이루어지는 뇌의 앞부분)인데, 술을 마시면 전두엽도 알코올로 마비되어 언어중추를 조절하지 못한다. 당연히 말이 쉬지 않고 쏟아져나올 수밖에 없다. 혀가 꼬부라지는 것은 전두엽 중에서 브로카 영역, 말할 때 낱말이 기억나지 않는 것은 베르니케 영역이 영향을 받기 때문이라고 한다.

인간의 행동은 전두엽에서 명령을 내리고 그 명령이 기저핵(대뇌 수질의 안쪽에 있는 신경세포의 집단을 통틀어 이르는 말로 대뇌핵이라고도 함)으로 가서 나타난다. 그런데 술을 마시면 전두엽의 충동 조절 기능이 약해져 매우 작은 자극에도 공격성이 표출되는 것이다. 특히 기저핵이 알코올에 민감하게 반응하는 사람들은 전전두엽의 통제가 느슨해지는 틈을 타 기저핵에서 공격적인 행동을 부추기기 때문에 더욱 충동적이고 돌발적인 성향을 드러낸다.[10]

일부 심리학자들은 술주정 또는 주사는 술이 자기를 억누르고 있던 의식이라는 두뇌의 억압중추를 악화시키기 때문에 발생하는 것으로 본다. 주사를 부리거나 술주정을 하는 사람은 이해할 수 없는 유치한 행동을 하기도 하는데, 이것 역시 술이 몸에 들어가면

무의식 속에 응축되었던 에너지가 원시적인 감정까지 끌고 나오기 때문에 발생한다. 즉, 자기를 억누르고 있던 의식이라는 억압이 느슨해지기 때문에 주사나 술주정이 발생한다는 것이다.

평소에는 발설하지 못하는 말도 술을 매개로 밖으로 표출하는 경우가 많은데, 이런 행동을 불러오는 주사가 무의식적인 상태에서가 아니라 의식적인 상태에서 발생할 경우엔 문제가 심각하다. 사실상 주사를 부리는 사람은 완전히 취한 것이 아니다. 완전히 취했다면 행패를 부리기는커녕 거동도 할 수 없을 정도가 될 것이다. 상황에 따라 주사를 부리는 사람에게 술을 더 많이 마시게 하여 완전히 취하게 한 후 자게 하는 것이 가장 좋은 처방이라는 설명이 나오는 이유다.[11]

흔히 '술버릇', 즉 술 매너를 강조하는 것은 술의 속성 때문이 아니라 술을 마신 후 나타나는 행동은 당사자의 의지에 따라 달라진다고 인식하기 때문이다. 문제는 주사 부리는 사람의 행동이 상대방에 따라 다르다는 점이다. 주사를 좋지 않은 행동으로 보는 이유는 술 마신 것을 핑계로 만만하게 보이는 사람에게 행패를 부리기 때문이다. 한마디로 주사를 당하는 사람은 주사 부리는 사람에게 만만하게 보였다는 것을 뜻한다. 당하는 사람이라면 기분 나쁘지 않을 리 없다.

주사 부리는 사람을 따끔하게 다루어야 하며 술은 어렸을 때 어른 앞에서 배워야 한다는 주장이 설득력을 갖는 이유가 여기에 있다. 여하튼 잘못된 술버릇은 상대방을 얕잡아보는 심리에서 비롯되는 행위기 때문에 주사를 부리는 사람에 대한 상대방의 평가가 좋게 나올 리는 만무하다. 주사는 자신의 인격이 모자라고 자제력이 부족하다는 것을 입증하는 행위이기도 하다. 한마디로 말해 주사와 술주정은 고쳐야 한다.

술을 마시면 필름이 끊기는 이유

술을 좋아하는 사람들 가운데 '예전에는 안 그랬는데 술을 먹기만 하면 기억이 뚝뚝 잘도 끊어진다'고 하소연하는 사람들이 적지 않다. 처음엔 나이가 들었기 때문이라고 웃어넘기던 이들도 그런 현상이 두세 번 반복되면 걱정하기 마련이다. 술을 좋아하는 사람이라면 이처럼 '필름 절단 사고'를 한두 번쯤은 겪어보았을 것이다. 필름이 끊긴 상태에서 벌인 추태가 생각나지 않아 다음 날 같이 술을 마신 사람에게 혹시 실수하지 않았느냐고 질문해본 경험이 있는 사람도 적지 않을 것이다. 술을 마시면 왜 이렇게 필름이 끊기는 현상이 발생하는 것일까?

학자들은 필름이 끊기는 이유를 뇌의 기억 메커니즘으로 설명한다. 기억에는 단기 기억과 장기 기억이 있다. 단기 기억은 1분에서 1~2시간 이내의 경험이나 감정이 뇌에 임시로 저장되는 것을 말한다. 단기 기억 가운데 중요한 부분만 장기 기억으로 바뀌는데, 이 과정은 뇌의 앞쪽인 측두엽 안쪽에 있는 '해마'라는 기관이 담당한다. 장기 기억으로 저장되지 못한 단기 기억은 곧 사라진다. 반면에 일단 장기 기억으로 전환된 기억은 쉽게 사라지지 않는다.

건망증은 장기 기억을 꺼내지 못하거나, 단기 기억이 아예 장기 기억으로 저장되지 않아서 발생하는 현상이다.

술 마시다 발생하는 '필름 절단 사고'는 바로 이 단기 기억을 장기 기억으로 전환하는 과정에 문제가 발생해서 일어난다. 즉, 기억을 꺼내지 못해서가 아니라 저장된 기억이 아예 없기 때문에 기억이 안 나는 것이다. 그래서 술 마시다 사라진 기억은 최면을 걸어도 떠오르지 않는다고 한다. 술자리 중간의 기억이 드문드문 나는 것은 기억이 저장되었다 안 되었다 했기 때문이다.

그러나 술을 마실 당시 만난 주변 사람들은 당사자가 필름이 끊겼다는 것을 거의 알아차리지 못한다. 해마 외의 다른 부분은 제대로 작동하고 있어서 술에 취한 것을 빼면 말이나 행동이 지극히 정상적이기 때문이다. 이미 저장되어 있는 중요한 기억들, 즉 일상생활에 필요한 지식은 멀쩡히 살아 있기 때문에 계산을 하거나 집에 돌아가는 데도 전혀 이상이 없다. 오직 술 마셨을 당시의 기억만 사라질 뿐이다. 그렇다면 어느 정도 술을 마셔야 기억이 끊어지는 것일까?

1970년대 미국에서 조사한 바에 따르면, 필름이 가장 많이 끊기는 시점은 보통 혈중 알코올 농도가 0.2퍼센트 정도가 되었을 때다. 이는 체중 70킬로그램의 남자가 25도인 소주를 1.5병 조금 못 되게 마신 정도의 양이다(소주 1.5병=약 500밀리리터). 물론 이 결과는 사람에 따라, 그리고 몸 상태나 술을 마신 속도에 따라 조금씩 달라질 수 있다. 드물게 선천적으로 필름이 안 끊기는 사람도 있다.

조금 과장하자면 필름이 끊기는 현상은 뇌가 술 마시는 중에 일어나는 일은 아무것도 받아들이지 않겠다는 강력한 의지를 표명한 것이라 할 수 있다. 게다가 대부분 한 번 '끊기기' 시작하면 그다음은 예전보다 쉽게 끊긴다. 쉽게 말해서 앞으로는 술을 마시지 말라고 뇌가 보내는 경고인 셈이다. 술을 마시고 필름이 끊기는 상태가 반복되면 뇌 질환 중 하나인 '베르니케-코르사코프 증후군Wernike-Korsakoff syndrome'에 걸릴 수 있다. 베르니케-코르사코프 증후군은 과도한 알코올이나 다른 요인에 의해 발생할 수 있는 뇌 질환으로, 크게 '베르니케 뇌증Wernicke encephalopathy'과 '코르사코프 증후군Korsakoff's syndrome'의 2가지 증세로 나뉜다.

초기 급성 상태인 베르니케 뇌증은 안구 운동 장애나 보행 장애 등을 보이는데 치료하면 나을 수 있다. 하지만 이 상태가 발전해 뇌세포가 파괴되어 기억 장애가 일어나는 코르사코프 증후군이 되면 장기 기억이 점점 줄어들다가 급기야 '있는' 기억도 사라지게 된다. 전문가들은 알코올성 기억 장애는 치매와 비슷하다고 말한다.[12]

숙취의 주범은 아세트알데히드

술을 의미하는 라틴어의 'Aqua Vitae'는 '생명의 물'이라는 뜻이다. 한방韓方에서도 술은 백약 가운데 으뜸으로 꼽힌다. 그러나 술을 마셔서 효과를 볼 수 있는 사람은 체질적으로 제한되어 있는데, 이것은 독한 술이라고 해서 모두 몸에 해로운 것이 아니듯 약한 술이라고 해서 모두 몸에 이로운 것은 아니라는 것을 말해주는 것이기도 하다.

알코올을 마약과 같은 차원에서 다루지 못하는 이유도 인체에 미치는 알코올의 영향이 개인에 따라 다르기 때문이다. 술에 취하는 정도도 사람에 따라 다르며 중독자가 되는 것도 개인의 체질에 따라 다르다. 알코올을 금방 산화시켜 이산화탄소와 물로 바꾸는데 소질이 있는 사람이 '타고난' 술꾼이다. 이들의 간에는 알코올 산화효소가 많다.

우리나라 주당들은 양주는 많이 마셔도 머리가 아프지 않은데 막걸리나 청주를 마시면 머리가 아프다는 이야기를 많이 한다. 아마 비싼 양주나 외국산 포도주를 마시는 것이 몸에 좋다는 뜻일 것이다. 그러나 이것은 절반은 맞고 절반은 틀린 이야기다. 일반적인 발효법으로는 8~16퍼센트 농도의 에틸알코올만 얻을 수 있다. 에틸알코올의 농도가 증가하면 효모균 스스로 자신이 만든 알코올에 중독되어 발효 활동을 정지하기 때문이다.

따라서 모든 발효주에는 아세트알데히드가 들어 있는데, 이게 바로 이른바 숙취를 불러오는 원인 물질이다. 아세트알데히드는 미주신경Vagus Nerve과 교감신경Sympathetic Nerve 내의 구심성 신경섬유 Afferent Nerve Fibers를 자극해 구토와 어지러움, 동공 확대, 심장박동·호흡의 빨라짐 등을 유발한다. 미주신경은 운동과 지각, 내장의 기능과 관련이 있는 신경이고, 교감신경은 신체가 외부 환경에서 스트레스를 받았을 때 작용하는 신경이다.

숙취란 술을 마시고 수면에서 깬 후에 느끼는 특이한 불쾌감이

나 두통 또는 심신의 작업 능력 감퇴 현상 등이 1~2일간 지속되는 현상을 말한다. 그 때문에 술을 마신 후 머리가 아프다고 호소하는 것이다. 막걸리나 청주 등 우리나라 술을 마셨기 때문에 숙취가 있고 머리가 아픈 것이 아니다. 아무리 비싼 프랑스산 포도주일지라도 발효주이므로 많이 마시면 머리가 아픈 것은 당연하다.

결국 우리가 '숙취를 느낀다'는 것은 체내에 알코올과 아세트알데히드가 남아 있어 지속적으로 신경을 자극하는 상태를 의미하며, '술이 깬다'는 것은 아세트알데히드가 분해되었다는 것을 의미한다. 대부분의 사람들은 다음 날 아침이나 점심에 주로 숙취를 느끼게 되며, 심할 경우 오래가는 사람도 있다.

증류주는 아세트알데히드를 제거한 술

아세트알데히드는 공장 폐수나 오염된 공기 중에 많이 포함되어 있는 대표적 유해 물질이다. 새집증후군이나 암모니아와 함께 생활 냄새의 주범이기도 하다. 면역력이 약한 어린아이나 노약자에게는 두통, 구토, 알레르기 반응을 일으키기도 한다. 최근 인기가 있는 공기청정기의 기능 중 하나가 바로 이 아세트알데히드를 줄이는 것이다.[13]

인간은 이 골치 아픈 아세트알데히드를 제거하는 방법 또한 개발했는데, 그것이 바로 증류주다. 어느 정도 이상의 농도를 가진 주류를 만들기 위해서는 일반 발효에 의해 만든 알코올 용액을 증류해 그 농도를 증가시키는데, 증류 과정에서 아세트알데히드가 사라지는 것이다. 위스키, 코냑, 아르마냑 등 거의 모든 양주가 증류 방식을 거쳐 만든 것이다.

증류주는 알코올의 끓는점(78도)이 물의 끓는점(100도)보다 낮아 알코올이 물보다 먼저 증발한다는 점을 이용해 만든다. 발효주를 끓여서 증발하는 기체를 모아 적절한 방법으로 냉각시키면 다시 액체가 되는데, 이 과정에서 본래의 발효주보다 알코올 농도가 훨씬 더 높은 액체가 되는 것이다. 그러므로 증류주를 만들려면 필히 그 전 단계인 발효주가 있어야 하는데, 맥주나 포도주를 증류하면 위스키나 보드카, 진이 된다. 특히 포도주를 특별한 방법으로 증류하면 브랜디가 된다.

이 브랜디 중에서 가장 유명한 것이 코냑이나 아르마냑이다.[14] 우리나라에서 생산되는 정통주인 소주도 마찬가지다. 일반적으로 증류주인 소주燒酒(잘 알려진 희석식 소주를 뜻하는 것이 아님)는 농도가 20퍼센트를 넘으므로 양주와 마찬가지로 머리가 아프지 않은 것이 당연하다. 그것은 또한 한국산 정통주의 가격이 만만치 않은 이유이기도 하다.

에탄올의 농도는 증류법에 따라 약 95퍼센트까지 올릴 수 있다. 그러나 세계 각 지방에서 만들어지는 고급 술의 에탄올 농도는 40~50퍼센트다. 에탄올의 농도를 50퍼센트까지 높이면 에탄올 분자와 물 분자의 움직임이 가장 느려지는데, 이때가 숙성 시기로 가장 좋고 동시에 술맛도 좋다. 술의 에탄올 농도는 프루프로도 표시하는데 이것은 퍼센트 농도의 2배에 해당한다. 따라서 50도라는 것은 에탄올 농도가 25퍼센트인 술을 의미한다.

상습적인 음주는 간의 지방이 굳는 간 경변을 일으키며 또 간의 기능을 떨어뜨려 혈관과 심장 등에 지방을 축적한다. 한국인의 체질을 연구한 바에 의하면 대체로 하루에 25퍼센트 도수에 360밀리리터의 용량을 갖는 희석식 소주 1병 정도를 소화시킬 수 있다고 한다. 이를 12~15퍼센트의 청주로 따지면 600~700밀리리터, 막걸리로 따지면 1,000~1,500밀리리터가 된다. 이를 초과해 술을 마신다면 초과한 주량만큼 비례하여 휴식이 필요하다.

술을 마시면 왜 구토를 할까?

의학적으로 알코올중독이란 급성 중독 상태를 가리키며 만성 중독 상태는 알코올의존증이라고 부르는데, 술을 무절제하게 마시는 데서 오는 병이다. 알코올중독이라는 말은 1849년 스웨덴의 의사 마뉴스 후스가 처음으로 사용했다. 그는 간·심장·신경 질환을 앓고 있는 남녀 환자를 진찰하면서 그들이 앓고 있는 여러 질병이 스웨덴의 아콰비트Aquavit를 지나치게 마시는 것과 관련이 있음을 발견했다. 그 후 그는 서로 다른 임상적 증상들을 하나의 병명, 즉 알코올중독으로 통합해 명명했다.

알코올화의 정의는 음주자에게 어떤 악영향을 주지 않고 사회적으로 용납되는 범위 내에서 하는 음주 행위를 말한다. 대부분의 음주자들이 바로 이처럼 건강에 전혀 해를 입지 않는 정도의 음주를 즐기고 있다. 반면에 알코올중독이란 알코올화의 특수한 현상이다. 술을 선용할 경우 인간의 편이 될 수 있지만 남용하면 독이 된다는 뜻이다. 그런데 많은 사람이 외국인들은 아무리 술을 많이 마셔도 취하거나 구토를 하지 않는 반면 한국 사람들은 술을 많이 마시고 취한 후 길을 갈짓자로 걷거나 구토를 하는 등의 추태를 부리기 일쑤라고 비난한다. 그러나 이런 비난은 옳지 않다.

건국대학교 박택규 교수는 한국인을 포함해 동양인들의 대부분은 선천적으로 알코올을 분해하는 알코올 산화효소(알코올 탈수소효소alcohol dehydrogenase)가 거의 몸 속에서 분비되지 않는다고 설명한다. 똑같은 술을 마시더라도 외국인들은 취하지 않는데 한국인들은 곧바로 취할 수 있다는 것이다. 전문가들은 알코올 산화효소가 적게 분비되는데도 한국인들 가운데 술을 잘 마시는 사람들이 존재하는 이유는 몸이 거꾸로 술에 적응한 결과라고 말한다. 미국 캘리포니아대학 마크 슈키트 교수는 한국인, 중국인, 일본인들의 40퍼센트가 알코올을 완전히 분해할 수 없는 효소를 갖고 있어 술을 조금만 마셔도 얼굴이 붉어진다고 발표했다. 또한 한국인, 중국인, 일본인들의 10퍼센트는 술을 조금만 마셔도 메스꺼움이나 두통, 구토 등을 느끼는 유전자를 갖고 있다고 말했다.[15]

술을 잘 못 마시는 사람은 특히 외국에서 주의를 해야 한다. 외국인들은 갈짓자로 걷는 사람은 무조건 '알코올중독자'로 인식하는 경향이 강하며 대부분의 외국에선 술을 마시고 갈짓자로 걸으면 체포가 될 확률이 높기 때문이다.[16] 외국인에 비해 한국인은 알코올중독자가 적은 것으로 알려져 있는데, 이는 한국인들이 세계적으로 술을 많이 마시면서도 술을 이기지 못해 구토를 하는 것과 관련이 있다고 보는 전문가도 있다. 외국인들은 마시는 술을 모두 몸에서 받아들이기 때문에 알코올중독자가 될 가능성이 많은 반면 한국인들은 알코올을 흡수하지 못해 외부로 뱉어내기 때문에 알코올중독자가 적다는 뜻으로도 볼 수 있겠다. 물론 술을 많이 마시고 구토하는 게 몸에 매우 나쁘다는 지적도 있다. 여하튼 한국인에게 알코올을 분해하는 알코올 산화효소가 많이 분비되지 않는다는 것은 장단점이 있으므로 술을 슬기롭게 마시는 것이 좋다는데는 이론의 여지가 없다.[17]

알코올은 분해되지 않는다

술을 마시면 입과 식도의 점막에서 극소량이 흡수되어 혈액으로 들어간다. 알코올의 10~20퍼센트는 위에서 그대로 흡수된다. 일부는 알코올을 분해하는 알코올 산화효소에 의해 수소를 빼앗겨 아세트알데히드로 바뀌어 혈액으로 들어간다. 여성은 위의 알코올 산화효소가 남성보다 훨씬 적어 술에 빨리 취한다. 나머지 80퍼센트는 십이지장(60퍼센트)과 소장의 윗부분(20퍼센트)에서 처리한다.

알코올은 다른 영양소와는 달리 소화 과정을 거치지 않고 바로 소화관에서 흡수되므로 다른 영양소에 비해 흡수 속도가 빠르다. 사람에 따라 약간의 차이가 있겠지만, 술을 마시기 시작한 지 약 2분 정도 지나면 알코올은 혈액으로 흡수된다. 위 안에 음식물이 없으면 흡수 속도가 빨라지는데, 빈 속에 술을 마시지 말라는 것은 이 때문이다. 즉, 술을 마실 때 안주를 많이 먹으라고 권하는 이유다.[18]

알코올의 독성을 없애는 '분해 과정'을 전담하는 장기는 간장이다. 간장은 '분해 과정'을 통해 알코올의 독성 가운데 90퍼센트 정도를 처리하는데, 간장에서 알코올을 처리하는 일은 크게 두 단계로 나누어진다.

첫 번째 과정은 알코올을 아세트알데히드라는 물질과 수소로 바꾸는 일이다. 이 작업에는 알코올 탈수소효소와 마이크로좀 에탄올산화계 효소가 주로 참여한다. 두 성분 가운데 알코올 탈수소효소는 전체 알코올 처리의 약 80퍼센트를 담당하며 마이크로좀 에탄올산화계가 나머지 20퍼센트 정도를 처리한다. 두 번째 과정은 알코올 탈수소효소와 마이크로좀 에탄올산화계에 의해 만들어진 독성 물질인 아세트알데히드를 인체에 해가 되지 않는 초산으로 바꾸는 일이다. 초산은 혈액을 따라 돌면서 몸 곳곳의 세포에서 탄산가스와 물로 바뀐다. 이 과정을 담당하는 주역이 미토콘드리아와 원형질에 있는 아세트알데히드 탈수소효소2다. 여기서 감당할 수 없을 만큼 많은 알코올을 마셨을 때는 아세트알데히드가 분해되지 않고 간 조직을 자극하거나 지방간을 만든다. 간장 질환의 원인이 되는 것이다.

간장에서 분해 과정을 거친 알코올은 심장에서 대동맥을 거쳐 몸 구석구석으로 보내진다. 거미줄처럼 촘촘하게 짜인 혈관을 거쳐 우리 몸 곳곳에 있는 근육이나 지방 조직으로 스며든다. 이 과정에서 알코올은 혈관에 충격을 준다. 적당히 술을 마셨을 경우에는 이런 충격이 혈관을 확장시켜 피의 흐름을 도와주지만, 지나치면 고혈압 등 심장 질환으로 이어지기도 한다. 이쯤 되면 우리 몸 속에 들어간 알코올은 그 생을 마감하기 위한 준비를 한다.

간장에서 분해되지 않은 일부(약 10퍼센트)는 소변을 통해 그대로 배설되거나 몸 곳곳에서 에너지로 소비되고 호흡, 땀, 기타 분비물 형태로 몸 밖으로 빠져나오기 시작한다. 문제는 간에서 해독되지 않은 10퍼센트의 알코올이다. 분해되지 않은 알코올과 아세트알데히드는 혈액 속에서 온몸을 돌면서 온갖 기관에 영향을 미친다. 이들은 우선 간의 정맥을 통해 나가서 하부 대정맥을 거쳐 심장에 모인다. 심장의 혈액은 허파를 거쳐 다시 심장으로 왔다가 온몸으로 빠져나간다. 알코올의 최종 형태를 화학적으로 설명하면 탄산가스와 물로 분해된다고 할 수 있다. 여기까지 걸리는 시간은 사람마다 다르지만 대체로 6시간 정도다.

인간의
뇌로 들어가는 술

문제는 인간의 뇌로 들어간 술이다. 인간의 뇌에는 많은 혈액이 필요하기 때문에 술을 많이 마시면 뇌에서 각종 부작용이 나타나는데, 이 중의 하나가 바로 술에 취하는 것이다. 사람이 술을 마시면 취하는 이유는 뇌 속의 알코올이 신경세포 사이의 정보 교환을 방해하기 때문이다. 알코올이 몸으로 들어오면 위와 장에서 흡수되어 혈액으로 들어가 간에서 처리하는데 간의 처리 능력을 넘어선 알코올이 뇌를 비롯한 전신으로 운반된다.

인간의 뇌에는 이물질의 침입을 막아주는 '혈뇌 장벽'이라는 방어 체계가 있는데 불행하게도 알코올을 비롯한 지용성 물질은 쉽게 통과한다. 그러니까 음주 속도가 분해 속도를 앞지를 때에 알코올이 시냅스 연접 부위를 거쳐가는 신경전달물질에 영향을 미쳐 정보 교환을 엉망으로 만드는 것이다. 학자들은 사람이 취할 때는 먼저 대뇌에서 천천히 시작하여 소뇌와 뇌간으로 영향을 미친다고 추정한다.

소뇌가 영향 받으면 균형감을 잃고 비틀거리게 된다. 숨골(연수)에 알코올이나 아세트알데히드가 미량 침투하면 노래를 부를 때 음정과 박자를 무시하게 되고, 다량 침투하면 '숨을 못 쉬게' 되는 경우도 벌어진다. 과음 뒤 숨지는 사고는 대부분 숨골의 이상에서 비롯된다. 뇌의 시상하부와 뇌하수체 등 발기와 관련된 부위가 공격받으면 발기부전이 생긴다. 고환에서 남성호르몬을 분비하는 라이디히 세포를 파괴해 발기부전을 일으키는 동시에 성욕 감퇴, 고환 퇴화와 위축 등을 부르는 것이다.

알코올은 뇌 외에도 온몸을 통해 번져나가 세포들을 죽이기 때문에 모주망태는 온갖 병에 걸리기 십상이다. 잦은 음주는 소화기에서 식도염과 위염, 이자염, 간 질환을 일으킨다. 신경계에서는 치매와 중풍의 원인이 되며 술을 마시지 않아도 '필름이 끊기는' 특수한 질병, 소뇌 퇴행, 정신분열증, 다리 감각 이상, 손 저림증 등의 원인이 되기도 한다.[19]

아세트알데히드 탈수소효소2가 부족한 사람들이 술을 많이 마시면 침에 생긴 아세트알데히드를 제거할 수 없어 소화기관이 암에 걸릴 확률이 높다는 연구 결과도 있다. 스웨덴 헬싱키대학의 미코 샐라스푸로 박사는 모든 사람이 술을 마실 때 침에 아세트알데히드가 생기는데, 그 농도가 높을수록 소화기관이 암에 걸릴 위험이 높다고 말했다. 아세트알데히드 탈수소효소2가 부족한 사람은 침의 아세트알데히드 수치가 2~3배 높은 것으로 나타났다.

침을 만들어내는 주요 기관은 양쪽 귀 옆에 있는 이하선이다. 대부분의 사람은 하루 1.5리터 정도의 알칼리성 침을 만들어내는데, 이것이 치아에서 음식물 찌꺼기를 제거한다. 또한 표피세포를 박테리아에서 보호하는데, 소화를 돕기 위해서 약간 끈적끈적하다. 그런데 알코올이 이하선에 들어가면 알코올이 암을 유발하는 아세트알데히드로 대사한다는 것이다. 그러므로 아세트알데히드 탈수소효소2 유전자가 없는 사람은 소화기관의 암을 막기 위해서라도 술을 줄이고 입안을 청결히 할 것을 권장한다. 흡연자이거나 구강 위생이 좋지 않은 사람은 더욱 위험한 것으로 나타났다. 음주를 즐기는 사람이 흡연까지 한다면 소화기관이 암에 노출될 가능성이 높아진다는 뜻이다.[20]

폭탄주는
왜 빨리 취할까?

조선시대 성종 때의 정승인 신용개申用漑는 언젠가 퇴청하면서 "오늘 여덟 분의 손님이 오니 간소하게 술상을 차리시오"라고 했다. 집에서 술상을 올려놓은 지 오래되었는데도 손님은 1명도 오지 않았다. 그런데도 방 안에서 누군가와 말하는 것이 들려 엿보았더니 신용개는 8분益의 국화 화분 사이에 술상을 놓고 화분에 술을 뿌려가면서 혼자 술을 즐기고 있었다. 국화 꽃잎을 따서 술잔에 띄우고 "이 사람이 마셨으면 잔을 돌려야지" 하면서 술을 마시고 있었던 것이다. 이렇게 8분의 국화와 돌아가며 취하도록 마셨다니 대단한 풍류다.

이렇게 국화꽃과도 대작할 수 있다는 것은 술의 특성 때문이다. 술을 마시면서 대작이 없다면 술 마실 이유가 무엇이냐는 지적도 있지만, 꼭 대작의 상대가 사람일 필요는 없는 셈이다. 기묘사화 때 낙향한 박공달朴公達과 박수량朴遂良은 냇물을 사이에 두고 살았는데 비가 와 냇물이 넘쳐 오가지 못하는 상황이 되면 술병을 들고 서로 마주보며 앉아 권하고 마시면서 취했다고 한다.

물론 대작 문화가 좋은 것만은 아니다. 마시기 싫거나 마시지 못해도 마셔야 하는 사람에게는 고역이고 할 수 없이 마셨을 때의 후유증은 생각보다 크다. 주정, 실수, 실언, 숙취가 뒤따르며 금전적 손실은 고사하더라도 인간관계가 나빠지고 상황에 따라 기물 훼손과 육체적 손실이 발생하기도 한다.[21]

세계적인 음주 방식의 발명품으로까지 설명되는 한국인들의 '폭탄주'는 어느 한 종류의 술을 마시는 것이 아니라 맥주, 소주, 양주, 심지어는 포도주까지 섞어 만드는 술을 말한다. 때로는 이렇게 섞은 술에 음료수를 붓기도 한다. 대부분의 사람들은 한 가지의 술을 마셨을 때보다 취한다고 이구동성으로 말한다. '폭탄주'

라는 이름에서 알 수 있듯이 사람을 심하게 취하게 만들기 때문에 붙여진 이름이다.

폭탄주가 다른 술을 마셨을 때보다 취하게 되는 이유는 알코올의 농도와 관계가 깊다. 과학자들은 알코올의 농도가 약 20퍼센트일 때 우리 몸에 가장 빨리 흡수된다는 사실을 알아냈다. 그런데 알코올 농도 40퍼센트의 양주와 4퍼센트 정도인 맥주가 섞이면 그 농도가 약 20퍼센트 정도로 희석된다. 그래서 두 종류 이상의 술을 섞은 폭탄주를 마시면 알코올이 우리 몸에 빨리 흡수되어 빨리 취하게 되는 것이다.

맥주에 도수가 높은 소주를 섞는 경우도 마찬가지다. 맥주에 알코올 농도가 높은 소주를 섞으면 맥주의 알코올 도수가 인체가 가장 잘 흡수하는 20퍼센트에 가까워진다. 또 술에 사이다나 콜라 같은 탄산음료를 섞어 마실 때도 탄산이 알코올 흡수를 촉진해 빨리 취하게 된다.

물론 처음에 소주를 마시고 두 번째 자리에서 양주를 마시고 세 번째 술자리에서 맥주를 마시는 식으로 자리를 옮겨가면서 여러 가지 술을 마셨을 때도 '폭탄주'를 마셨을 때와 마찬가지 효과가 나타난다. 특히 술자리를 옮겨가며 마실 때는 한 종류의 술을 마실 때보다 쉽게 취하고, 술에 취하면 절제를 하지 못해 더 많은 술을 마시게 된다. 폭탄주 중에서도 특히 몸에 안 좋은 폭탄주가 있는데, 바로 잔에 거품이 가득 차 있는 폭탄주가 이에 해당한다. 맥주의 거품 같은 탄산가스가 몸 안에서 알코올의 빠른 흡수를 돕기 때문이다.

실제 영국 프란 리도웃 교수가 술과 관련해 진행한 실험에선 같은 샴페인이라도 거품이 많을 때 마신 사람이 김이 빠진 뒤에 마신 사람보다 혈중 알코올 농도가 20퍼센트 이상 높은 것으로 나타났다. 폭탄주가 해로운 것은 단순히 빠른 흡수 때문만은 아니다. 알코올 흡수 속도가 빠르면 빠를수록 간에 독성이 많이 쌓인다. 또 술의 종류마다 대사 과정에서도 차이가 난다. 술을 섞어 마시면 서로 다른 술에 섞여 있던 불순물들이 반응해 간을 손상시키고, 혈관, 근육, 신경, 뇌세포 등의 중추신경계를 교란시킨다. 술을 마신 다음 날 머리를 아프게 하는 숙취 역시 더욱 심해진다.[22]

술에 대한 다양한 속설

그렇다면 술을 마시는 사람들에게 가장 중요한 노하우일 수 있는 숙취를 없애는 방법은 무엇일까? 증류주를 마시는 방법이 있는데, 이는 가격이 만만치 않아 항상 이용할 수 있는 방법이 아니다. 술에 대한 이야기는 워낙 많이 알려져 있으므로 음주에 대한 속설을 가지고 이야기해보자.

우선 술을 조금만 먹어도 유달리 얼굴이 빨개지는 사람이 술을 마셔도 괜찮은지다. 이는 선천적으로 알코올 분해 효소가 결핍된 것으로 볼 수 있으므로 원론적으로 음주를 자제하는 것이 좋다. 알코올 때문에 혈관이 확장되어 손이 따뜻하게 느껴지고, 얼굴이 붉게 되는 것은 알코올에 의해 뇌의 심혈관 조절 작용이 억제됨과 동시에 알코올의 1차 분해 산물인 아세트알데히드의 작용 때문이다.

술은 자주 마실수록 주량이 커진다는 속설의 신빙성 여부다. 결론부터 말하면 이는 사실이다. 술을 매일 2주 정도 마시면 간에서 에탄올 분해 능력이 30퍼센트 정도 증가한다. 그러나 이 정도로는 남보다 몇 배의 술을 마시고도 멀쩡함을 자랑하는 '주당'들의 주량까지 설명할 수는 없다.

학자들은 이 같은 경우가 생기는 것은 뇌세포의 신경화학적 변화, 즉 뇌세포가 고농도의 알코올에 대해 내성이 생겼기 때문이라고 설명한다. 하지만 원천적으로 분해 능력이 없는 사람은 이런 체질은 후천적으로 개선되는 경우가 많지 않아 술을 많이 마시지 않는 것이 좋다고 조언한다.

일반적으로 술과 함께 좋은 안주를 먹거나 약한 술부터 센 술의 순서로 마시면 술이 덜 취한다고 생각한다. 하지만 결국 숙취 정도는 알코올의 양과 개인별 처리 능력 차이에 비례하므로 이를 모든 사람에게 적용할 수 있는 것은 아니다. 숙취에 따른 가장 직접적인 피해는 위 염증, 심장과 간 장애 등이지만, 2차적으로 식욕 저하, 비타민 결핍증, 성기능 장애, 월경 불순 등이 나타날 수 있다.

가장 잘 알려져 있는 속설은 술을 많이 마시고 안주도 적지 않게 먹었는데, 다음 날 속이 쓰리며 미식거리지만 이상하게도 밥맛이 당긴다는 것이다. 이에 대해 의학자들은 일시적 저혈당 증세 때문이라고 해석한다. 즉, 알코올이 포도당 합성을 방해하기 때문에 혈당 수치가 낮아져 식사를 거른 상태처럼 느낀다는 것이다. 물론 안주 없이 술만 지나치게 마신 경우는 이런 증상이 나타나기 쉽다.

보통 이런 저혈당 상태인 경우, 공복감은 물론 식은땀, 어지러움, 손끝 저림, 집중력 감퇴 등 여러 증상이 나타난다.

저혈당 증상은 술을 먹은 뒤는 물론, 공복 시 과도한 운동, 금식 등에 의해서도 발생한다. 원래 저혈당이란 혈당이 50mg/dl 이하로 떨어지는 경우로 정의하지만, 저혈당 증세는 혈당이 70mg/dl 이하로 떨어지거나 혈당 농도가 비록 정상이더라도 급격히 떨어지는 경우에 발생한다.

그러므로 누구라도 술을 마시면 혈당 수치가 일시적으로 낮아지므로 속이 아프다고 해서 아침 식사를 거르지 않는 게 좋다. 한마디로 저혈당 현상은 자연스러운 일이므로 술을 마신 다음 날에는 아침을 먹는 것이 좋다는 뜻이다.

술을
빨리 깨는 법

술 마신 다음 날 목이 마른 이유도 단순하다. 술을 많이 마시면 그만큼 소변이나 땀 등으로 많은 수분을 소비하므로 미네랄 같은 각종 전해질이 체외로 방출된다. 또한, 간장이 소화하지 못한 아세트알데히드가 몸에 부작용을 일으키므로 갈증, 두통, 무기력한 증상을 호소하게 된다.

가장 많은 질문은 전날 술을 많이 마셨는데 소위 해장술이 해장에 도움이 되느냐다. 그런데 이 질문에 관한 한 아침에 마시는 술은 저녁에 마시는 술보다 취한다고 알려져 있다. 이는 음식을 먹을 때도 잘 소화가 되는 시간, 소화가 안 되는 시간을 가려야 하는 것과 마찬가지다.

그렇다면 술을 빨리 깨기 위한 최선책은 있을까? 다량의 전해질 성분이 있는 얼큰한 국물이나 과일주스, 스포츠 이온음료를 마시는 게 좋다. 이는 알코올 대사산물이 신장에서 소변으로 빠져나갈 때 다량의 전해질을 함께 탈취해 숙취 현상을 강화시키기 때문이다. 찬물을 마실 경우 혈중 알코올 농도를 일부 떨어뜨릴 수 있지만, 다량의 전해질 성분이 없어 그 효과가 그리 크지 않다. 또한 커피도 카페인 작용으로 일시적인 기분 상승효과는 있지만, 알코올의 작용을 낮추지 않는 데다 오히려 이뇨 기능이 강화되어 체내 수분을 방출하는 결과를 가져온다.[23]

여하튼 숙취를 없앤다는 것은 결국 아세트알데히드를 분해하는 것에 달려 있으므로 간 기능을 향상시키거나 알코올과 알데히드 분해 효소의 생성에 도움을 주는 방법이 최선이라고 볼 수 있다.

과학적인 근거를 차치하고서라도 나라별로 전통적인 숙취 해소법은 다양하다. 몽골인들은 양의 눈알을 절여 이를 토마토에 섞어 먹고, 이탈리아에서는 쌀, 파스타, 유가공 제품 등 흰색 음식을 먹으며, 러시아인들은 식초에 절인 오이나 양배추 국물을 주로 애용한다. 핀란드에서는 절인 청어와 맥주를, 유럽 일부 국가에서는 보드카에 토마토즙을 탄 칵테일을 해장술로 먹는다고 한다.

숙취 제거로 많이 알려진 사우나 목욕은 잘못 알고 있는 대표적인 숙취 제거법이다. 사우나에 가는 것은 혈관을 확대해 결과적으로 알코올 분해에 도움이 되지 않기 때문이다. 또 맵거나 뜨거운 해장국을 먹는 것 역시 술로 인해 손상된 위벽이나 장에 자극을 더하는 행위기 때문에 피하는 것이 좋다. 또한 한두 잔의 커피는 이뇨 작용을 도와 숙취에 도움을 주나 너무 많이 마시는 것은 좋지 않다고 한다.[24]

제4장

막걸리는
약주다

근대에 밝혀진
양조의 비밀

술이란 법에서 알코올 1퍼센트 이상 함유한 음료를 말한다. 술은 원료에 따라 과실주와 곡물주로 크게 나눠지고 제조 방법에 따라 발효주·증류주·재제주로 분류된다. 막걸리와 맥주와 포도주는 발효주, 소주와 위스키는 증류주, 인삼주나 집에서 과실을 넣어 우려내는 술들은 재제주라 한다.

인류가 탄생한 직후부터 술을 만들어 마셨다고 알려져 있지만, 술이 어떤 원리에 의해 만들어지는지를 파악하게 된 것은 놀랍게도 근대의 일이다. 알코올이나 식초의 발효가 미생물 효모 때문에 일어난다는 사실을 인간이 인식한 것은 얼마 되지 않는다. 효모는 자낭균 무리에 속하는 미생물로 효모균, 뜸팡이, 발효균, 이스트라고도 불린다.

곰팡이나 버섯 무리와 함께 진균류에 속하며, 균사가 없고 엽록소가 없어 광합성 기능도 없고 운동성도 없는 8미크론 정도의 원형 또는 타원형의 단세포 생물이다. 포도 등의 과실을 그대로 오래 보관하면 알코올 냄새가 난다. 이는 포도의 당분이 자연의 야생 효모에 의해 발효되어 알코올로 변하기 때문이다. 시간이 더 지나면 식초 냄새가 나는데, 알코올이 다시 초산 박테리아에 의해 식초와 같은 아세트산으로 변했기 때문이다.[1]

포목상이면서 렌즈를 연마하던 네덜란드인 안톤 레이우엔훅은 1674년 최고 확대율이 약 270배인 현미경을 직접 제작해 최초로 미생물을 발견했다. 레이우엔훅은 이 현미경을 사용해 자연계의 다양한 시료를 관찰하여 여러 형태의 미생물을 발견했고 이것들을 미세동물이라고 기록했다. 그러나 레이우엔훅은 이 미세동물이 발효, 부패 혹은 전염병의 원인이 된다고는 생각하지 못했다. 미생물의 작용에 의해 발효가 일어난다는 사실을 발견하고, 미생물학이 과학의 한 분야로 확립된 것은 약 1세기가 지난 19세기 초반부터다.

1837년 프랑스의 드라토르와 독일의 테오도어 슈반은 각각 독립적으로 '알코올 발효 중에 당을 에탄올과 탄산가스로 전환시키는 현미경으로만 보이는 작은 생명체(효모)가 존재하며 알코올 발효는 이 작은 생명체에 의해 일어나는 생리 현상'이라는 연구 결과를 발표했다. 프랑스의 루이 파스퇴르도 포도주 양조 과정에서 포도주가 산패하는 원인을 규명하기 위해 발효액을 조사하던 중 효모 이외에도 더 작은 생물, 즉 산을 생성하는 세균이 있으며, 산패는 이 세균에서 기인한다는 것을 발견했다. 또한 모든 발효 과정은 미생물의 생리 활동이라는 사실을 확인했다.

독일의 에두아르트 부흐너는 효모가 당분을 알코올과 이산화탄소로 분해하는 복합적인 발효 작용을 한다는 것을 밝혀냈다. 그는 효모 세포를 모래로 으깨 모든 세포를 깨뜨려 유동액을 얻은 후 상하지 않도록 이 액에 설탕 용액을 첨가했다. 이것은 당시 부엌에서 식품이 상하는 것을 방지하기 위해 흔히 사용하던 방법이었다.

그런데 이 용액에서 새로 따라 놓은 맥주에서 발생하는 것과 같은 기포가 발견되었고 그 기체가 탄산가스임도 확인되었다. 이것이 바로 무세포계 발효의 발견이다. 영어로 발효는 'fermentation'이라고 하는데 'fervere'는 라틴어로 '괴는(끓어오르는)'이라는 뜻이다. 효모가 당분을 혐기 상태에서 대사할 때 발생하는 이산화탄소가 거품으로 괴어오르는 현상을 보고 이런 이름을 붙인 것으로 여겨진다.

발효는 곡물이나 포도에 함유된 당분을 알코올로 만들거나 우유를 요구르트나 치즈로 가공하는 데 이용된다. 이쯤 되면 독자들은 파스퇴르와 부흐너의 연구가 무엇을 의미하는지 쉽게 알 수 있을 것이다. 드디어 양조의 비밀을 알게 된 것이다.

막걸리와 맥주는
사촌

술을 만드는 일에는 당분과 효모가 절대적으로 필요하다. 일반적으로 과실의 종류는 당분을 함유하고 있고, 곡류는 녹말로 불리는 전분질을 함유하고 있다. 과실의 당분은 아주 쉽게 효모에 의해 알코올로 발효될 수 있는 까닭에 술을 제조할 때는 과실즙을 그대로 발효 원료로 사용한다. 과실에 포함된 과당과 같은 작은 크기의 당류가 알코올로 변화되어 술로 빚어질 수 있기 때문이다.

포도를 원료로 하는 포도주는 포도 속에 있는 포도당과 과당 성분을 포도 표면에 서식하고 있는 알코올 발효 미생물을 이용해 직접 발효시키는 것이다. 포도 속에 있는 포도당과 과당 성분을 미생물이 직접 알코올로 변형시키므로 이를 단발효주單醱酵酒라고 한다. 참고로 모든 과일로 술을 만들 수 있지만 포도 이외의 과일은 효모 작용을 돕기 위해 설탕을 첨가한다.

포도주에는 아황산가스가 발생하기 때문에 거부하는 사람도 있다. 그러나 아황산가스는 빵이나 과자와 같이 발효된 음식물에 자연적으로 존재하는 것이다. 사실 유황 물질은 주로 포장된 음식물의 방부제로 사용되는 것으로 포도주 업자들은 아황산가스를 매우 유효적절하게 이용한다. 아황산가스는 포도주가 식초로 되는 것을 막고 산소에 노출되면서 변하는 것을 막아주기 때문이다. 하지만 포도주 병에 유황 물질이 적게 함유되어 있다는 표시로 '유황이 들어 있음'이라는 문구를 삭제하는 경우도 있다. 아황산염이 적게 들어 있는 포도주는 일반적으로 단맛이 없으며 비교적 가격이 비싸다. 백포도주에서도 쓴맛의 포도주에는 아황산염이 적게 들어 있다.

맥주도 포도주와 같은 발효법으로 만들지만 단발효주가 아니라 복발효주復醱酵酒라고 한다. 알코올을 발효 생산하는 효모와 세균이 전분을 분해하는 효소를 갖고 있지 않기 때문이다. 이는 포도주와 같이 과일을 원료로 하지 않고 전분을 원료로 술을 빚을 때는 먼저 전분을 발효 미생물이 이용할 수 있는 당류로 분해해야 한다는 것을 뜻한다.

맥주의 원료로 쓰이는 보리는 설탕, 밀, 쌀, 옥수수, 감자 다음으로 많이 생산되는 작물이지만, 그중에서 96퍼센트가 맥주를 만드는 데 이용된다. 맥주의 양조 과정은 싹이 조금 튼 보리 알갱이, 즉 맥아麥芽에서 시작된다. 맥아에는 '아밀라아제'라는 효소가 있는데, 이것은 탄수화물을 당분으로 바꾸는 성질을 갖고 있다. 식사 때 밥을 오래 씹으면 밥맛이 달게 느껴지는 것도 침 속에 아밀라아제가 들어 있기 때문이다. 식혜는 밥알과 함께 엿기름을 넣어 끓이는데 엿기름이 바로 싹튼 보리를 말린 맥아다. 식혜가 단맛이 나는 것도 바로 이 맥아의 효소 성분이 밥알의 탄수화물을 당분으로 분해하기 때문이다.

이렇게 분해된 당분은 효모의 주요 표적으로, 효모가 당분을 알코올로 바꾼 것이 바로 맥주다. 맥주 효모균의 학명 사카로미세스 세레비시아Saccharomyces cerevisiae의 세레비시아는 로마시대에 맥주를 '세레비시아Cerevisia'라고 부른 데서 유래했다. 이집트나 메소포타미아에서는 맥주가 왕국의 대표적인 술이었다. 맥주와 빵은 곧 식사라는 의미로 '빵-맥주'를 식사라는 단어로 간주했다. 1963년 메소포타미아에서 발견된 기원전 4000년경의 유물에서 건조된 보리로 만든 빵에다 물을 부어 자연 발효 맥주를 만들었다는 기록이 있다. 또한 바빌론의 함무라비 왕조(기원전 1728~기원전 1696) 시대에 만들어진 법전에는 다음과 같은 기록이 있다.

"맥줏집 주인이 맥주 값으로 곡식을 받지 않고 은전을 요구하거나 곡물 분량에 비해 맥주를 적게 주면 벌을 받을 것이며 물 속에 던져진다. 맥주 집에서 보통 맥주 60실라(30리터)를 외상으로 주면 추수 때 곡식 50실라를 받으라."[2]

이는 당시 맥주가 얼마나 보편화되었는지를 짐작하게 해준다. 이집트인들은 맥주를 음료로 이용했을 뿐만 아니라 맥주에다 미나리, 운향초 등 여러 향료를 섞어 치료에도 사용했다. 그들이 마신 맥주 맛은 지금과는 전혀 달랐을 것으로 추측된다. 오늘날의 씁쓸한 맛이 나는 맥주는 나중에 등장한 홉이라는 식물을 원료로 한 것이다. 중동 지방의 고대 벽화를 보면 맥주 찌꺼기가 빨려 나오지 않도록 대롱으로 맥주를 마시는 장면이 나온다. 이로 미루어 짐작할 때 초기의 맥주 맛은 아마 오늘날의 막걸리나 동동주에 물을 많이 탄 맛과 비슷했을 것으로 본다.

단발효법과
복발효법

한국에는 당이 많이 포함된 과실이 많이 생산되지 않으므로 술을 빚는 데 한계가 있었지만 과실 자체가 없었던 것은 아니다. 그러므로 지역마다 술 만드는 방법이 다소 다른데 큰 틀에서 에너지원인 원료에 따라 두 가지로 분류된다. 과실 등에 함유된 당에서 바로 발효시키는 단발효법과 곡류의 전분을 이용해 전분을 당화시키고 알코올로 발효시키는 복발효법이다.

단발효법은 포도, 복분자 등의 과일에 들어 있는 포도당을 알코올로 발효시켜 술을 빚는 방법이다. 그야말로 간단해 알코올 발효 전 과정에 관여하는 효소군에 의해 알코올 발효 과정을 거치면 술이 빚어진다. 한 번의 화학 과정만 거치므로 단발효법이라고 하는데 포도주, 사과주, 복분자주, 머루주 등이 여기에 속한다.

복발효법은 일단 전분을 포도당으로 분해하고 이를 효모에 의해 알코올로 발효시키는 것이다. 단발효법을 사용할 수 없는 쌀, 보리 등의 곡류가 복발효법을 활용해 술을 빚는다. 여기에 속하는 술로 막걸리, 약주, 청주, 맥주 등이 있다. 복발효법은 두 종류의 화학 과정을 동시에 진행시키는 방법과 완전히 분리해 진행시키는 방법으로 나뉘는데 전자를 단행복발효법單行復醱酵法, 후자를 병행복발효법竝行復醱酵法이라 한다.

맥주는 당화 과정과 알코올 발효 과정을 완전히 분리해 진행하므로 단행복발효법으로 주조한다. 보리를 발아시켜 맥아를 만들고 맥아의 당화 효소를 이용해 보리의 전분을 당화시킨 다음 당화액을 끓여 맥아의 당화 효소와 공정 중에서 오염되는 모든 미생물을 완전히 살균한다. 당화 과정을 마친 원액에 맥주의 고유한 맛과 향기를 부여하기 위해 홉을 넣고 다시 끓여 홉의 유효 성분을 추출한다. 이 당화액에 맥주 효모를 첨가하여 저온에서 알코올 발효만 진행시킨다.

반면에 막걸리와 약주는 병행복발효법으로 주조한다. 쌀이나 밀에 들어 있는 생전분을 누룩 또는 국, 주모(효모)를 넣어 혼합한 후 적당한 온도에 두면 당화 작용과 알코올 발효 작용이 동시에 일어나 술이 빚어진다. 특히 전통술은 누룩만 첨가해도 발효가 일어난다. 그 이유는 누룩 속에 누룩곰팡이에 의해 생성된 당화 효소와 함께 많은 수의 효모가 존재하므로 주모를 따로 넣지 않아도 술이 빚어진다. 이와 같이 알코올을 발효시킬 때 어느 방법으로 술을 빚더라도 산소의 공급을 가능한 한 저지하기 위해 휘젓거나 흔드는 일을 삼가야 한다. 이는 술을 만드는 초기에 휘젓는 것과는 다른 이야기다. 과거에 술을 빚을 때 부정 탄다며 술 항아리를 흔들거나 옮기지 말라고 했던 이유다.[3]

고도의 기술에 의해 만들어지는
막걸리

막걸리는 우리나라의 특수한 여건에 맞는 독창적인 방법으로 제조된 술이라는 것을 염두에 둘 필요가 있다. 막걸리는 맥주나 포도주보다 고도의 기술에 의해 만들어진다. 맥주도 막걸리와 같은 복 발효주지만 누룩과 같은 물질은 첨가되지 않는다.

맥주는 싹이 조금 튼 보리 알갱이, 즉 맥아로 보리, 즉 전분을 당 분으로 바꾼 후 알코올로 발효시킨 것이다. 즉, 맥주가 맥주의 원 료인 보리로 분해와 발효가 이루어지도록 하는데 비해 막걸리는 제조 과정에서 맥주보다 한 번 더 손이 가야 한다. 한마디로 막걸 리는 맥주보다 고난도의 기술로 만들어야 한다는 뜻이다. 또한 최 근에는 막걸리를 발효시킬 때 사용하는 효모가 맥주 효모균과 같 은 종류라는 것이 밝혀져 맥주와 막걸리가 같은 원리로 만들어졌 음이 확인되었다.

그러나 막걸리의 진가는 우리나라보다 외국에서 훨씬 높은 평가 를 받는다는 데 있다. 1970년대 미국 등에서 최첨단 신기술로 만 든 양조법이 개발되었다고 대대적으로 선전한 적이 있었다. 이를 동시당화발효법이라고 명명했는데, 놀랍게도 이 방법은 바로 막걸 리를 만드는 방법과 동일했다. 우리나라에서 고대부터 전통적으로 만들어온 '막걸리 제조법'이 외국인들에게는 최첨단 신기술로 보 인 것이다.

막걸리의 발효는 막걸리 주조로만 끝나지 않는다. 막걸리를 마 시다 보면 시어 있다고 투덜거리는 경우가 있었을 것이다. 이것은 막걸리가 주조된 후 시간이 지나면 술 속에 부패시키는 균이 섞여 들어가서 술을 산화시키기 때문에 발생하는 현상이다. 시어지기 전 까지의 기간을 유통기간이라 볼 수 있는데, 이 유통기간을 늘리는 것은 산업적으로 매우 중요하다.

이때 사용되는 방법이 파스퇴르의 살균법이다. 그런데 이 살균법을 사용하더라도 병에 담을 때의 혼입 등에서 균이 들어가는 것을 방지하는 것이 간단한 일이 아니다. 그러므로 구멍이 작은 필터로 발효주를 거르고 그 후 1~2주 동안 부패시키는 균이 들어 있지 않다는 것을 확인하고 출하시키기도 하지만 1~2주 동안이나 제품을 보관한다는 것은 그만큼 원가를 상승시키는 요인이 된다.

바이오테크놀러지는 이 분야에도 접목된다. 목적은 부패시키는 균의 유무를 조사해 이를 제거하는 것으로 1~2주의 시간을 1~2일 만에 해결할 수 있다. 방법은 간단하다. 술을 부패시키는 균을 생쥐에게 주사해 생쥐가 이 물질에 대한 항체를 만들어내도록 하고 발효주 안에 있는 부패균의 유무를 파악해 부패균이 있으면 곧바로 제거하는 것이다.

이러한 기술은 술에만 관련되는 것은 아니다. 발효균이 만드는 것에는 모두 적용이 가능하므로 한국의 간판 식품인 간장, 된장 등 발효균이 만드는 발효 식품에도 유용하다. 학자들은 이를 위해 바이오리액터Bio-reactor도 개발했는데 바이오리액터를 활용하면 거대한 발효 효소가 불필요해지므로 공장의 면적을 10분의 1 정도 절약할 수 있는 것은 물론 생산 기간도 10분의 1 정도로 줄일 수 있다.

바이오리액터는 상온·상압·물 촉매에 의한 생산 방식이므로 화학 반응에 비해 소비 에너지가 적게 들고 목적 물질을 효율적으로 생산할 수 있다. 학자들은 감자를 넣으면 원료가 바이오리액터 속을 지나가는 사이에 알코올 연료로 바꾸어지거나 전분이 분해되어 술이 되어 나올 수 있다고 생각한다. 바이어리액터를 '마법의

통'이라고 부를 수 있게 될 것으로 생각한다.[4]

막걸리가
넘쳐흐르지 않게 하는 방법

막걸리를 마시기 위해 뚜껑을 개봉할 때 막걸리가 넘쳐흐르는 경우가 종종 발생해 입은 옷에 흘러 당황하는 경우가 있을 것이다. 특히 여름철에는 기온이 높아 막걸리가 넘치는 경우가 많아 더욱 소비자들이 불평한다. 그러므로 술좌석에선 막걸리가 넘치지 않게 하는 사람이 우대받는다.

막걸리가 넘쳐흐르는 현상은 막걸리 뚜껑을 개봉하기 전에 가라앉은 침전물을 섞기 위해 흔드는 과정에서 발생하는데, 이는 내용물에 용존되어 있는 탄산가스가 기체화하면서 용기 내부의 압력이 갑자기 높아지는 것과 관련이 있다. 즉, 막걸리 내외부의 압력 차이로 탄산가스가 내용물에 거품을 발생시키고 이 거품이 용기 외부로 넘쳐나는 것으로 이 때문에 막걸리를 마시지 않겠다는 사람조차 있을 정도다.

그런데 근래 막걸리의 이런 면이 상당수 줄었는데, 이는 그동안 양조장에서 상당한 연구로 개발을 게을리하지 않았기 때문이다. 첫째 방법은 막걸리 병의 캡을 느슨하게 잠그거나 캡과 용기 사이에 막걸리가 새어나가지 않도록 패킹으로 부직포 등을 끼워 봉함으로써 내부 압력이 일정한 수준 이상으로 올라가면 내부의 탄산가스가 용기 외부로 배출되도록 하는 것이다.

둘째 방법은 용기와 캡 사이에는 막걸리와 탄산가스가 외부로 새어나가지 않도록 하는 패킹이 있는데, 병을 개봉할 때 먼저 패킹에 어느 정도 구멍을 내서 부유물로 형성된 거품이 외부로 새어나가지 않고 아주 작은 구멍으로 탄산가스만 배출되도록 하는 방법이다. 즉, 캡의 위쪽에 잘 눌러질 수 있는 누름단추 구조를 만들고 이 누름단추 밑에 정확한 크기로 구멍을 손쉽게 낼 수 있는 바늘 모양의 구조물을 부착하는 것으로 이 경우 막걸리 병을 세차게 흔들어도 부유물이 끓어 넘치지 않게 된다.

셋째 방법은 비교적 쉬운 방법으로 막걸리 병을 딸 때 약간 신경만 쓰면 거의 모든 경우 성공한다. 막걸리 병을 부드럽게 흔들어 압력을 조금 증가시킨 다음 캡을 개봉하기 전에 잠시 기다리는 것이다. 용기 내부의 압력이 빠른 속도로 낮추어지는 것을 활용한 방법이다. 이런 방법이 애주가들 사이에는 상당히 알려져 많은 사람이 시도하는데 잠시 기다리는 시간이 얼마인지 정확하지 않다는 걸림돌이 있다. 애주가들이 캡을 개봉하고 잠시라도 기다린다는 것이 간단한 일은 아니겠지만 여하튼 막걸리가 끓어올라 낭패를 보는 것은 현저하게 막을 수 있다. 그러므로 막걸리를 여러 병 마실 때는 이 방법을 강추한다.[5]

과학의 힘으로
재탄생한 막걸리

막걸리는 1970년대까지도 한국의 전체 술 소비량의 60~70퍼센트를 차지했다. 최대 생산량을 기록한 해는 1974년으로 168만 킬로리터였으며, 1980년에도 연간 142만 킬로리터나 소비되는 '국민주'였다. 그러나 1986년 아시안게임과 1988년 서울올림픽, 그리고 해외여행 자유화와 수입 자유화로 외래 문물이 봇물 터지듯 밀려오는 것은 물론 카바이드 파동 등으로 소주·맥주·위스키 등에 자리를 내주면서 하층민이나 마시는 질 낮은 술로 폄하되기 시작했다. 소비량도 1990년에는 70만 킬로리터, 2002년에는 12만 9,000킬로리터까지 떨어졌다. 2000년대 후반 들어 웰빙과 복고 바람을 타고 돌아왔지만 아직 1970년대의 판매량에는 어림없는 실적이다.

그럼에도 과거 찌그러진 양은 주전자에 든 '서민의 술', 즉 막걸리의 '1.0 버전'은 현대적 감각의 과일 향 막걸리에서부터 과거 상류층들이 마시던 막걸리까지 한층 업그레이드된 '2.0' 막걸리들로 대체되고 있다. 일부에서는 포도주·위스키·사케 등 고급 외래 주종과 한판 대결에서 결코 밀리지 않는다고 말한다.

막걸리 붐 확산에 가장 큰 공을 세운 것은 과실 막걸리다. 과실 막걸리의 등장으로 막걸리는 '칙칙한 술'에서 '세련된 술'로 이미지가 변모했으며, 여성들을 막걸리 소비층으로 끌어들이며 시장 전체를 확대했다는 평가를 받는다. 심지어는 막걸리 셔벗, 막걸리 아이스크림까지 등장했다. 이와 같은 막걸리의 재평가는 과학의 힘이라 해도 과언이 아니다.

막걸리가 '웰빙주'라며 각광을 받고 있는데 이는 식이섬유와 단백질, 미네랄이 함유된 영양의 보고로 알려졌기 때문이다. 막걸리

성분 중에서 물(80퍼센트) 다음으로 많은 것은 10퍼센트 내외를 차지하는 식이섬유다. 식이섬유는 대장의 운동을 도와 변비를 예방하고 혈관을 청소해 심혈관 질환을 예방하도록 한다. 막걸리는 빚는 과정에서 누룩이 들어가기 때문에 소화를 돕는 역할을 한다. 소화가 잘 안 되는 사람에게 식후의 막걸리 한 잔이 약이 된다는 뜻이다.

또 필수아미노산 10여 종과 단백질 약 1.6~1.9퍼센트가 포함되어 있다. 단백질 함량은 우유(3퍼센트)보다 높지 않지만 대부분 필수아미노산으로 구성되어 질이 우수하다. 피부 재생, 피로 해소 등의 효과가 있는 비타민B군(비타민 B1, B2, B6, 나이아신, 엽산) 성분도 있다. 여기에 신진대사를 촉진하는 0.8퍼센트의 유기산, 피로 해소를 도와주는 젖산과 구연산, 사과산 등이 다량으로 들어가 있다. 유산균은 생막걸리 100리터에 1~100억 마리가량 된다.

신라대학교 배송자 교수는 막걸리 농축액을 쥐에게 투여하자 간암, 유방암, 자궁경부암 세포의 60퍼센트 정도가 증식이 억제되는 효과를 나타냈다고 말한다. 또 손상된 간 조직을 회복시키는 것으로 나타났다. 산학연구단이 『한국식품과학회지』에 게재한 막걸리의 성분 분석 결과에 따르면, 막걸리는 암 주변의 신생 혈관 생성을 억제하고 암 전이를 저해하는 효과가 있는 것으로 밝혀졌다.[6]

막걸리는 다른 술에 비해 고형물이 많은 것이 특징이다. 막걸리 속의 고형물은 대부분 미발효성 전분, 식이성 섬유질, 단백질 등으로 구성되어 있다. 막걸리가 간식용 또는 갈증 해소용 음료로 애용되는 이유다. 막걸리 속의 고형물은 막걸리의 맛에 매우 높은 영향을 미치므로 고형물의 함량이 높은 것이 막걸리의 주질 면에서 유리하다고 할 수 있다.

막걸리의
놀라운 효능

탁주의 산도酸度, 아미노태질소, 당분 등의 함량과 더불어 탁주 속의 고형물은 발효 초기에는 적지만 발효가 진행되면서 이들 성분의 증가와 함께 고형물 함량도 일정 시간 증가한다. 이런 이유 때문에 막걸리는 술이면서 건강식품으로도 잘 알려져 있다. 우선 막걸리는 도수가 낮아 어지간히 마셔도 사람을 지치게 만들지 않는다. 일하면서 한두 잔 마셔도 하던 업무와 놀이를 계속할 수 있는 것도 큰 장점이다. 막걸리의 효능은 대략 다음과 같은 6가지로 요약할 수 있다.

첫째, 낮은 열량이다. 막걸리는 한국의 선조들이 마신 술 중에서 가장 알코올 도수가 낮다. 막걸리의 평균 알코올 도수는 6~8퍼센트이므로 어느 정도 마셔도 크게 취하거나 지치지 않는다. 그런데 막걸리를 마심으로써 섬유질, 당류, 유기산 등에서 얻어지는 열량이 낮은 것도 큰 장점이다.

100밀리리터당 78.12kcal로, 이 중 알코올에 의한 열량 29.85kcal를 제외하면 영양분이 되는 유기물질에 의한 열량은 48.27kcal다. 특히 중요한 것은 알코올에 의한 열량이 포도주(70~74kcal), 소주(141kcal), 위스키(250kcal)보다 훨씬 낮다는 점이다. 막걸리의 알코올은 6퍼센트로 맥주(4~6퍼센트)보다는 다소 높지만 포도주 12퍼센트, 소주 20퍼센트, 위스키 40~45퍼센트와 비교하면 매우 낮아 한마디로 웰빙 식품으로서 자격이 충분하다.

둘째, 필수아미노산이 풍부하다. 막걸리에 들어 있는 단백질의 함량은 1.6~1.9퍼센트인데, 이는 단백질의 보고라고 알려진 우유의 단백질 함량이 3퍼센트인 것을 감안하면 매우 높은 양이다. 특히 청주 0.5퍼센트, 맥주 0.4퍼센트, 소주 0퍼센트에 비하면 엄청 높은 양임을 알 수 있다.[7] 막걸리의 또 다른 장점은 다양한 아미노산이 포함되어 있다는 점이다. 곡물과 누룩 속에 함유된 단백질은 발효 과정에서 다양한 아미노산으로 분해된다.

이렇게 생성된 막걸리에는 일반 성인의 몸에 반드시 필요한 8대 아미노산 중 발린, 이소류신, 메티오닌, 트레오닌, 리신, 페닐알라닌 등 7가지가 포함되어 있다. 이런 다양한 아미노산은 일본의 누룩보다 한국의 전통 누룩에서 더욱 잘 생성되는 것으로 알려진다. 이는 일본의 누룩과 같이 한정된 곰팡이보다 많은 여러 곰팡이가 포함되어 다양한 아미노산을 생성하기 때문이다. 물론 아미노산이 많다고 모두 좋은 것은 아니다. 아미노산이 많으면 자칫 술맛을 떨어뜨리므로 양조장에서 정교하게 이를 조절한다.

셋째, 유산균이 풍부하다. 막걸리는 거친 체로 거르기 때문에 소화되지 않은 원료 성분과 더불어 발효 과정에서 증식한 효모 균체가 막걸리에 포함되어 있다. 특히 효모 균체는 단백질과 각종 비타민의 함량이 높아 영양이 풍부하며 젖산균과 같은 정장제로 이용된다. 막걸리를 통해 살아 있는 효모를 흡수하면 장내 유해 미생물의 번식을 억제하는 정장제로서 작용을 얻을 수 있다.

　사실 막걸리에 들어 있는 유산균이야말로 소주 같은 증류주나 살균 유통되는 청주·포도주에서는 기대할 수 없는 막걸리만 갖고 있는 아주 큰 매력이다. 일반적으로 유산균의 숫자는 제품에 따라 편차는 있지만, 요구르트에 들어 있는 유산균보다 많게는 10배나 된다. 유산균이 장에서 염증이나 암을 일으키는 유해 세균을 파괴하고 면역력을 강화한다는 것은 잘 알려져 있다. 유산균이 장 속으로 들어가서 자라면 장내의 수소이온농도pH가 떨어져 잡균의 번식을 막아준다.[8]

　넷째, 유기산이 풍부하다. 막걸리에 존재하는 유기산은 전분에서 분해된 단당류에서 생성되는데, 유기산은 막걸리의 신맛을 나타내므로 상당히 중요한 요소다. 특히 새큼한 맛을 내는 성분으로 갈증을 멎게 하는 역할뿐만 아니라 입맛을 돋우고 소화를 도와주며 신진대사를 원활하게 하는 역할을 하기도 한다. 일반적으로 유기산의 함량이 너무 적으면 막걸리 특유의 산미를 느끼지 못한다. 그런데 유기산의 함량이 너무 많아도 문제다. 총 유기산이 0.15~0.2퍼센트에서는 시지 않은 느낌이 들며, 0.2~0.35퍼센트에서는 약간 신맛, 0.4퍼센트가 넘으면 초산 발효나 유산 발효가 과도해진 상태로 판단하므로 대체로 0.2~0.4퍼센트가 적당하다.

　사람들이 섭취한 식품이 소화 분해되면 탄산가스와 물이 되고 에너지를 내는데 에너지가 부족하면 피로감을 느낀다. 이때 당보다 쉽게 에너지를 생성시킬 수 있는 물질이 유기산이므로 유기산이 많다는 것은 빠른 시간에 피로감을 해소시킬 수 있다는 것을 뜻한다. 말하자면 에너지를 쉽게 생성해 피로 물질이 쌓이지 않게 처리하는 것이다. 핸스 크레브스 박사는 1953년 유기산 등의 연구로 노벨생리의학상을 수상했다.

다섯째, 비타민B가 풍부하다. 고려대학교 주진순 박사는 막걸리 200밀리리터(4분의 3 사발)에는 비타민B2(리보플라빈)가 약 68마이크로그램, 콜린(비타민B군 복합체)이 약 44마이크로그램, 나이아신(비타민B3)이 50마이크로그램 들어 있다는 연구 결과를 발표했다. 비타민B군은 특히 중년 남성들에게 도움이 되는 영양소로, 피로 완화와 피부 재생, 시력 증진 효과를 낸다. 과거에 농사짓는 데 꼭 필요한 농주農酒로서의 자리를 굳힌 이유라 볼 수 있다.[9]

여섯째, 주박(지게미)의 기능성이다. 2006년 발표된 김순미 박사의 논문에 의하면 탁주의 지게미는 그야말로 영양성분이 풍부하다. 100그램을 기준으로 탄수화물 함량은 24.9그램으로 쌀밥의 31.7그램에 비해 약간 떨어지지만 에너지는 138kcal로 쌀밥 146kcal와 유사하다. 단백질은 8.9그램으로 쌀밥 2.7그램보다 훨씬 높으며 섬유소는 0.2그램으로 쌀밥 0.4그램보다 적다. 과거 술지게미로 허기를 때웠다는 것이 근거가 있는 이야기인 셈이다.

주박의 효과는 이뿐만이 아니다. 연구 결과에 의하면, 막걸리의 주박에 함유된 조섬유소인 식이성 섬유소의 효능에 의해 변비 개선에도 효과가 있다고 한다. 주박을 섭취하면 장 내용물의 통과 시간 단축과 함께 배변량도 증가해 변비 개선 효과를 가져올 수 있다는 것이다. 또한 김순미 박사는 막걸리의 주박을 섭취한 당뇨 유발균의 흰쥐가 정상적인 식이를 섭취한 당뇨 흰쥐에 비해 포도당

경구 투여 후 혈당 증가량이 감소하는 현상을 보였다면서 주박이 식후 혈당을 저하시키는 효과도 있다고 말했다. 유대식 박사는 이를 근거로 주박이 당뇨병에 유의한 효과를 나타내는 좋은 술이라고 설명했다.

막걸리의
놀라운 기능성

학자들은 막걸리를 마시면 막걸리의 알코올이 흡수되어 신진대사를 왕성하게 하면서 모세혈관이 확장된다고 한다. 약물의 성분이 쉽게 흡수되고 빠르게 각 기관으로 전달되어 하복부의 고통을 덜어줄 수 있다고도 추정한다. 과거 민간요법에서는 피멍이 든 어혈을 치료할 때, 신장과 방광 등을 포함한 하복부를 다스릴 때는 똥물을 쓰고, 심장이나 폐 등을 포함하는 흉부를 다스릴 때는 막걸리를 사용했다. 똥물을 오래 두면 고형분은 위로 뜨고 밑에는 아주 맑고 노르스름한 액체가 생기는데, 이 물에는 여러 종류의 무기질이 풍부해 판소리꾼들이 목이 잠겼을 때 이 물을 마셔 목의 어혈을 풀기도 했다.

이런 사실은 과거 우리의 선조들이 이미 알고 있는 사실이지만, 현재까지 과학적으로 증명되지 못했기 때문에 막걸리가 갖고 있는 특성을 잘 모르고 있었다고 볼 수 있다. 현재는 수많은 학자가 누룩이나 막걸리의 기능성을 과학적으로 증명하기 위한 많은 연구들을 진행하고 있다. 그런 연구를 통해 밝혀진 막걸리의 기능성은 그야말로 놀랍다.

첫째, 성인병 예방이다. 일반적으로 술은 고혈압을 유발하고 간에 손상을 입히는 것으로 알려져 있는데, 막걸리는 그 반대의 효과가 있다고 설명된다. 막걸리의 섭취량에 따라 차이는 있지만 고혈압 유도 효소를 저지하는 효과에서 막걸리는 고혈압 치료제와 비슷한 수준이라고 한다. 일반적으로 술은 독할수록 간에 부담을 주며 혈당치가 떨어져 혼수상태에 빠지고 콜레스테롤 수치에 급격한 변화를 보여 고혈압 등 성인병을 유발한다고 알려진다. 그러나 막걸리는 일반 주류와는 달리 상당량의 단백질, 당질, 콜린, 비타민 B2를 포함하고 있어 성인병 예방 효과가 있다는 것이다.

둘째, 동맥경화증 예방이다. 누룩에 많은 종류의 미생물이 증식해 다양한 생리 기능성 물질이 생기는 것은 자연스러운 일이다. 그런데 김아람 박사는 막걸리가 동맥경화증 유발에 관여하는 저밀도지단백 콜레스테롤 함량을 감소시킨다고 발표했다. 이는 막걸리가 혈관 순환계 질환의 예방과 치료에 효과가 있다는 것과 같은 이야기다.

셋째, 항혈전 효과다. 한국인들의 심혈관계 질환이 급증하는데 막걸리 추출물을 투여하면 실험동물의 혈류 속도가 빨라지며 혈소판 응집도 감소된다는 연구 결과가 발표되었다. 이것은 막걸리에 강력한 항혈전 효과가 있다는 것을 의미한다.

넷째, 항고혈압 효과다. 김순미 박사는 탁주의 지게미에 식후 혈당 수준을 저하시키는 효과가 있다고 발표해 막걸리가 고혈압을 치료하는 데 효능이 있음을 밝혀냈다. 또한 선천성 고혈압 쥐의 혈압을 저하시킬 수 있다는 연구 결과도 얻었다. 이들 연구에서 주목할 점은 막걸리의 효능이 침전물인 지게미에 많이 포함되어 있다는 점이다.

다섯째, 항산화 효과다. 스트레스에 의한 퇴행성 질환과 대사이상 질환 등이 사회적 문제로 대두되고 있는데, 학자들은 그런 현상이 음식물의 과다 섭취로 생성되는 유해 활성산소와 자유라디칼과 관련이 있다고 추정한다. 즉, 이들 물질이 노화뿐 아니라 노인성 질병의 주요 인자로 작용한다는 것이다. 이들 물질의 작용을 감소시키고 무독화無毒化할 수 있는 물질을 항산화 물질이라고 한다.

한국식품연구원의 하재호 박사는 항산화 작용을 하는 스콸렌이 막걸리에 다량으로 포함되어 있음을 발견했다. 심해 상어의 간(간유)에서 추출되는 스콸렌은 일반적으로 세균이나 암세포 등 우리에게 좋지 않은 성분을 억제한다고도 알려진다. 막걸리에 들어 있는 스콸렌은 1,260~4,560㎍/kg으로 포도주 10~60㎍/kg과 맥주 20~60㎍/kg보다 50~200배 많다.[10] 또한 막걸리를 대상으로 각 주류들에 대한 항산화 활성을 비교한 결과 ABTS 라디컬 소거 활성은 위스키, 막걸리 조추출물, 정종(막걸리 청징액), 소주 순으로 나타났고 동일 알코올 농도(6퍼센트)를 기준으로 했을 때는 막걸리 조추출물, 위스키, 정종, 소주 순이었다. 알코올 농도를 동일하게 섭취했을 때 다른 주류보다 막걸리의 항산화 효과가 높음을 시사하는 것이라 볼 수 있다.

항암 효과가 있는
막걸리

여섯째, 항암 효과다. 항암 효과는 누룩과 막걸리 모두에서 긍정적인 효과를 보이는데, 이대용 박사는 누룩 성분이 암세포의 이동을 억제한다는 연구 결과를 발표했으며 누룩도 항암 효과를 보인다고 보고했다. 배송자 교수는 간 손상이 있는 쥐에게 막걸리 농축액을 투여한 결과 정상치보다 낮은 혈중 콜레스테롤을 보이는 한편 혈중 중성지방 함량도 막걸리 농축액을 투여하자 정상치에 가깝게 나타났다고 말했다. 그러면서 막걸리가 암 예방과 암세포 증식 억제, 간 손상 치료, 갱년기 장애 해소 등에 탁월한 효과가 있다고 발표했다. 막걸리 농축액을 암세포에 가했을 경우 3.2배의 높은 암 예방 효과가 있었으며, 60퍼센트 정도의 암세포 증식 억제 효과를 보였다는 것이다.

한국식품연구원의 하재호 박사는 막걸리에서 항암 물질인 파네졸farnesol 성분을 세계 최초로 발견했다고 밝혔다. 파네졸은 과실주의 중요한 향기 성분으로 5~7mg// 정도의 미량으로도 항암 · 항종양 성질을 갖고 있다고 알려진다. 특히 막걸리의 파네졸 성분은 포도주나 맥주(15~20ppb. 1ppb는 10억 분의 1)보다 10~25배 많은 150~500ppb에 이른다.[11] 또한 하재호 박사는 파네졸이 2개 붙으면 스콸렌이 된다는 것을 발견해 파네졸이 항암 효과를 나타낼 수 있는 근거도 밝혔다. 파네졸은 레몬그라스 · 발삼 · 네롤리 · 장미 등 주로 허브에 함유된 향기 성분으로, 향을 내기 위해 향수

· 스킨케어 제품 · 담배 등에 첨가된다. 일부 곤충엔 페로몬(수컷을 유도하는 성분)으로 작용해 천연 살충제로도 활용된다.

물론 막걸리가 항암 효과에 만병통치약은 아니다. 우선 각종 식품에는 수천 가지의 '파이토케미컬(인체에 좋은 식물 성분)'이 있는데 파네졸은 그중 하나다. 서울성모병원 김경수 교수는 수많은 파이토케미컬 중 하나인 파네졸이 많이 있다고 항암 효과가 높다고 주장하는 것은 지나치다고 지적했다. 이 문제는 앞으로 많은 연구에 의해 유용한 정보를 제시해줄 것으로 생각한다.

일곱째, 다이어트 효과다. 성인의 1일 권장 칼로리는 2,500kcal인데 막걸리 한 사발(300밀리리터)에는 대체로 150~180kcal의 열량이 있다. 안주 없이 막걸리 2~3사발만 마시면 식사 대용으로 충분하다. 막걸리에는 이들 에너지 외에도 단백질, 아미노산, 유산균, 효모 등의 영양성분이 들어 있어 '막걸리 다이어트'란 말을 가능하게 만든다.

분당서울대병원 이동호 교수는 막걸리를 마시는 것은 알코올 성분만 제외하면 영양제를 먹는 것과 다름없다고 말한다. 막걸리의 성분은 물이 80퍼센트다. 알코올 6~7퍼센트, 단백질 1.6~2퍼센트, 탄수화물 0.8퍼센트, 지방 0.1퍼센트 등이 약 10퍼센트를 차지하고 있다. 나머지 10퍼센트는 식이섬유, 비타민 B · C와 유산균, 효모 등이 혼합된 물질인데, 이동호 교수는 바로 이것이 "영양의 보고寶庫"라고 말한다. 전체 성분의 약 1~5퍼센트만 몸에 좋은 무기질로 구성되어 있는 포도주에 비해서도 훨씬 우위라는 것이다.[12]

정창민 박사는 막걸리 성분 중에서 물 다음으로 많은 것이 식이섬유(10퍼센트 안팎)인데, 이는 일반 식이음료에 비교해 100~1,000배 이상 많이 들어 있는 것이라고 말한다. 식이섬유는 대장 운동을 활발하게 해서 변비를 예방하는 것은 물론 심혈관 질환 예방 효과도 있다. 막걸리 다이어트는 많은 사람에게 효과가 있다는 설명인데, 막걸리를 이용해 3개월 만에 체중을 105킬로그램에서 75킬로그램으로 줄였다는 보고도 있다. 그는 아침저녁에 밥 대신 막걸리 2사발씩을 마셨는데, 포만감이 드는 반면 칼로리는 높지 않아 다이어트 효과를 얻을 수 있었다고 말했다.

일반적으로 알코올이 들어가면 우리 몸은 먼저 알코올을 분해하기 시작한다. 알코올을 많이 섭취하면 체지방이 쌓인다는 말은 체지방을 분해하는 인자들이 알코올을 먼저 분해하기 때문이다. 그런데 막걸리에는 특별한 성분이 있다. 필수아미노산에 속하는 트립토판과 메티오닌 성분으로 이들은 지방 축적을 억제하는 기능을 갖고 있다. 막걸리 다이어트란 말이 허언이 아니다.[13]

여덟째, 피부 미용 효과다. 학자들은 막걸리에 비타민B와 페닐알라닌 성분이 있는데, 이들은 피부 재생에 도움을 주어 매끈하며 탄력 있는 피부를 유지시켜주는 기능을 한다고 말한다. 즉, 피부 트러블을 없애고 혈액순환을 촉진시켜 노폐물을 제거해준다는 것이다. 또한 멜라닌 색소 침착을 막아주어 미백에 효과가 있으며 기미와 주근깨를 개선한다고 설명한다. 또 막걸리가 변비에 효과가 있다는 것을 근거로 피부 트러블을 사전에 방지해주는 역할을 한다고 보는 주장도 있다.

약용으로도 사용된
누룩

막걸리뿐만 아니라 누룩 자체도 많은 학자에게서 주목을 받았다. 과거부터 누룩이 약용으로도 사용되었다는 것은 잘 알려진 사실이다. 종기가 나면 누룩과 밥을 함께 개서 환부에 발라 치료했고, 여드름 치료를 위해 누룩 팩을 사용하기도 했다. 또 누룩을 곱게 갈아 물에 개서 얼굴과 온몸에 바르면 미백 효과와 보습, 주름 개선에 효과가 있다. 한방에서는 누룩은 물론 술, 술지게미를 약으로 사용한다. 대개 막힌 혈을 통하게 할 때 약재를 술에 타서 먹었다. 술지게미는 타박상이나 어혈로 붓고 아픈 데 사용했다. 술지게미와 식초지게미를 섞어 쪄서 따뜻할 때 찜질하면 좋다는 설명도 있다.

한국의 장수촌에 살고 있는 80세 이상의 남자들 중 절반 이상이 매일 막걸리를 반 되 이상 마셨다는 통계도 있다. 이는 막걸리를 술이 아니라 약영 또는 음식으로 마셨다는 것을 의미한다. 술을 약으로 생각하는 것은 우리나라에서 막걸리가 특별한 대우를 받았다는 것을 단적으로 알려준다. 우리 선조들의 탁월한 재능에 의해 개발된 막걸리가 약으로 활용되었다는 것은 그만큼 막걸리가 우리 주변에서 널리 활용되었다는 것을 의미한다.[14]

사람에 따라 막걸리를 마시는 방법이 다른데 막걸리의 상부, 즉 맑은 부분만 마시는 사람들도 있다. 막걸리 하부의 탁한 부분은 소위 찌꺼기(농축액)라는 이유에서다. 그러나 학자들은 막걸리를 마실 때 흔들어 마실 것을 추천한다. 인체에 유익한 효과를 나타내는 성분은 바닥에 가라앉은 찌꺼기에 있기 때문이다. 하재호 박사도 막걸리의 혼탁한 부분에 파네졸이 더 많이 들어 있으므로 막걸리를 마실 때는 잘 흔들어서 가라앉은 부분도 함께 마시는 것이 좋다고 설명했다.

참고로 누룩 속 곰팡이의 주된 역할은 발효 숙성 시, 전분 분해 효소와 단백질 분해 효소를 생산하는 것이다. 이 때문에 한방에서는 누룩을 '신국神麴'이라고 하여 소화제로도 활용한다.[15]

막걸리는
장수 국가의 공신

경제협력개발기구OECD의 발표에 따르면 우리나라의 노령화 속도가 OECD 회원국 가운데 가장 빠르게 진행되고 있다. 유엔은 노인층 비율(총인구 대비 65세 이상 인구)이 7퍼센트를 초과하면 '노령화사회'에 들어선 것으로 간주하며, 14퍼센트를 넘어서면 '노령사회'로 규정하고 있다.

'OECD 한국경제보고서'에 의하면, 우리나라는 2000년 7.2퍼센트로 노령화사회에 진입했으며, 2018년에는 고령사회로 넘어가고, 2026년에는 노령 인구가 20퍼센트를 넘는 초고령사회로 접어들 것으로 예상되고 있다. 우리나라가 노령화사회에서 노령사회로 이행하는 데 걸린 시간은 18년으로, 이는 프랑스(115년), 스웨덴(85년), 미국(71년), 영국(47년), 일본(24년)에 비해 무척 빠른 편이다. 행정안전부의 2017년 8월 말 주민등록 인구에 따르면, 65세 이상 노인 인구는 725만 7,288명으로 전체 인구(5175만 3,820명)의 14.02퍼센트에 달한다. 이는 유엔이 예측한 것보다 1년 빠르게 고령사회에 들어선 것이다. 이를 근거로 통계청은 2026년으로 예상되는 '초고령사회'가 1~2년 더 빨라질 수 있다는 예상을 내놓았다.[16]

고령화 사회의 문제점으로는 고령 인구의 증가에 따라 치매 등 고령으로 인한 질병의 증가와 함께 생산 가능 인구가 줄어 경제적인 면에서 부담이 심하다는 게 꼽힌다. 통계청에 따르면, 2000년에는 생산 가능 인구 9.9명당 노인 1명을 부담하지만 2020년에는 4.7명이 노인 1명을 부양해야 한다. 그러나 고령화 사회가 다른 나라보다 빠르다는 것은 역으로 한국인들이 매우 축복 받은 민족임을 알려주는 지표라고도 할 수 있다. 고령화 사회란 그만큼 장수하는 사람이 많다는 것을 뜻하기 때문이다.

한국인들이 장수하는 요인으로는 여러 가지가 있겠는데, 그 가운데서 가장 중요한 영향을 끼치는 것으로 꼽히는 게 바로 발효 식품이다. 우리 민족은 예부터 쌀과 야채 위주의 식생활을 했으며 김치, 장, 막걸리를 비롯한 발효 식품을 즐겨 먹었다. 김치의 특징 가운데 하나가 마늘을 양념으로 사용하는 것이다. 마늘은 강장 효과가 있으며 신경 안정 작용도 해서 피로 해소에도 도움을 준다. 또한 마늘은 살균력이 높은 알릴설파이드라는 자극성 물질을 갖고 있는데, 미국의 시사주간지 『타임』은 이 성분의 살균 효과가 페니실린보다 강력하다는 내용의 기사를 싣기도 했다.

우리나라의 간장, 된장, 고추장도 대표적인 발효 식품이다. 장을 만드는 데 가장 필요한 것이 콩인데 콩의 원산지가 원래 우리나라다. 1997년에 발견된 대동강 유역의 삼석구역 호남리 표대 유적에서는 벼와 콩의 흔적이 발견되었는데, 이 곡식들의 재배 시기는 단군 초기, 즉 기원전 3000년경으로 거슬러 올라간다. 따라서 벼와 콩이 고대 한민족이 거주하는 지역에서 일찍부터 재배되었음을 알 수 있다.

콩을 재료로 하여 메주로 쑨 장은 뛰어난 항암 성분을 지닌 건강 식품으로 알려져 외국에서도 호평을 받고 있다. 불가리아가 장수 국가로 유명한 것은 발효 식품, 즉 유산균으로 된 요구르트를 많이 먹기 때문인 것으로 알려져 있다. 그런데 김치와 장, 막걸리를 비롯한 우리의 식단은 요구르트보다 훌륭한 발효 식품으로 채워져 있다.

그러나 과거부터 가장 강력한 장수 식품으로 꼽힌 게 바로 막걸리다. 막걸리는 술이면서 건강식품으로 잘 알려져 있다. 막걸리에 포함되어 있는 단백질과 각종 비타민의 함량이 높고 영양이 풍부하기 때문에 젖산균과 같은 정장제로 이용된다는 것은 잘 알려진 사실이다. 막걸리가 암 예방과 암세포 증식 억제 효과, 간 손상 치료 효과, 갱년기 장애 해소 등에 탁월한 효과가 있다는 것도 이제는 상식이 되었다.[17] 1950년대 일본에서 발표된 한 연구 결과도 한국인의 장수 요인 중 하나가 막걸리라는 것을 시사해주고 있다. 세계의 술을 상대로 한 이 조사에서 막걸리는 인간에게 가장 유용한 건강식품이라는 평가를 얻었다.

인체에
가장 유용한 음료

막걸리가 여러 가지 발효 식품 중에서 인체에 가장 유용하게 인식되는 것은 액체 형태를 띠고 있기 때문이다. 인체는 오묘하여 일단 입 안으로 들어온 음식은 위에서 정제 작업을 거친다. 이때 위에서 산도 2 정도의 강산이 나와 모든 음식물을 분해시키는데, 이 과정에서 인체에 유용한 유산균이 모두 죽게 마련이다. 한마디로 강산을 이기지 못하는 것이다. 유산균이 인체에 유용한 효과를 내기 위해서는 대장까지 내려가는 것이 매우 중요한데 이것이 간단하지 않다는 뜻이기도 하다.

이를 해결하는 방법으로 2가지가 있다. 첫째는 많이 먹는 것이다. 소위 발효 식품인 김치와 장 등을 많이 먹어야 한다고 하는데, 일부 학자들은 적어도 그 양이 커다란 양푼을 가득 채운 정도가 되어야 한다고 말한다. 한 양푼 가득히 채운 김치 등 발효 식품을 먹어야 한다는 말에 질리는 사람들도 있겠지만 이 말의 진의는 간단하다. 김치 등 발효 식품을 많이 먹어야 위에서 나오는 위산이 모든 음식을 체크하지 못하는 상황이 될 수도 있다는 뜻이다.

둘째는 유산균이 듬뿍 들어 있는 막걸리와 같은 액체를 마시는 것이다. 물을 많이 마신다는 뜻으로 막걸리의 물에 혼합된 유산균이 위액의 공격을 피해 대장까지 내려가기 쉽다는 뜻이다. 막걸리를 매일 약간씩 마셨더니 그렇게 속 썩이던 장 문제가 깔끔하게 해결되었다는 사람들이 주위에 생각보다 많이 있다. 이것은 막걸리의 유산균이 대장까지 내려가 제 몫을 다했다는 것을 뜻한다. 많은 사람에게 고통을 안겨주는 장 문제를 해결해주었다면, 장수에 결정적인 역할을 했다고 평가해도 무리는 아니다. 물론 막걸리에는 알코올이 있어 많이 마시면 취하는 데다 모든 사람이 그런 효과를 보는 것은 아니라는 지적도 있다. 하지만 장이 나쁠 때 약국에서 유산균을 구입해 복용하는 것과 차이가 없다는 주장도 귀담아들을 만하다. 더불어 여타 유산균 제품보다 가격이 저렴하다는 것도 장점이다.

술을 평생 단 한 번도 안 마셔 보았다는 사람들도 있지만, 술꾼이 술을 전혀 안 마시는 사람보다 오래 산다는 연구 결과가 발표되어 많은 사람들을 놀라게 한 적이 있다. 미국 텍사스대학 심리학자 찰스 홀래헌 박사는 2007년 최근 3년 이내 질병과 관련해 치료를 받은 경험이 있는 55~65세의 실험 참가자 1,824명을 대상으로, 술을 전혀 마시지 않는 그룹과 하루 1~3잔의 술을 마시는 적절한 음주 그룹, 매일 많은 술을 마시는 폭음 그룹 등으로 나눠 20년에 걸쳐 추적 관찰했다.

관찰 결과 20년 동안 술을 전혀 마시지 않는 그룹은 69퍼센트가 넘는 사망률을 보였지만, 폭음 그룹에선 60퍼센트의 사망률을 보여 술을 마시는 사람이 전혀 마시지 않는 사람보다 오래 사는 것으로 나타났다. 적절한 음주를 한 그룹의 사망률은 41퍼센트로, 세 그룹 가운데서 가장 오래 산 것으로 나타났다. 이 연구 결과는 음주가 간경화나 구강암 또는 식도암과 같은 암들을 유발하긴 하지만, 사회적 상호관계를 원활하게 해주어 정신적·신체적 건강을 유지하는데도 도움을 주고 있다는 것을 시사해준다. 물론 홀래헌 박사는 술을 많이 마시는 사람들이 전혀 마시지 않는 사람들보다 오래 사는 것으로 나타났다고 해서 그것이 음주가 위험하다는 사실을 부인하는 것은 아니라며 술에 대한 경고도 잊지 않았다.[18]

유통기간이 길어진 막걸리

막걸리는 크게 생막걸리와 살균막걸리, 두 종류로 나뉜다. 살균 막걸리는 술을 열처리해서 안에 들어 있는 균을 모두 죽인 막걸리다. 따라서 살균막걸리는 오랫동안 보관이 가능하지만, 막걸리의 맛을 결정하는 좋은 균 역시 죽어버리므로 본래의 맛과 향을 잃는다는 단점이 있다. 유통기간은 12개월 정도다.

생막걸리는 살균막걸리와 달리 효모와 유산균이 그대로 살아 있다. 단점은 살균막걸리에 비해 유통기간이 짧다는 것으로, 냉장 보관을 하더라도 10일을 넘지 못한다. 막걸리뿐만 아니라 대부분의 탁주가 그 이상 보관하면 맛이 시어져 제품의 가치를 잃지만 근래에는 유통기한이 1개월을 넘는 생막걸리들도 등장했다. 양조장 측에서는 '발효 제어 기술과 밀폐 마개를 사용해 유통기한을 연장했다'고 말한다.

막걸리는 탄수화물인 쌀에 효모가 들어 있는 누룩을 넣고, 물과 함께 섞어 항아리에 담아 만든다. 이 항아리를 땅 속에 넣거나 아랫목에 놓고 발효시키는 것이 전통적인 제조 방법이다. 이 과정에서 효모균은 탄수화물을 분해해 알코올을 내놓게 된다. 이때 필수적으로 잡균이 들어가지만 크게 염려할 필요가 없다. 대부분의 잡균은 발효 과정에서 생기는 알코올 때문에 죽는데, 문제가 되는 것은 알코올에도 견뎌낼 수 있는 초산균이다. 포도주의 뚜껑을 열어두면 하룻밤 사이에 식초가 되어버리거나 막걸리가 며칠 지나면 시큼한 맛이 나는 것은 모두 초산균 때문이다. 즉, 초산균의 활동만 막는다면 막걸리를 오랫동안 보관할 수 있는 셈이다.

초산균의 활동을 막는 방법은 크게 두 가지가 있다. 첫째는 아예 초산균이 술 속에 들어가지 않도록 원천봉쇄하는 것이다. 살균 시설에서 술을 담그면서 효모만을 첨가해 발효시키는 것이다. 그러나 실험실처럼 완벽한 공장을 만들어야 하므로 많은 비용이 들고, 전통 누룩이 아닌 효모균만을 배양해서 첨가해야 하므로 전통 탁주 고유의 미묘한 맛을 재현하지 못하는 단점이 있다.

둘째는 초산균이 활동할 수 없도록 산소를 차단하는 방법이다. 초산균은 산소 호흡을 하고, 그 결과 신맛의 원인인 산성 물질을 배출한다. 즉, 효모의 발효 과정에서 나온 이산화탄소가 빠져나가지 못하도록 하고, 새로운 산소가 유입되지 않게 막아두면 초산균이 숨을 쉬지 못해 산성화가 느려지는 것이다.

산소를 차단하는 것은 술병의 마개를 꽉 틀어막으면 될 것 같지만 결코 쉬운 일은 아니다. 가정에서 이런 방법을 써서 술을 담근 다음 무조건 꽉 틀어막았다간 병이 변형되거나 폭발할 수도 있다. 효모의 발효 과정에서 생긴 이산화탄소가 빠져나갈 곳을 찾지 못해 압력이 계속 증가하기 때문이다.

이런 문제는 발효 속도 자체를 정밀하게 계산해 가장 발효가 늦게 진행되는 조건을 만들어내면 해결이 가능하다. 즉, 술을 담글 때부터 발효가 되는 쌀의 분량과 발효 과정에서 발생하는 유산균의 양을 계산해 초산균이 천천히 자라나도록 막는 것이다. 학자들은 이런 '발효 제어 기술'을 사용해 막걸리 병 내부의 압력이 대기 압력의 2.4배가 될 때 발효가 멈춰지도록 하면 소위 생막걸리일지라도 장기 보관이 가능하다고 말한다.[19]

제5장

막걸리를
찾아서

춘추전국시대로 돌입한
한국의 막걸리

수많은 양조장이 탁주 또는 막걸리를 빚고 있지만, 우리나라에 소재하는 850여 개소의 양조장 중 한국의 막걸리로 소개하는 데 무리가 없는 24개소를 선정해 그들이 갖고 있는 스토리를 설명하는 게 이 책의 주된 의도다. 서민을 대표하는 술이 막걸리라는 데는 이론의 여지가 없지만, 막걸리라 하여 만만하게 접근할 수 있는 것은 아니다. 막걸리가 걸어온 길이 그리 평탄치 않았기 때문이다.

과거부터 한국에서 막걸리를 독자적으로 빚어오다가 일제강점기에 전통 막걸리의 맥이 거의 사라진 것은 사실이다. 앞서 말했듯, 한국이 자랑하는 전통 누룩 대신 일본의 누룩이 등장해 막걸리 업계를 석권한 후 한국의 막걸리는 일본의 절대적인 영향을 받고 있다. 오늘날까지 일본의 누룩을 사용해 막걸리를 빚고 있다는 게 이를 잘 시사해준다. 이런 현실은 막걸리의 위상과도 연결이 된다. 현존하는 양조장 중에서 전통 누룩을 사용하는 곳은 몇몇 되지 않기 때문에 한국을 대표하는 '국민의 술' 막걸리의 명소를 찾는 것은 쉽지 않은 일이다. 그러니까 한국의 과거 전통을 견지한 한국식 누룩을 사용한 막걸리만 대상으로 한다면 현재 한국에서 생산되는 막걸리는 거의 모두 다루기 어려운 상황에 처하게 되는 것이다.

이 문제에 관한 한 나의 견해는 간단하다. 과거부터 한국의 전통, 즉 누룩으로 만들어온 곳의 막걸리는 전통 막걸리로 분류하고 일본의 누룩을 사용한 막걸리는 현대화 또는 개량식 막걸리로 분류하는 것이다. 일본의 누룩을 사용했다 하더라도 우리가 100여 년 동안 즐겨 마셨으며, 현재 우리나라의 주력 막걸리로 자리매김한 것 자체를 도외시할 수는 없는 일이기 때문이다.

현재 우리나라에서 주조되는 막걸리는 큰 틀에서 보자면 전통 밀 누룩으로 만든 우리 쌀막걸리, 밀가루 누룩으로 만든 쌀막걸리와 밀막걸리, 개량 누룩으로 만든 막걸리 등으로 분류할 수 있다. 현재 한국은 문화재관리국을 통해 중요무형문화재로 민속주를 지정하고 있다. 1985년 총 13종을 전통 민속주로 지정했는데, 소주류 4종, 곡주류 6종, 약용주류 3종 등이다. 이후 각 시도에서 독자적으로 25종류의 술을 무형문화재로 지정했는데, 막상 막걸리 또는 탁주로 지정된 술은 4종류에 불과하다.

무형문화재로 지정된 막걸리들은 기본적으로 한국의 전통 주조법을 통해 양조된 것이라 볼 수 있다. 그러나 무형문화재로 지정되지 않았다고 해서 한국의 막걸리가 아니라고 할 수는 없다. 불행한 근현대사를 거치는 과정에서 한국인과 애환을 함께해왔으며, 전국적으로 850여 개에 달하는 주조장에서 만든 막걸리 역시 지금도 서민들의 시름을 달래주는 역할을 하고 있기 때문이다. 그러므로 이 책에서는 무형문화재로 지정된 4곳을 포함해 각 분야의 여러 전문가의 조언과 수많은 객관적인 자료 등을 토대로 선정된 막걸리 명소를 다루도록 하겠다.

현재 한국은 막걸리 춘추전국시대로 돌입했다 해도 과언이 아니다. 특히 2016년 2월 시설 기준이 대폭 완화된 '소규모 전통 주류 제조 면허'가 신설된 이후 소규모 자영업자들도 하우스막걸리를 만들어 팔 수 있는 환경이 되었다. 즉, 소규모 탁주, 약주, 청주 제조자의 시설 기준을 완화함으로써 음식점에서도 직접 제조한 막걸리를 판매할 수 있게 된 것이다. 이것은 작은 식당에서 제조한 술이라 하더라도 '지역의 명주'로 발돋움할 수 있다는 시대가 열렸다는 것을 의미하는 것이기도 하다. 이런 점을 고려해 이 책에서는 24개의 주조장을 선정했다.

내촌찹쌀생막걸리

막걸리 답사의 서두로 경기도 포천 막걸리를 선정한 것은 상당한 의미가 있다. 포천 막걸리야말로 이 책의 제목에 걸맞은 여러 가지 요소를 모두 갖추고 있기 때문이다. 포천시는 경기도 최북단으로 한반도의 중심이며, 산하가 수려하고 풍요로워 사람 살기 좋은 고장으로 알려진다. '살아서는 포천 가야 양반'이라는 선인들의 칭송이 헛말이 아니다. 강원도의 철원과 화천, 경기도의 연천군·동두천시·양주시·의정부시·남양주시와 접경하고 있는데, 서울에서 원산을 잇는 43번 국도를 따라 의정부에서 축석령을 넘거나, 동으로 청량리에서 금화로 가는 47번 국도의 퇴계원을 거쳐 내촌면의 엄현리 고개를 넘으면 된다.

포천에서 오래전부터 사람들이 살았다는 것은 가사면 금현리의 북방식 고인돌을 비롯해 자작동과 일동면 수입리, 창수면 지석묘와 주거지 유적, 영송리의 선사 유적지로도 알 수 있다. 고모리의 산성 · 반월산성 · 보가산성지 · 태봉산성지에서는 과거 치열했던 이 지역의 싸움터를 확인할 수 있다. 포천의 아름다운 자연과 풍류를 대표하는 것으로 청학동 · 백로주 · 금수정 · 선유담 · 낙귀정지 · 창옥병 · 와룡암 · 화적연 등 '영평 8경'이 이름 높다. 또한 현무암 협곡 · 샘소 · 멍우리 주상절리대 · 교동가마소 · 비둘기 낭구라이골 · 아우라지 베개용암 등 현대의 '한탄강 8경' 역시 많은 관광객의 발길을 이끈다. 포천 남단의 광릉 국립 수목원은 '수도권의 폐'로 불리는 산소탱크다. 500만 제곱킬로미터의 울창한 숲과 육림호, 산림 박물관 등을 비롯해 동식물과 곤충 생태계의 보고다.

우리나라의 양조장은 850곳이 넘는데 이렇게 많은 주류업체가 술을 빚는 입지 조건으로 가장 중요하게 생각하는 것은 단연코 '물'이다. 예부터 좋은 물이 있는 곳에 양조장이 들어섰고, 지금도 일부러 좋은 물을 찾아 양조장이 들어서는 것을 볼 때 포천의 물맛이 남다르다는 것을 단적으로 알 수 있다. 특히 경기도 20개 이상의 막걸리 공장 중 9곳이 포천에 있을 정도로 포천은 '막걸리의 고장'으로 알려져 있는데,[1] 내촌막걸리 이흥규 회장은 내촌은 일본인들이 포천 지역에 가장 먼저 정착한 곳으로 초등학교가 있었으며 이곳에서 제일 먼저 막걸리를 주조했다고 말한다. 일본인들이 포천 지역에 정착지를 꾸린 이유는 공기와 물맛이 남달랐기 때문이라는 것이다.

포천 막걸리가 유명한 것은 군 생활에서도 특히 고생을 많이 한다는 중부전선 최전방으로 가는 길목에 포천이 있기 때문이다. 나

경기도에 존재하는 막걸리 공장 중 9곳이 포천에 있을 정도로 포천은 '막걸리의 고장'으로 유명하다. 포천에서 내촌찹쌀생막걸리를 주조하는 내촌주조(1960년대).

는 1960년대 말 3사단, 소위 '백골부대'에서 근무했는데, 백골부대는 훈련이 엄청나 당시 신병들이 가장 기피하는 부대로 유명했다. 서울대학교를 졸업하고 입대한 신병이 왔는데 나보다 나이가 많았다. 그런데 첫날부터 펑펑 울기 시작하는 게 아닌가. 한국군에서 가장 훈련이 강하다는 백골부대에 배치되었는데, 자신은 몸이 튼튼하지 못해 병영생활을 제대로 할 수 없을 것이라는 이유에서였다.

신병에게 용기를 주기 위해 다음 날부터 그와 함께 PX에서 자주 막걸리를 마시며 인생에 대해서 이야기를 했는데, 그때 마신 막걸리가 바로 포천에서 나오는 막걸리였다. 포천 막걸리라는 이름만 보면 당시의 기억이 떠오르는데, 그는 무난히 군 생활을 마쳤고

막걸리를 탐하다 / 184

전역한 후 서울에서 나와 만나 포천에서 주조되는 막걸리를 찾았지만 실패했던 경험이 있다. 당시 포천 막걸리는 서울 등 다른 지역에서 구할 수 없었기 때문이다. PX에서 막걸리를 많이 마셨지만 군부대에 어떻게 납품하는지 그 방법이 궁금했다. 현재와 같은 막걸리 병을 보지 못했고 PX 안에서도 주전자로 주었기 때문이다. 내촌막걸리의 이흥규 회장은 자신이 군대에 납품한 방법에 대해 이렇게 말했다.

"당시 막걸리는 200리터짜리 드럼통에 넣어 납품했습니다. 그런데 드럼통은 기름을 넣었던 것으로 막걸리를 곧바로 넣을 수는 없어 드럼통에 양초를 넣어 불을 지피면 드럼통 내부 전체가 양초로 코팅되었죠. 이 방법은 그야말로 효율적이어서 적어도 과거 막걸리를 마시며 기름 냄새가 난다는 사람은 없었을 겁니다."

과거 전방에서 군 생활을 하면서 막걸리를 마신 사람들이 카바이드 고유의 아세틸렌 냄새를 맡긴 했지만, 기름 맛을 본 기억이 없는 이유라 할 것이다. 그런데 다소 나이가 든 사람들은 막걸리를 마시면 머리가 아프고 트림이 자주 나온다고 지적한다. 막걸리를 마시지 않겠다는 사람들이 제시하는 논리인데 이는 절반은 맞고 절반은 틀린다. 두통과 트림은 과거 막걸리의 빠른 발효를 위해 사용한 카바이드 때문에 발생한 현상이기 때문이다.

카바이드를 물에 넣으면 아세틸렌을 발생시키면서 열을 낸다. 알코올을 발생시키는 발효는 과정에 따라 온도가 높아야 활발히 이루어지는데, 과거에는 지금보다 훨씬 추웠고 양조장으로선 연료비 부담이 컸으므로 카바이드를 사용했다는 것이 정설이다.[2] 물론 현재는 카바이드 사용 자체가 금지되어 있기 때문에 막걸리 주조에 카바이드를 사용하지 않는다. 한마디로 말해 현재 주조되는 막걸리를 마셨을 때 두통이 사라진 이유라 할 수 있는데, 물론 막걸리를 많이 마시면 숙취가 있는 것은 사실이다.

50대 이상의 사람들이 어렸을 때 즐겨 마셨던 막걸리는 요즘 우리가 마시는 막걸리와는 상당한 차이가 있다. 막걸리라는 형태 자체야 다르지 않지만 1948년 제정된 양곡관리법에 의해 쌀로 술을 빚을 수 없게 되면서 한강의 신화를 연출하던 고도 성장기에 우리가 마신 술은 밀막걸리였다. 내촌막걸리를 포함한 포천 막걸리는 2000년 현대그룹 정주영 명예회장이 북한을 방문할 때 가지고 가서 유명세를 떨치기도 했다. 당시 정주영은 내촌막걸리를 포함해 포천 막걸리 등 30여 종류의 막걸리를 가지고 북한에 갔는데, 북한의 김정일 국방위원장이 막걸리라면 바로 포천 막걸리라고 말했다고 한다.

이에 내촌막걸리, 일동막걸리, 이동막걸리 등 포천군 내 막걸리 업체가 구성한 포천막걸리사업협동조합이 막걸리 2박스를 북한에 보냈는데, 김정일이 이것을 받았는지는 알 수 없다고 한다. 현재 포천막걸리사업협동조합은 포천 막걸리의 세계화를 목표로 포천 막걸리 원형 복원 사업을 추진하고 있으며, 100퍼센트 포천 쌀로 고품질·고품격 막걸리를 제조하고 있다.

내촌막걸리의 이흥규 회장은 인근에 있는 낚시터도 운영하는데, 낚시터에 온 사람들이 내촌막걸리를 자주 따라주어서 그런지 어느 곳보다 씨알이 굵다고 자랑하기도 한다. 내촌막걸리의 또 다른

🍃 내촌주조 이흥규 회장은 막걸리를 자주 따라주어서 그런지 낚시터의 물고기들의 씨 알이 굵다고 자랑한다.

자랑은 약주로, 알코올 도수 18도를 가진 '노미'다. 내촌에서 주조하는 노미의 원어는 '놈'이다. 국어사전에 의하면 '놈'은 남자아이를 귀엽게 부르거나 남자를 낮잡아 이르는 말인데, 이흥규 회장은 남자아이를 귀엽게 부른다는 뜻에 중점을 두어 '놈'으로 결정했다가 부산에서 이미 '놈'이라는 단어가 상표권으로 등록되어 있는 것을 알고 이름을 '노미'로 바꾸었다고 한다. '노미'는 2010년 대한민국 우리 술 품평회에서 약주 · 청주 부문에서 최우수상을 수상하기도 했다. 선정 이유는 다음과 같다.

"노미는 친환경 찹쌀과 쌀을 이용하여 쌀 제곡과 전통 누룩을 원재료로 빚은 깊고 부드러운 맛의 전통 약주이다. 옛 제조 방법은 밀 누룩을 발효제로 만들어 사용해오다가 현재 제조 기법인 우리 쌀로 발효제를 만들어 제조하여 현대인의 입맛에 잘 맞으며 깔끔

한 뒷맛은 물론 취기가 오래 가지 않는다."

농림축산식품부에서 시행하는 우리 술 품평회는 지역 전통주의 품질 향상, 경쟁력 촉진, 명품주 선발과 육성을 목적으로 하고 있는데, 국내에서 생산되고 있는 8개 주종 부문으로 나누어 심사한다. 8개 주종은 생막걸리, 살균막걸리, 약청주, 과실주, 증류식 소주, 일반 증류주, 리큐르, 기타 주류 등으로, 막걸리 부문은 다음과 같은 내역을 종합적으로 심사해 선정한다.

① 색상 및 균질도: 외관상 막걸리의 고유 색감(색의 감도)과 탁도를 관찰해 평가, ② 향: 막걸리의 냄새를 맡아 특징적인 향기와 이취異趣와 균형을 구분해 평가, ③ 맛: 술을 한 모금 입안에 담아 혀를 굴려가며 단맛, 신맛, 쓴맛과 전체적 맛의 균형감을 평가, ④ 후미: 술을 마셨을 때 목에서 느껴지는 알코올 성분의 세기와 무게

🔴 이홍규 회장은 오동나무를 사용해 누룩을 만드는 것은 옹기와 비슷한 역할을 하기 때문이라고 말했다. 저자(왼쪽 두 번째)와 이홍규 회장(맨 오른쪽), 윤무부 박사(오른쪽 두 번째)와 그 옆의 전 KBS-TV 이상구 국장, 이진구 사장 등이 이야기를 나누고 있다.

감body과 쾌감도를 평가, ⑤ 종합 평가: 앞에 평가된 막걸리의 색상, 향, 맛, 후미 등 술을 마시고 난 후 느껴지는 전반적인 기호도를 종합적으로 평가.

심사는 전국을 8개 권역으로 구분해 예비 심사를 한 후 본 심사에서 최종적으로 순위를 결정하는 식으로 진행되는데, 본선에 진출하는 업체는 지자체별 제조업체 수에 따른다. 막걸리는 생막걸리와 살균막걸리로 분리되는데, 생막걸리는 대체로 지자체별 제조업체 10개당 본선에 1개 업체가 참가하고 살균막걸리는 제조업체 5개당 1개 업체가 본선에 참가한다.[3]

내촌에서 '노미'는 1년에 단 2번만 주조되는데, 추석과 정월의 제사용을 대상으로 한다. 노미를 맛본 사람들이 추석과 정월 시기가 아니더라도 구입할 수 있도록 많은 양을 주조해달라고 요청하지만, 노미로 제사를 지내는 공덕功德을 생각해 추가 주조는 하지 않는다.

특히 대부분의 막걸리는 현대화 시설을 이용해 제조하지만, 노미만은 일제강점기 때부터 사용하던 전통 옹기로 주조한다. 노미를 굳이 옹기에서 주조하는 것은 옹기 자체가 숨을 쉬는 살아 있는 저장고이기 때문이다. 또한 누룩도 오동나무를 사용해 자체적으로 제조하는데 오동나무를 사용해 누룩을 만드는 것도 옹기와 비슷한 역할을 하기 때문이다. 이흥규 회장은 오동나무로 누룩 틀을 만드는 곳은 내촌주조가 유일할 것이라고 말한다.

내촌주조(주)·내촌양조에서 주조하는 내촌막걸리는 지금도 과거부터 사용해온 지하수를 사용한다. 특히 수량이 풍부하기 때문에 약수대를 만들어 외부인들도 직접 물맛을 볼 수 있도록 하고 있다. 이렇듯 내촌의 약수 맛은 남달라 내촌의 많은 사람은 지금도 물병을 갖고 와서 물을 받아간다고 한다.[4]

이동막걸리

일부 주당들은 오늘날의 포천 막걸리 명성을 이끈 곳으로, 포천 이동막걸리를 거론한다. 이동막걸리의 역사는 고 하유천(1916~2001) 회장이 서울에서 알코올 주정 사업에 실패한 후 1957년 터를 잡아 한일탁주공장(현재 이동주조)을 설립하면서 시작되었다. 그는 포천에서 빚은 술이 왕의 수라상에 올랐다는 이야기와 함께 해발 903미터 백운산의 맑은 물이 모여 흐르는 백운계곡 지하 암반수의 물맛을 보고 성공할 것이라는 확신이 들어 이곳에 공장을 설립했다고 한다.

이동막걸리 공장의 위치가 계곡변이라 여러 차례 수해를 입기도 했지만, 그는 옛맛을 그대로 지키기 위해 공장을 단 한 번도 옮기지 않았다. 포천시 이동면은 조선시대 영평현에 소속되어 동면이라 불리다가 1895년 포천군에 병합되면서 동면이 둘로 나뉘어 일

🌱 이동막걸리 주조 공장. 이동막걸리를 창업한 고 하유천 회장은 옛맛을 그대로 지키기 위해 공장을 단 한 번도 옮기지 않았다.

동면과 이동면으로 바뀌었다. '이동막걸리'라는 이름은 이동주조가 있는 이동면 도평 2리 지역의 이름을 딴 것이다.

하유천 회장은 처음에는 암반수를 사용해 청주, 소주, 막걸리 등을 빚었으나 막걸리에만 전념하게 되었다. 이는 포천 지역에 군부대가 많다는 점을 고려한 것이었다. 1960~1970년대에는 군부대에 한해 막걸리가 공급되었기 때문이다. 당시 내촌막걸리, 일동막걸리, 이동막걸리 등 포천 막걸리가 군부대에 납품되었는데 그중에서도 이동막걸리가 많이 납품되었다고 한다. 당시 군부대는 양조장에 1년에 1번씩 공로상을 수여했는데, 이동막걸리가 단골 수상자였음은 물론이다.[5] 이동막걸리는 비교적 높은 도수인 8퍼센트를 기본으로 했다.

이동막걸리는 막걸리의 퇴조로 많은 양조장이 술항아리를 내다버리자 이들 옹기를 수집해 술을 빚었다. 그래서 과거 200개가 넘는, 전국에서 최다 술항아리 보유 양조장으로 이름을 얻기도 했다. 1957년 이동막걸리를 창업한 하유천 회장은 항아리 예찬론자로,

그는 생전에 '술은 숨 쉬는 항아리에서 빚어야만 제맛이 나며 부드러운 맛이 오래간다'고 강조했다. 이 때문에 이동막걸리는 400리터짜리 항아리를 이용해 막걸리를 제조했는데, 사실 이동막걸리의 명성은 옹기에서 나왔다고 해도 과언이 아니다.

옹기는 스스로 숨을 쉬고 온도를 조절하는 것으로 잘 알려져 있다. 이동막걸리는 스테인리스 발효 통을 사용하지 않고 그 많은 막걸리를 모두 옹기로 만든다고 알려져 더욱 호감을 받았다. 막걸리의 자동화에 따라 수많은 양조장에서 스테인리스 발효 통을 사용하고 있지만, 그는 옹기만을 고집했다는 뜻인데 이것이 그리 간단한 일이 아니다. 사실 스테인리스 발효 통은 옹기처럼 스스로 온도를 조절하는 기능은 없지만, 냉각수 파이프 등을 넣어 조절할 수 있어 대용량을 생산할 때는 필수적인 시설이기도 하다.

이동주조는 2017년 옹기를 모두 퇴출했다. 식약청이 식품 공정 규정에 의거해 대형 주조장의 옹기 사용을 금지하면서 모두 스테인리스 용기로 바꾸도록 유도했기 때문이다. 이는 대형 주조장에서 옹기를 사용할 경우 소독 방법, 즉 위생적인 청소 방법이 마땅치 않다는 것과 관계가 깊다. 한마디로 술을 빚은 다음 청소를 위해 커다란 옹기 안으로 사람이 직접 들어가야 하는데 한두 개의 옹기가 아니므로 많은 옹기를 청소하는 게 간단한 일이 아니라는 것이다. 물론 소규모 주조장에서 몇 개의 옹기로 만드는 특수 막걸리나 가양주에는 이런 제한이 없다.

이동막걸리의 자랑인 옹기가 퇴출되었다고는 하지만 그래도 이동막걸리의 옹기를 보고 싶다고 하자 이영길 차장은 상당수 옹기

🗨 이동주조의 이영길 차장.

가 조경용으로 외부로 반출되었다고 말한다. 그럼에도 곳곳에 막
걸리를 주조했던 옹기들이 있어 이동막걸리 공장 전체가 옹기 천
지였다는 것을 느낄 수 있는데 유독 시선이 가는 옹기가 하나 있
었다. 놀랍게도 철로 꿰맨 옹기다. 옹기를 꿰맸다고 하니 이해가
되지 않는다는 사람들도 있겠지만, 국내의 양조장 상당수가 일제
강점기에 시작되어 상당한 연륜을 갖고 있으므로 꿰맨 옹기들을
곳곳에서 발견할 수 있다.

　과거에 하나라도 알뜰히 챙긴 술도가의 생활 철학을 엿볼 수 있
는데, 옹기를 꿰매기 위해선 상당한 기술이 필요하다는 것을 이해

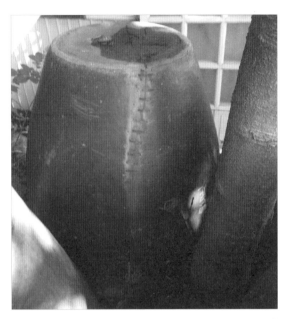

이동막걸리의 명성은 옹기에서 나왔다고 할 만큼 이동주조는 오랫동안 옹기를 사용해 술을 빚어왔다. 이동주조의 연륜을 보여주는 철로 꿰맨 옹기.

할 필요가 있다. 실제로 오늘날 옹기를 꿰맬 수 있는 기술을 가진 사람은 없다고 말해도 과언이 아니다. 발효 통에서 술이 요란하게 끓고 있는 곳을 이영길 차장이 보여주는데 막걸리 냄새가 진동해 오래 머무를 수 없을 정도다. 이동막걸리를 주조하는 술 냄새를 맡아보는 것만으로도 막걸리 맛을 느끼기에 부족함이 없었다.[6]

　포천의 물맛이 좋다고 해서 사업이 순항한 것은 아니다. 양곡관리법으로 인해 쌀 대신 밀가루로 막걸리를 빚으며 명맥을 이어갔지만, 막걸리 산업이 점차 내리막길을 걷자 진퇴를 걱정해야 할 정도에 이르기도 했다. 그러나 이동막걸리의 명성이 워낙 유명해 막걸리 주조를 단념하지 않았다. 1993년부터 막걸리를 일본에 수출

할 수 있게 되었는데, 이때부터 이동막걸리는 속된 말로 '대박 신화'의 주인공이 되었다. 이동막걸리가 일본인들의 마음을 사로잡는 데 성공해 막걸리를 가장 많이 수출하는 양조장으로 성장한 것이다. 이런 결과는 이동막걸리의 남다른 단맛과 함께 칵테일에도 잘 맞기 때문인 것으로 풀이되었다.

나는 막걸리 칵테일이 소위 붐을 이룰 때 한국과 네덜란드 친선협회가 주최한 막걸리 칵테일 시음회에 참여해 막걸리에 수많은 음료를 첨가한 각각의 칵테일 맛을 비교할 수 있었다. 당시 많은 사람이 뽑은 막걸리 칵테일 중에서 가장 높은 평가를 받은 것은 막걸리에 포도주스와 오미자를 첨가한 것이다. 대체로 포도주스와 막걸리를 1대 3~4 정도의 비율로 섞으면 상당히 부드러운 칵테일이 된다. 많은 사람이 막걸리 칵테일에 흥미를 보이면서도 정작 어떻게 해야 하는지 방법을 몰라 난감해하는 경우가 많은데, 그때마다 포도주스와 오미자를 섞은 막걸리 칵테일을 추천한다.

이동막걸리의 신화는 계속되어 일본은 물론 미국, 중국 등 20여 개국으로 수출 영역이 확대되었다. 사실 우리나라에 막걸리 중흥기가 오기까지 이동막걸리는 해외에서 입지를 다졌다고 볼 수 있다. 이동막걸리가 얼마나 순항하는지는 휴일에도 가동되는 공장을 보면 알 수 있다. 현재 이동막걸리는 밀가루 20퍼센트, 쌀 80퍼센트 재료에 종국을 넣지만 천연 탄산만을 고집해 합성 첨가물을 넣지 않아 빛깔이 맑고 고우며 깊은 맛이 나는 것으로 유명하다. 막걸리가 완성될 때까지 12일간의 과정을 매일같이 반복하는데, 이동막걸리는 단맛은 있으나 신맛이 거의 없다는 특징도 있다. 전체

적으로 입안에 오래 남는 묵직함을
가지고 있어 도토리묵, 손 두부와
잘 어울린다고 알려져 있다.[7]

이동막걸리의 수출이 순조롭게
진행되자 1993년 '본Japan' 법인
을 일본에 설립하고, 1997년에는
미국 지사를 설립했으며, 2003년에
는 수출 100만 달러 수출 탑을 수
상하기도 했다. 2004년 북한 개성
산업단지에 막걸리를 단독으로 공
급했고, 2011년에는 수출 300만
달러를 달성했으며, 2012년에는 경

이동주조는 국산 쌀만 활용한
햅쌀 막걸리도 주조하고 있으
며, 수출을 위해 살균막걸리를
많이 생산하고 있다.

기도 지정 명주와 우수 쌀 가공식품 TOP 10으로 선정되었다.

현재는 서울에서도 이동막걸리를 판매하는 곳이 많은데, 이
동막걸리가 있는 포천시 이동면 백운계곡은 여름철이면 하루
2,000~3,000명이 방문할 정도로 풍취가 수려하다. 막걸리의 대박
에 따라 백운계곡으로 이어지는 길에는 이동막걸리와 함께 곁들
이는 도토리묵, 손두부, 갈비 등을 파는 이른바 맛집이 즐비하다.
막걸리가 우리의 풍취와 애정을 같이하는 비밀을 온몸으로 느낄
수 있을 것이다.

대부분 가격이 낮은 수입쌀을 막걸리의 원료로 사용하고 있지
만, 이동막걸리는 국산 쌀만 활용하는 햅쌀 막걸리도 주조하고 있
다. 이때 사용되는 쌀은 포천 '경기온천쌀'이다. 막걸리가 국민주

로 꾸준히 사랑받기 위한 노력의 일환으로 이동막걸리는 상당히 많은 종류의 막걸리를 생산한다. 생막걸리를 8종류나 생산하는데 이 중 수출용으로 2종류의 니코리막걸리가 있으며, 8종류의 살균 막걸리도 생산하는데 수출용으로 이동 팩도 주조한다.[8] 국내 대부분 주조장에서 생산되는 막걸리는 생막걸리로 살균막걸리는 거의 생산하지 않는다. 이동주조에서 살균막걸리를 많이 생산하는 것은 수출 때문으로 유통기한이 대체로 1년이다. 물론 살균막걸리는 수출용만이 아니라 국내용으로도 판매된다. 그런데 생막걸리의 유통 기간도 1개월 이상이 될 정도로 개량되어 수출 대열에 합류했다. 이들 간에 치열한 경쟁이 벌어지고 있음은 물론이다.[9]

서울생장수막걸리

현재 한국의 간판 막걸리는 서울탁주제조협회에서 생산하는 생장수막걸리라고 해도 과언이 아니다. 서울의 영등포, 구로, 강동, 서부, 도봉, 태릉, 성동 지역에 있는 7개 양조장이 연합해 서울탁주 공동 브랜드로 상품화했는데, 수도권 막걸리 시장의 80~90퍼센트, 전국 시장의 40~50퍼센트를 차지하고 있을 정도다.[10]

이와 같이 엄청난 판매량을 자랑해서인지 서울생장수막걸리가 한국 막걸리 맛의 표준화를 이루었다는 평가도 있다. 서울생장수 막걸리는 자랑거리가 많다. '2007 대한민국 주류 품평회' 탁주 부문에서 '명품주'로 선정되어 제품의 질도 공식적으로 인정받았다. 또한 충북 진천의 '서울장수생막걸리'는 이름에서 보듯이 서울 장수막걸리와 궤를 같이하는데, '2016 대한민국 우리 술 품평회'에서 최우수상을 수상했다.[11]

생장수막걸리는 한국 막걸리 맛의 표준화를 이루었다는 평가를 들을 만큼 한국의 간판 막걸리로 통하고 있다. 생장수막걸리를 주조하는 서울탁주의 충북 진천 공장.

전문가들은 신맛, 단맛, 쓴맛이 전체적으로 고르게 조화를 이루고 있다는 품평을 내놓았으며, 탄산감이 강하고 깔끔한 맛이 특징이라는 설명한다. 도수는 6퍼센트 정도다. 이런 맛을 만들기 위해 올리고당, 구연산, 아스파탐 등을 첨가하는데 막걸리의 과학화에도 성공해 그동안 막걸리의 고질적 문제점으로 지적되어왔던 시큼·텁텁·트림·숙취 등도 해결해 호평을 받고 있다.[12]

막걸리 맛에서 가장 중요한 것은 어느 정도의 단맛을 갖고 있느냐다. 막걸리엔 단맛이 있어 못 마시겠다는 사람들도 있지만, 오히려 단맛이 없어서 못 마시겠다는 말하는 사람들도 있기 때문이다. 일부 학자들은 김치를 먹는 한국인에게 약간의 단맛은 필수불가결한 맛이라고 말하기도 한다.

한국에서 생산하는 대다수의 막걸리는 인공 감미료인 아스파탐을 사용하는데, 아스파탐은 설탕보다 200~300배의 당도를 갖고 있다. 아스파탐은 1965년 미국의 제약회사 시얼리에서 위궤양 치료제를 개발하던 제임스 슐라터에 의해 발견되었다.[13] 원래 아스파탐이 개발되었을 때 아스파탐은 열에 약하며 용액에 녹아 있을 때는 안정성이 떨어지는 단점이 있어 사카린과 함께 인체에 유해하다는 공격을 많이 받았다. 그러나 광범위한 조사에서 사카린과 아스파탐 모두 무해한 것으로 판명되어 미국 시장에서 '뉴트라 스위트'란 이름으로 판매되고 있다.

아스파탐과 사카린은 특히 음료수에 많이 사용되고 있는데, 학자들은 수많은 음료에 사카린 또는 아스파탐을 사용한다고 해서 불량품을 사용하는 것처럼 비난하는 것은 옳지 않다고 말한다.[14] 심지어 사카린과 아스파탐이 지구상에서 벌어지는 전쟁의 절반은 사라지게 했다고 추정하는 학자들도 있다. 과거 사탕수수 등의 설탕 재료는 노동 착취의 대명사이자 전쟁의 주된 요인 가운데 하나였는데, 이들 제품의 개발로 적어도 설탕으로 인한 불화가 사라졌다는 것이다.

한편 이소말토올리고당을 10퍼센트나 넣고 있는데, 이 첨가물은 단맛을 내기 위해서가 아니라 막걸리 맛을 부드럽게 하기 위한 것이라고 알려진다. 또한 구연산을 조금 넣고 있는데 이는 신맛을 내기 위해서다. 막걸리에 과거에는 존재하지 않았던 물질들을 첨가하기 때문에 순수한 막걸리 맛이 아니라는 비난도 있지만, 영리를 추구하는 회사에서는 수많은 사람의 미각을 일일이 맞추는 것

국내 막걸리업계에서 최초로 병입 제품을 내놓은 서울탁주는 유통기한을 최장 1년으로 늘린 살균 캔 제품도 처음 선보였다.

도 어려운 것은 사실이다. 더불어 가격이 싼 첨가물을 넣기 때문에 경제적인 대량생산이 가능하여 저렴하게 판매할 수 있다는 주장도 마냥 무시할 것만은 아니다.

서울탁주가 지금까지 순탄한 길만 걸은 것은 아니다. 1970년대 중반 하루 생산량이 75만 리터에 달할 정도로 호황을 누렸으나, 이후 '카바이드 막걸리' 파동과 알코올 도수 조정(6도→8도) 등을 겪으면서 소비자들의 외면을 받아 1982년에는 생산량이 전성기 대비 7분의 1로 추락하는 위기를 겪기도 했다. 서울탁주가 다시 살아나게 된 계기는 용기 · 재료 · 시설의 표준화를 이루었기 때문이다.

서울탁주는 나주(말통) 상태로 유통되는 과정에서 '물타기'로 맛이 손상되는 폐해가 발생하자, 이를 예방하기 위해 국내 막걸리업계에서 최초로 병입 제품을 내놓았다. 초기에 원통형 주전자 형태의 폴리에틸렌 용기에서 시작해 지금의 플라스틱 병에 이어 유통기한(보통 10일)을 최장 1년으로 늘린 살균 캔 제품도 처음 선보였다. 또한 1992년 균을 배양하는 자동 제국기를 도입해 모든 제조장의 맛을 균일화해 '장수막걸리'에 대한 소비자의 신뢰와 호응을 이끌어냈다.

막걸리의 현대화에 크게 기여한 서울탁주에선 지금도 수많은 박사급 연구원이 막걸리의 세계화를 위해 연구에 매진하고 있다. 2001년 청진동 거리에서 열린 막걸리 축제.

　장수막걸리는 나와 큰 인연을 갖고 있다. 1990년대 말 한국에서 막걸리 붐이 일기 전에 막걸리업체들은 막걸리 판촉 활동을 위해 정기적으로 막걸리 축제를 기획했는데, 그 장소는 서민들이 자주 가는 서울 청진동 해장국 거리였다. 청진동 거리를 꽉 채운 각지의 막걸리업체들이 자신들의 특산 막걸리를 소개했는데, 판촉 이벤트와는 달리 막걸리 축제에 나오는 모든 막걸리를 무료로 제공했다.

　막걸리 축제에서는 유명 가수들이 풍악에 따라 권주가를 부르는 것은 물론 전통 음악과 춤들을 선보인다. 나는 축제에서 막걸리의 과학성을 설명해달라고 초청받았다. 막상 막걸리의 과학성을 설명하기 위해 초청받았지만, 실내에서 강의하는 것이 아니라 청진동 거리에서 참여하는 사람들을 상대로 설명해야 했으므로 다소 딱딱하게 여겨지는 막걸리의 과학성에 대해 소비자들이 관심을 기울일 리는 없었다. 내 설명이 끝나면 곧바로 막걸리에 대한 무료 시음이 기다리고 있었기 때문인지 모두 내 이야기가 어서 끝나기를 기다리고 있는 눈치였다.

이동수 회장은 막걸리에 대해 연구 투자를 아끼지 않아 장수막걸리가 대량생산에 성공해 한국의 간판 막걸리가 되는 데 큰 기여를 했다.

각 회사에서 출품된 막걸리를 시음하고 있는데 한 사람이 다가오더니 자신이 장수막걸리의 이동수 회장이라고 소개했다. 이동수 회장은 내 손을 반갑게 잡으면서 이렇게 말했다.

"그동안 막걸리를 만드는 데에만 급급하여 막걸리에 그런 과학성이 있는지 잘 몰랐습니다. 막걸리가 맥주나 소주에 뒤처지는 것을 당연한 것으로만 생각했는데 연구를 제대로 하면 막걸리를 활성화시킬 수 있다는 데 희망을 받았습니다. 저희들이 부단히 연구하여 막걸리의 현대화는 물론 새로운 길을 찾도록 하겠습니다."

이때 이동수 회장은 비로소 막걸리의 희망이 엿보인다며 연구 투자를 아끼지 않겠다고 했는데, 그 약속을 지켰음은 말할 나위가 없다. 장수막걸리가 그 후 대량생산에 성공해 한국의 간판 막걸리가 되었음은 물론 막걸리의 현대화에 큰 기여를 했다는 게 이를 잘 보여준다. 지금도 수많은 박사급 연구원들이 서울생장수막걸리에서 막걸리의 세계화를 위해 연구하고 있다.

한국에는 막걸리 맹주들이 있는데 대체로 각 시도에 1개씩 있다. 서울 장수, 부산 생탁, 인천 소성주, 대구 불로, 울산 태화루, 광주 무등산 막걸리, 전주 막걸리, 대전 원막걸리, 제주 생막걸리, 국순당의 대박 막걸리 등이다. 그런데 허시명은 이들 막걸리의 맛에 큰 차이가 없다고 설명한다.

특히 장수, 생탁, 불로, 소성주는 거의 같은 맛인데, 이는 회사 4곳 모두 백국균을 사용한 누룩을 사용하기 때문이라고 말한다. 또한 막걸리의 재료로, 정제수라는 물을 빼면 쌀 90퍼센트(백국균으로 만든 누룩 포함), 물엿류 10퍼센트, 아스파탐을 사용한다는 점에서도 똑같다. 재료의 비율이 같고, 같은 균주를 사용하니 맛이 비슷할 수밖에 없다.

특히 이들 맹주 회사들은 막걸리 판매 구역 제한이 풀리기 전인 2000년 12월 말까지 지역 독점을 할 수 있었으므로 굳이 다양한 막걸리를 만들어 팔 필요성을 느끼지 않았다. 대표 브랜드 하나로도 충분했기 때문이다. 그러나 2016년부터 각 집에서 막걸리를 주조하는 것은 물론 시판도 가능해지면서 막걸리 판도에 상당한 변화가 일어났다. 막걸리 맹주들이 다양한 막걸리 주조, 즉 새로운 맛의 막걸리 개발에 발을 벗고 나서고 있는 이유인데, 이런 의미에서 현대의 막걸리 애주가들은 행복하지 않을 수 없다.[15]

장수생막걸리는 서울이 아니라 충북 진천에서도 생산된다. 100퍼센트 국내산 쌀로만 만드는 진천장수생막걸리는 서울의 장수생막

서울탁주는 장수막걸리를 비롯해 국내 최초로 탄산을 첨가한 월매막걸리와 3퍼센트 도수의 이프막걸리 등 다양한 막걸리를 주조한다. 서울탁주에서 주조하는 막걸리.

걸리와 마찬가지로 효모균이 그대로 살아 있는데, 자연 발효에 의한 탄산과 어울려 전통 탁주에서 느껴지는 감칠맛과 청량감이 뛰어나고 영양이 풍부하다. 엄선된 백미만 사용하는 것은 물론 저온 장기 발효 숙성 과정을 통해 생산하므로 특유의 부드럽고 담백한 맛이 특징이다. 또한 보존성이 탁월하여 제조일부터 냉장 보관 시 10일을 보장한다. 특히 '장수생막걸리30'도 개발했는데 이 막걸리는 30일간 신선함을 유지할 수 있다. 기존 유통기간 10일이 30일로 연장된 것으로 소비자들의 선택의 폭을 높였다는 점에서 큰 호평을 받고 있다.

서울탁주는 한국의 간판 막걸리 주조장이므로 이외에도 특성 있는 막걸리를 많이 출시한다. 국내 최초 탄산을 첨가한 월매막걸리(캔과 PET로 출시)와 3퍼센트 도수의 이프막걸리는 캔으로 출시되는 살균막걸리로, 막걸리의 텁텁함을 없애고 청량감을 더해 여성들에게 인기를 얻고 있다. 유통기한은 12개월이다. 서울탁주 50주년을 기해서 만든 홍삼막걸리와 장홍삼장수막걸리도 출시하고 있는데 6년근 홍삼을 사용하며 역시 살균막걸리로 유통기한은 12개월이다.

지평생막걸리

경기도 양평군 지평주조가 특이한 내력을 갖는 것은 한국에서 가장 오래된 양조장이라는 점이다. 일제강점기인 1925년 이종환 사장이 지평주조를 설립한 후 현재 3대 김동교 사장을 거쳐 김기환 사장이 운영하고 있으므로 거의 100여 년의 역사를 자랑한다.

지평주조의 명성을 높여주는 것은 1939년에 지어진 양조장 건물이 '대한민국 근대문화유산 등록문화재 제594호'로 지정되어 있다는 점이다. 이 건물이 특이한 것은 건축 시부터 막걸리 주조를 염두에 두어 건물을 특수한 용도로 지었기 때문이다. 즉, 건물 내 환기를 위한 높은 창을 두었는데 조선식 가구에 익숙한 당시로서는 찾아보기 힘든 아이디어였다. 막걸리 주조를 위한 특수 건물로 축조한 것으로 보온을 위해 천장과 벽체에 왕겨를 채웠고 외벽 일부에 흙벽돌을 사용했는데 이 역시 당시의 건축 개념을 훨씬 앞선

💬 '대한민국 근대문화유산 등록문화재 제594호'로 지정되어 있는 지평주조는 건물을
건축할 때부터 막걸리 주조를 염두에 두고 지었다.

것이다.

　이러한 특수 건축 구조는 한옥 구조와 일본식 목구조를 적절히
섞은 절충식 구조로 이런 시대적 건물의 특수성이 인정되어 근대
문화유산으로 지정된 것이다.[16] 문화재로 지정할 당시 문화재청 고
시(2014.07.01)는 다음과 같이 적시했다.[17]

　"한식 목구조를 바탕으로 일식 목구조를 접합하여 대공간을 구
성한 절충식 구조로 당시 탁주 생산 공장으로서 기능적 특성을 건
축적으로 잘 보여주고 있다."[18]

　양평군 지평면은 여느 시골처럼 작은 농촌에 불과하지만, 지평
주조의 양조장 건물은 막걸리 외에도 특별한 히스토리를 갖고 있
다. 지평 양조장을 특별한 감각으로 바라보게 하는 특별한 비석이
건물 한쪽에 있다. 이 비석은 한국전쟁 당시 인근에서 유일하게 잔

존한 건물이며, 지평리 전투 당시 전투에 참전한 유엔군 프랑스 군대가 이곳을 사령부로 삼아 전투했다는 것을 알려준다. 지평면은 한국전쟁에서 획기적인 전기를 이룬 곳으로, 1951년 2월 지평면 지평리에서 중공군의 2월 공세에 맞서 유엔군이 중공군 3개 사단의 집중 공격을 막아낸 것으로 유명하다. 이 전투를 기점으로 유엔군은 중공군 참전 이후 최초로 전세를 만회하며 재반격의 기틀을 다졌다. 비석에는 다음과 같이 적혀 있다.

자유를 위하여
1951년 2월 한국전 참전 유엔군
프랑스 육군의 전설적인 사령관 몽클라르 장군께서
지평리 전투를 지휘하시는 동안
이곳을 사령부로 삼다.

그러나 현재는 이 건물에서 주조하는 것이 아니라 지평 양조장 옆과 뒤에 건설된 현대식 공장에서 대량생산하고 있다. 지평생막걸리의 명성이 높아 출하를 감당할 수 없기 때문으로 지평주조에 대해 설명해준 나선중 대리는 지평생막걸리가 한국의 막걸리 가운데 판매 순위 5~6위 안에 들어간다고 말한다.

지평생막걸리의 폭발적인 성장 내역을 듣고 양조장을 보고 싶다고 하자 나선중 대리가 흔쾌히 승낙한다. 사세의 확장으로 창고 등이 더 필요해지자 2017년 높은 천장의 중간을 막아 이중으로 만들었는데, 과거 막걸리를 만들던 곳을 보려면 가파른 나무계단을

🗨 지평주조는 술밥을 배양하는 보쌈실의 적절한 온도 조절과 보온을 위해 건물 벽체와 천장에 왕겨를 깔았다.

타고 올라가야 한다. 나무계단이 다소 위태로워 보이지만 주의하면서 올라가자 100여 년 전부터 막걸리를 주조하던 보쌈실과 종국실이 보인다.

보쌈실이란 술밥을 배양하는 곳으로 적절한 온도 유지를 위해 직접 손으로 섞어 발효시키는 곳이다. 적절한 온도 유지를 위해 술밥을 큰 보자기로 덮고 발효하므로 보쌈실이라는 고유의 이름이 붙었다. 건물 벽체와 천장에 왕겨를 깔아 보온하는 것이 인상적인데, 지붕의 나무 골조 사이로 회칠한 흙벽도 보인다.

막걸리 주조를 위한 물은 주조장 내의 우물에서 길어 올려 사용한다. 그런데 워낙 많은 양의 막걸리를 주조해야 하므로 양조장에서 사용하는 허드렛물 등은 막걸리 주조에 사용하는 우물물을 사용하지 않고 수돗물을 사용한다고 한다. 지평생막걸리는 홈플러

스, 롯데마트 등 대형마트뿐만 아니라 GS25 편의점에서도 판매되므로 전국 어디에서나 구입하는 것이 어렵지 않다. 그러나 주조장을 방문했으므로 현장에서 구입하는 것도 의미가 있는데 주조장에서는 판매하지 않는다. 막걸리를 현장에서 마시려면 지평생막걸리 건물에서 약 100미터 거리에 있는 지평생막걸리 판매소를 찾아가면 된다.

양평군은 경기도 중부 동단에 있다. 군의 중심부에는 1,000미터 이상의 높은 산지가 있으며, 산지가 군 면적의 70퍼센트 이상을 차지하고 있다. 특히 동북부에 산지가 많고 한강이 흐르는 서남부와 서부 지역에는 낮은 평야 지대가 있다. 하천은 북한강이 서쪽에서 남서류하고 남한강은 남서 지역을 북서류하여 양수리에서 합류, 한강의 본류로 흐른다.

지평주조는 주조장 내의 우물에서 물을 길어 올려 막걸리를 주조한다. 지평주조에서 생산하는 막걸리.

부의주

경기도 무형문화재 제2호로 지정된 부의주浮蟻酒는 용인 한국민속촌 안에서만 판매하던 막걸리다. 현재는 시중에서도 판매하고 있지만, 학자들은 이 술의 시작을 고려시대로 추정한다. 부의주에 관한 기록으로는 조선조 초기의 문헌인『목은집』을 비롯해『고사촬요』,『규곤시의방』,『산림경제』,『증보산림경제』,『임원십육지』,『양주방』등이 있다. 특히『산림경제』에서는 탕수湯水를 이용한 술빚기 형태,『규곤시의방』과『고사촬요』에서는 날물을 이용하는 술빚기 형태를 보여주고 있다.

경기도 무형문화재로 지정된 부의주는 현재 전국적으로 가장 널리 빚어지고 있는 술이기도 한데, '부의주'라는 원이름보다는 '동동주'라는 이름으로 더 알려져 있다. 부의주란 이름은 맑은 술에 밥알이 동동 뜨게 빚어져 개미가 물에 떠 있는 것 같다고 해서 붙

경기도 무형문화재로 지정되어 있는 부의주는 한국민속촌 내에 있는 양조장에서 생산한다. 부의주는 원이름보다는 동동주라는 이름으로 더 알려져 있다.

여겼다. 나방이 떠 있는 것 같다고 하여 부아주浮蛾酒 혹은 녹의주綠蛾酒라고도 한다.

동동주가 대중주의 하나로 자리매김하게 된 까닭은 무엇보다 귀한 찹쌀로 빚는 데다 술 빚기가 한 번에 그치므로 가장 손쉬운 방법이며, 이양주류에 비해 수율收率이 높아 경제적이라는 점 때문이다. 또한 빠른 시간에 익는 술임에도 맑은 청주를 얻을 수 있다. 그러므로 일반 가정에서는 제사와 명절 차례의 제주祭酒, 귀한 손님 접대와 집안 어른들의 반주로 애용해왔다.

동동주를 의미하는 부의주가 우리나라 술 빚기의 전형으로 꼽히는 것은 한 번 빚은 단양주이면서도 감칠맛과 함께 상쾌한 맛을 느낄 수 있기 때문이다. 이러한 맛이 나오는 것은 누룩을 수곡水麴

형태로 하여 술을 빚는다는 데 있다. 수곡 형태의 술 빚기는 문헌에 따라 다른데, 술 빚을 물을 끓여서 이용하는 것이 그 대표적 예다. 주원료는 찹쌀과 누룩이며 알코올 도수는 13도다. 보존 기간은 겨울철 상온에서는 15일 정도 가고, 냉장 보관하면 1년도 가능하다.

한국민속촌 내 양조장 이정동 소장을 만나 궁금한 점을 물었다. 1974년 민속촌이 탄생할 때부터 단기간 제주도 민속촌에 근무한 것을 제외하고 현재까지 한국민속촌에 근무하고 있는 이정동 소장에게 왜 한국민속촌에서 굳이 동동주를 간판으로 내세웠느냐고 질문했다. 대답은 그야말로 간단했다. 한국민속촌이라는 이름으로 개장하는 곳에서 판매하는 막걸리라면 동동주, 즉 부의주를 제일 먼저 고려해야 하는 것 아니냐는 것이다.

그러면서 부의주의 간판으로 알려진 경상북도 안동 태생인 권오수 옹(경기도 무형문화재 제2호)을 초빙하여 부의주를 빚기 시작했고 그의 밑에서 허드렛일을 하면서 막걸리 주조법을 배웠다고 말했다. 부의주는 1995년 경기도 무형문화재 제2호로 지정될 정도로 술 빚기를 인정받았고 이후 차남 권기훈이 장인으로 무형문화재를 계승받았는데 다소 웃지 못할 사건이 일어난다.

우선 한국민속촌의 부의주가 워낙 유명세를 갖고 있으므로 권오수 장인이 독립하여 경기도 발안에 1993년 독자적인 막걸리 공장을 세웠는데 예상대로 판매가 되지 않았다고 한다. 그래도 아들인 권기훈이 장인으로 대를 이었는데, 막걸리 주조 장인의 권한을 박탈당한 것이다. 권기훈 장인이 거주지를 서울로 옮기자 경기도에

허드렛일을 하면서 막걸리 주조법을 배운 이정동 소장은 한국민속촌이라는 이름과 부의주가 잘 어울린다고 말한다.

서 지역 이탈을 이유로 자격을 박탈한 것이다. 물론 권기훈이 부의주 장인을 박탈당했다고 해서 경기도 무형문화재로 부의주가 박탈된 것은 아니며, 한국민속촌에서는 이정동 소장의 주도로 계속 부의주를 생산한다.

부의주는 우리나라 외교에서 큰 역할을 한 것으로 유명하다. 러시아의 고르바초프와 노태우 대통령의 만찬 때 문배주와 부의주가 식탁에 올랐으며, 전두환 대통령은 회식 때 부의주를 주류로 올렸을 정도다. 그러나 부의주가 전국적으로 가장 널리 많이 빚어지고 있다는 말은 역으로 부의주에 대한 참맛을 느끼지 못하게 하는 요인도 된다. 허시명은 누구나 자신 마음대로 막걸리를 빚을 수 있으므로 시중에 유통되고 있는 부의주의 80퍼센트 이상은 '가짜'거나 '미숙주'로 볼 수 있는데, 이게 우리 전통주 전반에 걸쳐 부정적인 인식을 갖게 한다고 지적했다. 희멀건 술에 밥알이 섞여 있는 가짜 부의주를 비롯하여, 찹쌀이 아닌 밀가루 등 값싼 재료로 빚고 조미한 부의주가 있는가 하면, 검붉은 빛깔에 누룩취가 심한 부의 주들도 버젓이 시판된다는 것이다.

술의 색깔은 약간 불투명한 담황갈색으로 맛과 색이 일반 약주와 유사하다. 약주를 탁주에 용수를 넣어 걸러 만드는데 부의주도 같은 방법으로 만든다. 조선시대의 전통적인 제조 방법은 끓여서 식힌 물 3병을 누룩 가루 1되와 섞어 하루를 재우고 찹쌀 1말로 고두밥을 지은 후 항아리에 넣어 식힌다. 누룩 가루를 물로 혼합해 반나절 두었다가 채로 걸러 고두밥과 섞는다. 항아리에 담아 따뜻한 곳에 두어 3일이면 맑게 익어 밥알이 개미알 같이 뜨는데 맛이 달고 콕 쏘아 여름철에 구미를 돋우는 술이다.

알코올 농도는 13~14퍼센트인데, 알코올 농도를 11퍼센트로 낮추면 동동주가 완성된다. 허시명은 민속촌에서 한 항아리 분량인, 찹쌀 100킬로그램 단위로 술을 빚는데 찹쌀 100킬로그램, 재래 누룩 16킬로그램, 개량 누룩 1킬로그램을 넣고 물은 160리터쯤 넣는다고 적었다.[19]

『음식디미방』 등 고문헌에 의한 부의주 빚는 방법은 큰 틀에서 앞에서 설명한 방법과 다름없으나 참고로 알아보자.

"찹쌀 1되, 누룩 1되, 엿기름 2홉, 물엿 1되로 1차 담금한다. 원료 찹쌀을 하룻밤 재워 고두밥을 지어 짚불로 항아리에 원료를 넣은 후 20도 정도의 실온에서 2~3일 이불로 감싸서 보온하다가 품온이 30도 이상 오르면 이불을 제거한다. 5일이 지나면 맑게 익고

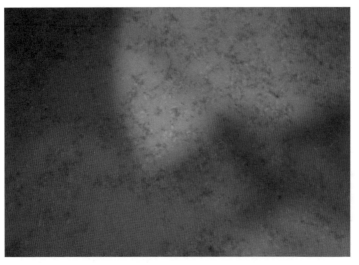

부의주의 색깔은 약간 불투명한 담황갈색으로 맛과 색이 일반 약주와 유사하며 밥알이 없다는 게 특징이다.

15일 정도 경과하면 쌀알이 동동 뜨며 맑은 술이 된다."[20]

　이정동 소장은 부의주의 진상에 대해서도 이야기한다. 한국민속촌에서 주조되는 부의주에 밥알이 없는데, 이는 밥알이 있을 경우 두 가지 문제가 생기기 때문이라고 한다. 우선 밥알이 막걸리 음용 기간 변질될 우려가 있으며 한국민속촌을 방문하는 외국인들이 종종 밥알을 불순물로 보아 위생 문제를 제기한다는 것이다. 부의주를 모르는 외국인들이 부의주의 기본을 모르고 하는 이야기지만, 여하튼 한국민속촌의 부의주에 밥알이 없다는 것에 툴툴대지 말기 바란다.

　부의주는 찹쌀로 고두밥을 짓고, 쌀 양의 30~60퍼센트 정도 되는 물과 7~10퍼센트 정도의 누룩을 발효제로 빚는다. 워낙 한국 각지에서 주조되었으므로 지방과 술 빚는 사람마다 술 재료의 배

국내산 찹쌀 100퍼센트와 누룩을 사용해 빚는 부의주는 화학적인 방부 처리나 살균 처리를 하지 않고 옹기에서 자연 발효시켜 주조한다.

합 비율이 다른 것은 물론이고, 엿기름가루 등 갖가지 부재료와 이스트(효모, 술약)에 희석식 소주까지 첨가하기도 한다. 특히 주조할 때 소위 부작용으로 심한 누룩 냄새가 나는데 놀라운 것은 누룩 냄새가 많이 나는 것을 '좋은 술' 또는 '제대로 된 술'이라고 설명한다는 것이다.

그러나 부의주는 기본적으로 여름에 빚는 술로 완전히 숙성되기 전에 떠서 마시기 때문에 숙취를 초래하는 것은 사실이다. 그러므로 숙성시켜 마시는 것이 좋으며 청주를 뜬 후에 막걸리로 걸러 마시라고 조언한다. 더불어 한꺼번에 많이 마시지 않는 게 좋다.[21]

한국민속촌의 찹쌀 부의주로 한한다면 국내산 찹쌀 100퍼센트와 누룩을 사용하고 화학적인 방부 처리나 살균 처리를 거치지 않고 옹기에서 자연 발효시키는데, 숙취가 전혀 없고 담백한 맛이 특징이다. 이정동 소장은 부의주 빚을 때의 자세를 여러 번 강조한다.

막걸리를 만드는 핵심이 효모, 즉 미생물이라고 우습게 보면 안된다는 것이다. 한마디로 막걸리를 만드는 것이 미생물이므로 이들을 자식처럼 생각해야 하며 또 정성을 들여야 한다고 강조한다. 자식을 정성 들여 키우는 것과 다름없다는 설명이다. 그는 막걸리 주조에는 물 30퍼센트, 재료 30퍼센트, 정성이 30퍼센트가 들어가며 똑같은 방법으로 주조된 막걸리라 하더라도 운이 10퍼센트 들어간다고 말한다. 막걸리를 생명체로 다루어야 한다는 말이 다소 놀라운 지론이지만 100퍼센트 동감했음은 물론이다.

소성막걸리

한국 막걸리의 가장 큰 특징은 막걸리가 생산되는 바로 그 지역의 산물이라는 지역성이 부각된다는 점에 있다. 우리의 문화 속에서 막걸리는 그 지역에서 함께했고, 소비의 대부분도 지역 안에서 이루어졌기 때문이다. 그런 의미에서 인천이 아니었다면 인천탁주도 없다는 말은 당연하다고 할 수 있다. 개항기 인천의 3대 산업은 정미업·양조업·제염업이었다. 1883년부터 1933년까지 50년 동안 인천 역사를 담은 『인천부사仁川府史』에는 다음과 같이 적혀 있다.

"조선인은 예부터 소주를 좋아하여 남쪽의 조선은 약주, 북쪽은 소주라고 칭하여 하층민의 노고를 위로하는 필수 음료이다."

당시 양조업은 인천을 대표하는 산업이었으므로 소주와 청주 등을 만드는 주조장이 20여 곳에 달했다. 주조장 역사를 보면 한국

의 최초 주조장은 1883년 1월 후쿠다 마스효에福田增兵衛라는 일본
인이 부산에서 세웠다. 일본인이 우리나라 주조업 사상 최초의 대
단위 술 공장을 세운 것이다. 이후 일본의 청주 공장들이 조선에 물
밀 듯 들어왔다. 인천은 한반도의 중요 항구로 일본인이 많이 거주
하게 됨에 따라 주조장이 앞서 설치되었다. 놀라운 것은 1906년 일
본인이 만든 소주 공장 '조일양조주식회사'가 당대에 연 2만 석 규
모의 대단위 공장으로 평양에 세워진 '조선소주'에 이어 한국에서
2번째로 기계식 소주를 주조했다는 사실이다.

　한국인의 주조장은 다소 늦지만 1906년으로 거슬러 올라간다.
한국인 박흥복이 경성부 중림정(현재 중림동)에 중림양조소를 차려
약탁주의 전국적인 판매를 시작했는데, 이를 한국인에 의한 주조
로는 효시로 본다. 이후 양조에 관한 기록은 미진한데 1938년 3월
당시 인천에서 열린 주류 품평회에서 대화양조장의 정대현 대표
가 우등상을 받았다. 그는 현재 인천탁주 대표 정규성의 조부다.[22]

　인천 부평구에 자리 잡은 인천탁주는 황해도 출신의 최병두 선
생이 1926년 인천양조업을 시작하면서 설립되었다. 이는 우리나
라 양조장 중 상당이 이른 시기에 세워진 공장이다. 1927년부터
가동을 시작해 인천을 대표하는 향토 막걸리 '소성주'를 생산했다.
소성은 옛 인천의 이름이다. 소성주는 숙성 시간과 담금 횟수를 늘
려 부드럽고 톡 쏘는 탄산의 상쾌한 청량감을 주는데, 특유의 감칠
맛이 매력적이며 생선회와 잘 어울린다고 알려져 많은 애음가에
게서 호평을 받았다.

　그러나 현재 막걸리를 주조하는 인천탁주는 1974년 인천 지역

의 11개 회사가 합병하면서 발족했다. 당시 11개의 회사 직원은 약 170명으로 당대로는 상당히 거대 규모의 회사로 인천 지역의 막걸리 판매를 전담했다. 그러나 인천탁주가 항상 탄탄한 길만 걸은 것은 아니다. 1998년 외환 위기 즈음 부도 직전까지 갈 정도로 어려움을 겪었다. 막걸리업계가 맥주, 소주와의 싸움으로 하향세로 돌아선 것과 더불어 하루가 달리 변화하는 시대 조류를 맞추지 못한 것도 요인으로 작용했다.

　인천탁주는 여기에서 참신한 아이디어를 선보였다. 1990년 업계 최초로 쌀먹걸리를 출시한 것이다. 정규헌, 정훈을 이어 3대째 가업을 잇고 있는 정규성 대표는 1989년 합병된 회사 중 하나인 대화주조 대표로 취임하고 1997년 40세의 젊은 나이에 인천탁주

인천탁주 정규성 대표는 막걸리는 서민의 술이지만 품질 좋은 맛으로 승부하겠다는 목표를 세웠다.

대표로 올라선다. 명실공이 한국의 막걸리 주조장 중 5위 안에 드는 거대 기업을 거느리는 자리에 오른 것으로 그는 자신의 목표를 당차게 말한다. 가장 대중화한 서민의 술이지만 품질 좋은 맛으로 승부하겠다는 것이 그것이었다.

한국의 막걸리를 '우리 민족 고유의 술'이라고 표현하는데, 이와 같이 '고유'라고 이름 붙일 수 있는 근거는 너무나 잘 알려진 이야기지만 막걸리의 제조 과정에서 다른 술과는 차이점이 있기 때문이다. 대부분의 술은 발효 과정을 거친 후, 일정 기간 숙성 과정을 거친다. 술마다 조금씩 차이가 있는데 증류주는 발효주를 증류해 만든다. 포도주도 발효 후, 상당 기간 숙성을 한다. 포도주의 빈티지를 따지는 것은 바로 포도주를 만든 해의 포도 품질과 숙성 과정의 기후 등 여러 조건이 중요하기 때문이다.

위스키, 코냑 혹은 브랜디, 한국의 증류 소주, 중국의 바이주百酒

(고량주), 일본의 고구마 소주 등은 증류주다. 위스키는 귀리와 보리, 코냑과 브랜디는 포도, 중국 고량주는 수수, 일본 고구마 소주는 고구마, 한국 소주는 쌀 혹은 찹쌀을 발효·숙성한 다음, 증류 과정을 거친 것들이다. 종류는 다르지만 모두 과일이나 곡물로 만든다.

엄밀한 의미에서 굳이 막걸리와 비교할 수 있는 술은 프랑스의 포도주인 '보졸레 누보Beaujolais Nouveau'다. 프랑스 부르고뉴 보졸레 지방에서 생산되는 포도주로, 매년 9월에 수확하고 11월에 공개하는 포도주다. 발효만 거친 후 바로 출시하는 '겉절이 포도주'로 숙성기간이 매우 짧다. 숙성 과정을 거치지 않아 맛은 거칠지만 "그해 생산된 포도의 품질을 알아볼 수 있다"는 스토리텔링으로 일본은 물론 한국에서도 호평을 받았다.

보졸레 누보가 장기 보관하지 않는 포도주로 변신한 것은 그 지역 포도가 보르도나 부르고뉴처럼 장기간 보관하는 데 문제점이 있다고 판단했기 때문이다. 많은 사람이 프랑스 포도주는 오래 묵히면 묵힐수록 가격이 비싸다고 하는데 그것은 절반은 맞고 절반은 맞지 않는 말이다. 한마디로 오래 묵힐 수 있는 포도주는 포도가 우선 오래 묵힐 수 있는 종자여야 하며 주조법도 오래 묵힐 수 있는 방법을 사용하며 병도 오래 묵힐 수 있는 형태를 사용한다. 한국의 간판 주류인 막걸리의 유통기간이 짧다고 불평할 일은 아니다. 물론 막걸리를 증류해 소주를 만드는 것은 다른 일이다.[23]

농림수산식품부는 2011년 10월 마지막 목요일을 '막걸리날'로 지정해 막걸리의 세계화를 꾀하고 있다. 이 행사는 프랑스의 '보졸레 누보' 축제를 벤치마킹한 것으로 첫 수확한 우리 쌀로 막걸리를 빚어 막걸리의 날 축제에 활용한다.[24]

정규성 대표가 위생복을 입고 공장 시설을 일일이 안내하며 설명해주었다. 막걸리 공장도 현대화에서 가장 중요한 위생 문제에 뒤질 수 없다고 설명했다. 사실 이 문제는 현재 대형 막걸리 주조장의 핵심 문제이기도 하다.

인천탁주가 한국의 대형 주조장으로 발돋움하자 옹기로 막걸리를 주조하는 방식은 자연적으로 폐기될 수밖에 없었다고 말한다. 인천탁주 정도가 되면 수많은 옹기를 사용해야 하는데, 과거 옹기를 소독하는 방법은 옹기 안에 불을 지핀 후 사람이 들어가 일일이 닦아내는 것이었다. 옹기를 사용하는 한 이 방법이 나름 효과적이고 옹기를 사용하는 것이 막걸리 주조라는 역사성과 정취에도 부합된다. 이동막걸리는 이런 점을 감안해 끝까지 옹기로 술을 만들었지만, 2017년부터 옹기를 사용하지 않는다. 식약청에서 독을 사용하는 한 위생 문제를 보장할 수 없다고 이야기한 데 따른 것이다.

하지만 정규성 대표는 솔직하게 말한다. 소형 옹기는 문제가 없지만 대형 옹기는 과거 방식대로 일일이 사람이 옹기 안으로 들어가 옹기 내부를 닦아내야 하는데 이런 고된 작업을 하려는 사람이 없다는 것이다. 옹기 내·외부를 닦는 작업은 소위 현대화 기계 시설을 도입하면 간단하게 해결할 수 있다고 말하겠지만 이를 위해 엄청난 예산이 들어간다. 그러므로 정규성 대표는 옹기로 술을 주조할 경우 장점도 있으나 아쉽지만 옹기로 술을 빚는 것을 포기하지 않을 수 없다고 말한다.

인천탁주는 막걸리의 전국화를 모토로 삼아 거의 모든 공정을 자동화 시설로 바꿔 막걸리를 주조하고 있다.

인천탁주는 막걸리의 전국화, 즉 대량생산을 모토로 거의 모든 공정을 자동화 시설로 변모시켰는데 직원은 25명에 불과하다. 인천탁주처럼 자동화 생산이 아니라면 적어도 2~3배의 직원이 필요할 것으로 추산한다. 한마디로 자동화로 인해 막걸리 품질을 보장할 수 있고 제작비 절감액을 연구비로 투여할 수 있다는 것이다.

정규성 대표의 꿈은 원대하다. 그는 서양 증류주가 고급화할 수 있던 요인은 15~20년산 등 숙성이 가능하기 때문으로 단기간에 생으로 주로 마시는 막걸리의 프리미엄화는 현실적으로 힘들다고 실토했다. 한마디로 막걸리의 다양화가 시급하다는 지적이다. 그는 인천탁주처럼 막걸리업계에서 규모가 큰 경우 소비자 다수의 입맛을 따라가기만 하면 되지만 막걸리 산업이 전체적으로 성장

인천탁주는 300미터 지하 암반수를 활용해 소성막걸리를 주조하고 있다.

하려면 소규모 양조장도 살 수 있는 특성화 방향을 고려해야 한다고 말한다.[25] 특히 인천탁주를 남다르게 만드는 것은 사회공헌에도 관심이 많아 아너 소사이어티honor society에 가입하는 등 기업의 이익을 사회에 환원하려 노력하고 있다는 점이다.[26]

인천탁주의 장점은 그 많은 막걸리에 소요되는 물을 공장 내에 있는 300미터 지하 암반수로 해결한다는 점이다. 인천탁주가 막걸리 주조에 관한 한 남다른 이점이 있다는 뜻인데, 이들을 위생적으로 정수하는 데 상당한 공을 들인다.

인천탁주는 1990년 막걸리업계 최초로 쌀막걸리를 출시해 그동안 밀가루 등으로 막걸리를 만든 막걸리 시장에 큰 충격을 주었다. 물론 1990년대 초부터 수출을 시작하고 1992년 우수 포장 선정 국세청장의 표창까지 받았다. 더불어 인천탁주 역사관도 설치해 인천 지역 양조장의 역사를 살펴볼 수 있도록 했다. 특히 현재까지 판매된 막걸리 용기를 전시하고 있어 100여 년의 역사를 일목요연하게 볼 수 있다. 정규성 대표는 이제 시작한 역사관이므로 아직 자료들이 미비하지만 계속적으로 관련 자료들을 수집하겠다고 말한다. 앞으로 많은 자료를 수집하고 정리한다면, 박물관의 가치가 높아질 것임은 분명하다.

봉평생메밀막걸리

지방자치단체에서 각 지역의 문화 인물을 발굴하는 데 열성을 쏟는 것은 그만큼 보상을 받을 수 있는 스토리텔링이 풍부하기 때문이다. 이런 면에서 문화인 발굴로 가장 큰 혜택을 받는 곳이 강원도 봉평이다. 이효석의 『메밀꽃 필 무렵』의 무대인데 이런 절호의 지역적 특성을 고려해 문화 상품으로 등장시킨 것이 봉평생메밀막걸리다. 봉평생메밀막걸리는 일반 막걸리와는 달리 메밀 5퍼센트가 추가된 것이 특징으로 일반 막걸리보다 칼로리가 낮고 소화 흡수가 좋아 고혈압 등 성인병 예방에 효과가 있다고 알려져 애주가들에게 인기를 얻고 있다.

봉평생메밀막걸리는 평창의 봉평 메밀과 해발 650미터 청정 지역의 지하 암반수를 활용해 만든 술로 봉평 지역에서는 모르는 사람이 없을 정도로 유명세를 치르고 있다. 봉평생메밀막걸리 제조

봉평생메밀막걸리는 고혈압 등 성인병 예방에 효과가 있다고 알려져 고품격 웰빙 막걸리로 애주가들에게 인기를 얻고 있다. 봉평생메밀막걸리 공장 입구.

장은 평창IC에서 5분 정도 거리에서 면온IC 방향으로 구영동고속도로 옆에 있는데, 현재의 회사명은 농업회사법인 한스팜이다. 봉평생메밀막걸리가 유명세를 타는 것은 국내 여러 대회에서 수상한 것은 물론 정부의 공식적인 만찬주로 사용되기 때문이다. 2011년 한국관광공사 선정 제9회 대한민국 막걸리 축제 시음 평가 부문에서 전통주 부문에서 동상을 수상했고, 2013년 제11회 대한민국막걸리축제에서는 대상을 수상했다. 또한 2014년 제3차 '나고야 의정서' 정부 간 위원회 회의에서 공식 만찬 건배주로도 선정되는 등 막걸리의 우수성을 인정받았다.[27]

봉평의 자랑은 막걸리뿐 아니라 메밀로 만들 수 있는 것을 모두 개발한다는 것이다. 그러므로 봉평에는 커다란 메밀막국수집이 많이 있다. 예전에는 소문난 막국수집이라 하더라도 포장도 안 된 마을 안쪽에 허름한 집이 예사였는데, 이제는 큰길가에 거대한 규모의 식당들이 즐비하다. 메밀막국수, 메밀전병, 메밀싹과 버무려진 메밀묵, 메밀커피, 메밀파스타, 메밀막걸리 등 메뉴도 다양하다. 관광지라면 일단 가격이 다른 곳보다 비쌀 것으로 생각하겠지만, 적어도 메밀에 관한 한 가격으로 툴툴거리지는 않을 것이다.

한때 평창에는 면마다 양조장이 1개씩 있었지만, 현재는 4개의 양조장이 있는데 과거 평창의 봉평메밀F&B영농법인이 원조인 농업회사법인 한스팜은 1990년 이후 생긴 것이다. 태어난 해는 비록 늦지만 주조장 경력의 역사만 따지면 상당히 오래된다. 엄규식 공장장은 제천에서 양조장을 운영한 할아버지 엄봉익 사장을 이어 3대째 막걸리 주조에 종사한다. 그런데 메밀 가공업을 하는 변찬수 대표가 메밀막걸리를 만들고자 평창의 장평양조장을 인수하자 합류했다고 한다.

애초 메밀로 막걸리를 만들겠다는 변찬수 대표의 아이디어는 인정받지 못했다. 메밀의 전분 함량이 낮아 메밀로 막걸리를 만들 수 없을 것이라는 평가를 들은 것이다. 하지만 두 사람은 메밀로 묵도 만드는 데, 막걸리를 만들지 못할 이유가 없다는 고집하에 결국 메밀막걸리를 만드는 데 성공했다. 메밀막걸리는 쌀 70퍼센트, 밀가루 25퍼센트, 메밀 5퍼센트 비율로 들어가는데 수많은 실험을 거쳐 메밀 5퍼센트를 사용했을 때 막걸리 빚기가 수월하고 구수한 맛도 더해진다는 사실을 알아냈다고 한다.

🔖 김세환 회장(오른쪽)과 엄규식 공장장(왼쪽). 엄규식 공장장은 3대째 막걸리 주조에 종사하고 있다.

메밀막걸리는 690미터 지하에 있는 지하수를 사용하는데 단맛과 탄산가스가 다소 많이 느껴진다. 봉평생메밀막걸리를 마셔본 이태규 사장은 탄산가스가 많이 나오는 것으로 보아 탄산가스를 별도로 주입시켰음이 분명하다고 말한다. 그러나 엄규식 공장장은 약간 단맛은 젊은 사람들이 좋아하기 때문에 맛을 조절하고 있는 것이라고 한다. 한마디로 탄산가스를 별도로 주입하지 않아도 탄산이 많이 나오는데 젊은이들이 좋아하므로 이를 제어하지 않는다는 설명이다.

메밀막걸리를 만드는 데 어떤 누룩을 사용하는지 궁금해 물었다. 엄규식 공장장은 단연코 일본의 누룩과 효모를 사용한다고 말한다. 그도 한국의 전통 누룩에 대한 공과에 대해 잘 알고 있지만, 이런 논란을 불식시킬 수 있는 방법은 간단하다고 말한다. 한국에

서 누군가 한국식 전통 누룩의 단점을 개
선해 일본의 누룩을 밀어낼 수 있다면,
모든 주조장에서 환영하지 않을 이유가
없다는 것이다. 일본의 누룩이 한국에 도
입되었다 하더라도 한국인들에게 알맞은
누룩 개발은 도외시한 채 일본에서 만든
누룩 기술이라 하여 비난하는 것은 옳지
않다는 뜻이다.

농업회사법인 한스팜에
서 주조하는 봉평생메
밀막걸리.

　메밀막걸리는 9월에 열리는 봉평 메밀
꽃 축제 기간의 히트 상품이 되었고 강원
도 인근 지역의 간판 막걸리가 되었다. 봉평생메밀막걸리의 대박
에 따라 봉평면 다른 양조장에서도 메밀막걸리를 출시하고 있다.
엄규식 공장장은 다른 곳에서 생산하는 메밀막걸리는 정작 메밀
을 넣지 않는 것으로 알고 있다고 말한다.[28] 메밀막걸리의 한 가지
걸림돌은 메밀의 가격이 다른 주조 원료보다 비싸다는 점인데, 한
스팜 주조장에서 이윤을 적게 낸다는 방침 아래 저렴한 가격을 견
지하고 있다고 한다.

　메밀에는 질 좋은 단백질이 함유되어 있고 다른 곡류에는 부족
한 필수아미노산인 '라이신'이 많이 함유되어 있으며, 풍부한 양의
지방, 철, 인, 아연 등 무기질과 비타민 B1과 B2도 비교적 많이 함
유되어 있어 성인병 예방과 치료에도 효과가 있다고 알려진다. 고
기를 많이 먹은 뒤 메밀냉면을 먹는데 이것은 상당한 근거가 있다.
메밀은 비타민P인 루틴rutin을 함유하고 있는데 이것이 피 속에 있

는 콜레스테롤 농도를 낮추어준다. 혈관벽의 절반에 콜레스테롤이 달라붙어 동맥경화에 걸린 토끼에게 루틴을 먹인 결과 콜레스테롤이 20퍼센트로 줄어들었으며 루틴이 포함된 메밀 추출액을 먹인 토끼도 콜레스테롤이 30퍼센트나 줄었다는 연구 결과도 있다.

또 피 속에 지방이나 콜레스테롤이 많은 고지혈증에 걸린 쥐에게 루틴을 먹이자 혈중 콜레스테롤 농도가 21퍼센트나 줄어들어 고지혈증에도 효과가 있는 것으로 밝혀졌다. 또 혈중 지방질 감소, 간 조직의 산화효소 활성 증가, 대동맥의 지방선 축적 감소 등의 효과를 나타냈다. 고기를 많이 먹은 뒤에 메밀냉면이나 국수를 먹은 것도 이 같은 효과를 선조들이 알았기 때문이다.[29] 그런데 루틴은 우리 몸에서 일절 만들어지지 않는다. 하루에 30밀리그램가량이 필요한데 메밀 100그램에는 약 100밀리그램이 들어 있다.

도문대작막걸리

조선시대에 강릉이 문향文鄕이라는 별호를 얻은 것은 신사임당은 물론 허난설헌과 허균, 그의 아버지 허엽 등 수많은 명 문장가를 배출한 지역이니만큼 특별한 일도 아니다. 그런데 강릉은 강원도에서 거의 유일하게 쌀로 술을 빚었던 고장이기도 하다. 태백 준령의 서쪽은 논을 쉽게 찾을 수 없지만, 동해안은 7번 국도를 따라 좁지만 길게 평야를 형성하고 있다.

강릉이 새롭게 술의 고장으로 부상하고 있는데, 사라진 술도가 '강릉합동주조' 대신에 수제맥주를 만드는 맥주 공장이 들어서고 막걸리 '도문대작'이 생산되고 있기 때문이다. '도문대작屠門大嚼'은 조선의 불운한 천재이자 자유주의자였던 허균이 불우했던 시절, 자신이 과거에 먹었던 음식과 요리를 생각하며 쓴 음식 비평서의 이름이다. 그는 서문에 다음과 같이 적었다.

"내가 죄를 짓고 귀양살이를 하게 되니 지난날에 먹었던 음식 생각이 나서 견딜 수 없다. 이에 유類를 나누어 기록해놓고 때때로 보아가며 한 번 맛보는 것이나 못지않게 한다."

그는 식품을 유형별로 나누고 이들 식품의 특징과 명산지를 설명하고 있다. 방풍죽防風粥(강릉), 석이병石耳餅(개성) 등 병이류 餅餌類 11종, 과실류 28종, 곰의 발바닥熊掌 등 비주류飛走類 6종, 붕어 · 청어 · 복어 등 해수족海水族 46종, 무 · 배추 등 채소류 33종, 기타 5종을 나열하고 끝으로 서울 음식 28종을 계절과 재료에 따라 분류했다. 『도문대작』이란 제목은 고기를 먹고 싶으나 먹을 수가 없으므로 도문(도살장의 문)이나 바라보고 대작(질겅질겅 씹는다)하며 자위한다는 것으로, 가당치 않은 것을 부러워한다는 뜻이다. 도문대작은 조선시대를 통틀어 최고의 요리책으로 평가되는데, 허균이 광해군 3년(1611) 전라도 땅에 귀양 가 과거를 회상하며 맛을 그리워했던 흔적이다.

이 책에는 자신의 고향 강릉에서 나는 갯방풍나물로 끓인 방풍죽 이야기가 나오는데, 방풍나물은 봄철 잠깐 동안 식탁에 오르는 나물이다. 방풍이라는 이름처럼 풍風을 막아주는 식물로 알려져 있다. 방풍나물은 고기를 쌈 싸먹을 때 생잎으로 싸 먹기도 하고, 물에 살짝 데쳐 나물로 먹으면 은은한 향이 나온다고 한다. 도문대작이 바로 갯방풍나물의 풍을 막는다는 약 효과와 강릉의 쌀로 빚어 만드는 막걸리다. 이 술을 빚고 있는 주조장의 이름이 '방풍도가'로 대표는 이기종 시인이다. 전직 언론인으로 정년퇴임한 후 강원도 주문진 평생교육원에서 강의를 들었는데 막걸리가 사

도문대작막걸리는 일반 양조장과는 달리 현대식 건물의 지하에 있다. 도문대작막걸리를 주조하는 방풍도가가 입주해 있는 건물.

라졌다는 말을 듣고 직접 만들었다는 것이다. 막걸리는 개량 누룩과 이스트를 주입하고 갯방풍나물을 적절히 첨가하며 모두 작은 옹기에 담아 주조한다.

도문대작막걸리가 특이한 것은 일반 막걸리가 알코올 도수 6도임에도, '도문대작'은 10도라는 데 있다. 알코올 도수가 높아 술의 향이 강하다. 술을 마시면 목 넘김 이후 0.6퍼센트나 들어 있는 방풍나물의 쓴맛이 느껴지는데 연간 사용할 방풍나물은 봄철에 수매해서 건조해두고 덧술을 하면서 술에 넣는다고 한다. 방풍도가는 일반 양조장과는 달리 현대식 건물의 지하에 있으며 수많은 작은 옹기로 막걸리를 담근다. 막걸리에 사용하는 물은 수돗물을 사용하는데 강릉의 수돗물이 어느 곳보다 좋다는 것도 첨언한다.

방풍도가는 막걸리를 특이하게 주조하는 것뿐만 아니라 남다른

📍 방풍도가는 욕심 부리지 않고 원하는 사람들이 찾아 마실 수 있을 만큼의 막걸리만 빚고 있다. 방풍도가의 이규선 기획팀장.

고집을 가진 술도가를 자처하는 것으로 유명하다. 아버지 이기종 시인과 함께 막걸리 주조를 담당하는 이규선 기획팀장은 방풍도가는 대량화에 앞장서지 않는다고 말한다. 욕심 부리지 않고 빚을 수 있을 만큼만 빚어 원하는 사람들이 찾아 마실 수만 있다면 만족한다는 뜻이다.[30]

막걸리가 문화와 문명을 연결시키는 통로로 사람과 사람을 강력하게 연결시키는 그물망이지만, 대형화될 경우 자칫하면 이시종 사장이 처음 도문대작막걸리를 통해 만들고자 했던 인간의 품성을 풍요롭게 만드는 데 걸림돌이 될 수도 있기 때문이다. 그러한 방풍도가의 뜻을 애주가들이 이해해서인지 서울에 있는 많은 막걸리 전문점에서 도문대작막걸리를 쉽게 찾아볼 수 있다는 것도 장점이다.

영월동강순곡생막걸리

강원도 영서 지방은 산악 지대인 까닭에 평야가 적어서 벼농사와는 인연이 적다. 옥수수, 감자, 메밀을 심는 곳이 많아 이곳에서는 이것이 쌀을 대신하는 주식이었다. 자연스럽게 옥수수와 감자, 잡곡을 이용한 막걸리는 물론 향토 요리가 발달했다. 강원도에서도 다소 특이한 지역이 있는데 바로 영월이다.

막걸리 이야기하면서 영월을 빠뜨릴 수 없는데, 그것은 주천酒泉이라는 지명이 살아 있기 때문이다. 술이 샘솟는다는 주천석酒泉石에서 시작되었으며 지금도 신일리 비석거리 우측 망산 밑에는 주천1교(구교) 옆, 빙허루가 올라앉은 망산 밑 주천 강변 바위 자락에 주천이라는 샘터가 잘 보존되어 있다. 조선시대 성종 때 편찬된 『신증동국여지승람』에는 다음과 같은 글이 적혀 있다.

"이 샘에서 술이 나왔는데 양반이 오면 약주가 나오고 천민이

오면 탁주가 나왔다. 한 천민이 양반 복장을 하고 와서 약주가 나오기를 기다렸으나 약주는 나오지 않고 평소와 같이 탁주가 나오자 화가 나서 샘터를 부순 이후에는 술이 나오지 않고 맑고 찬 샘물이 나오게 되었다."

철저한 신분 사회였던 조선에선 양반이 아니면 약주 한 잔도 얻어 마실 수 없다는 것을 암시하는 대목이다. 그가 샘터를 부순 후에도 막걸리는 나오지 않고 샘물이 나왔다는 것은 주천의 샘물이 정말로 좋다는 것을 의미한다.[31] 여하튼 이들 지역에서는 마을 이름 때문인지 유달리 집에 더덕주·산딸기주 등을 담가 두고 마시는 사람이 많다고 한다. 웬만한 집이면 산에서 직접 캔 갖가지 약초들로 담근 술 단지가 5~6개씩은 진열되어 있으므로 예를 갖춰 잘 청하면 한두 잔씩 퍼줄 정도로 인심도 후하다고 알려진다. 영월이 강원도 여타 지방에 비해서 상당히 여유가 있는 지역이었다는 뜻이다.[32]

강원도의 열악한 환경에서도 막걸리 또는 약주를 주조한 이유는 간단하다. 막걸리를 한국인 인생살이에서 가장 중요한 물질로 생각했기 때문이다. 신석기 혁명으로 인해 수렵·채집 사회가 농경 사회로 바뀌면서 곡물의 안정적인 생산이 가능해지자 곡물을 이용한 탁주나 청주와 같은 형태가 발달하는데 이는 한국만이 아니라 거의 모든 민족에 적용된다.

술의 용도도 다양하여 굿이나 관혼상제와 같은 의례적인 행사에서뿐만 아니라 일상생활의 여러 경우에 두루 활용되었다. 특히 농경문화를 기본으로 갖고 있었던 우리나라는 농사의 편의를 위해

영월동강순곡생막걸리를 주조하는 영월양조장은 버젓한 간판조차 없는데, 이는 오로지 막걸리를 정성스럽게 만드는 것에만 신경 쓰겠다는 철학에 따른 것이다.

계절의 변화에 따라 1년을 24절기로 나누었고 각 절기에 따라 술을 주조했다.

새해가 시작되는 1월 1일은 어느 민족을 불문하고 휴일로 삼는다. 이는 새해의 첫날에 휴식을 취하면서 앞으로의 보람찬 1년을 위해 장래의 계획을 세우기 위함이다. 이를 위해 조상신들께 제사를 지내면서 그해의 안녕과 풍요를 기원하려고 한다. 이때 정월 액막이 술이 등장하는데, 설이 되면 조상신들에게 제사를 지낸 후 가족들이 한데 둘러앉아 조상님께 바친 음식인 세찬을 먹는다. 세찬을 먹기 전에 제사상에 올렸던 물이나 술을 마시는 음복을 하게 된다. 이는 조상님들이 먼저 드신 음료수나 술을 마시면 귀신을 쫓 아낼 수 있다는 믿음에서 비롯된 풍습이다. 이때 액운을 쫓기 위해 마시는 술을 정월 액막이 술이라고 부르는데, 이는 단순히 술을 마시기 위한 것이 아니다.

한가위도 정월처럼 매우 중요하게 인식되는데, 이는 한가위가 가을철 추수감사제의 성격을 갖고 있기 때문이다. 그러므로 우리의 선조들은 한가위에 햇곡식으로 술과 송편을 빚어 조상과 하늘에 감사의 제를 지냈는데, 이때 반드시 따르는 것이 막걸리다. 한마디로 아무리 열악한 환경이라 하더라도 정월과 대보름을 지나칠 수 없는 일이고 이때 각 지역 특산의 곡물로 막걸리 등을 주조했다. 막걸리 주조는 한민족에게 가장 중요한 절기를 치르는 가장 중요한 행사였다.[33]

영월의 간판 영월동강순곡생막걸리는 영월양조장에서 생산한다. 그런데 영월양조장의 대표 김복산은 그야말로 의지의 사나이다. 그의 본명은 김복선인데 그의 집을 지나가던 스님이 그를 보고 이름을 바꾸면 미래가 좋아진다 하자 김복산으로 바꾸었다고 한다. 그러나 영월양조장이 성공한 이유는 다른 데 있다. 김복산 대표는 원래 하동의 양조장에 직원으로 입사했는데, 그의 선배가 퇴사해 8개월 만에 공장장이 되었다. 그의 눈썰미를 사장이 인정해준 것이다. 그런데 공장장이 된 지 얼마 되지 않아 하동 인근의 광업소들이 문을 닫자 막걸리의 판매가 급전직하했다. 결국 과거부터 양조장을 운영하던 사장이 김복산 대표 부부에게 공장을 양도하면서 막걸리의 맥을 이어달라고 부탁했다.

🍃 영월양조장 김복산 대표(오른쪽)와 아들 김성신(왼쪽). 김복산 대표는 40년 동안 단 하루도 빠지지 않고 새벽 4시에 일어나 술을 걸렀다.

양조장을 인수한 김복산 부부의 막걸리 주조 방법은 남달랐다. 김복산 대표는 공장을 인수한 이후 하동에서 20년, 영월에서 20년 도합 40년 동안 막걸리를 만들었는데, 40년 동안 단 하루도 빠지지 않고 새벽 4시에 일어나 술을 걸렀다고 한다. 평창영월정선축협조합장인 김영교 선생은 이러한 공이 덕으로 변하여 하동막걸리가 한결같이 맛있다는 소문이 나면서 매출이 급성장해 3년 만에 자리를 잡았다고 적었다.

김복산 대표의 지론은 막걸리에 새벽의 신선한 기운이 들어가야 한다는 것이다. 40년간 새벽 4시에 일어나 술을 빚어왔다는 것에서 정신력이 경탄의 경지에 이르렀다고 볼 수 있을 듯하다. 현재 강원대학교 식품영양학과를 졸업한 아들 김성신이 전수받고 있는데, 김복산 대표처럼 새벽 4시에 일어나는 것이 간단한 일이 아니

🍶 영월동강순곡생막걸리는 상수도 물을 가지고 옹기를 활용해 주조한다.

지만 이를 이의 없이 지키고 있다고 한다. 영월양조장도 누룩을 직접 만들고 이스트를 삽입하지 않는데 김복산 대표의 그러한 공이 인정받아 막걸리의 맛이 서울로 알려지기 시작했다. 특히 유명 코미디언 백남봉이 직접 내려와 TV 특집으로 취재해 방영한 후 더욱 입소문을 얻었다고 한다.

막걸리를 만드는 물에 대해 김복산 대표에게 질문하자 하동에서는 막걸리 주조에 사용하는 물로 지하수를 사용했는데 영월에서는 상수도 물을 사용한다고 한다.

영월은 일반적으로 탄광이 있는 곳이라 물이 맞지 않아 맛있는 막걸리를 만들 수 없다는 편견이 있지만, 영월양조장에서 나오는 지하수가 나쁘지 않다는 말에 계속 사용했다고 한다. 그러나 지하

수를 사용할 경우 6개월마다 지하
수를 검사해야 하는데 상수도 물과
비교했을 때 차이가 없으므로 상수
도 물로 바꾸어 사용한다고 한다. 한
마디로 영월의 상수도 물이 워낙 유
명하여 지하수를 사용하는 것보다
막걸리 주조에 적격이라는 뜻이다.

영월양조장에서 주조하는 영월
동강생막걸리.

김복산 대표가 전수자인 아들 김
성신에게 강조하는 것은 막걸리 주
조를 쉽게 생각하면 안 된다는 것이
다. 또한 무엇을 하든 초심을 잃어서는 안 되는데 초심을 잃을 정
도라면 막걸리 주조에 손을 대지 말라는 뜻이다. 영월양조장에는
버젓한 간판조차 없는데 이는 오로지 막걸리를 정성스럽게 만드
는 것이 중요하므로 건물 치장 등에 신경 쓸 이유가 없다는 데서
비롯된다. 김복산 대표가 아직도 새벽 4시마다 일어나 술을 거르
는 이유가 이해될 것이다.

영월은 강으로 둘러싸인 마을이다. 흥정 계곡에서 내려온 평창
강이 평창을 지나 영월 서면에서, 태기산 자락에서 발원한 주천강
을 만나 서강을 이루고, 서강은 영월읍에서 동강을 만나 남한강으
로 흘러든다. 주천면 사람들은 그래서 주천강을 앞강이라 부르고,
서강(평창강)을 뒷강, 동강은 옆강으로 부르며 수려한 강마을임을
자부한다.

덕산생막걸리

충북 진천군 덕산면 초금로(옛 용몽리)에 자리 잡고 있는 진천덕
산양조(옛 덕산양조장)는 세월의 무게만큼 많은 이야기를 담고 있
다. 우선 덕산양조장 개업이 1925년으로 거의 100년의 역사가 되
어간다. 1925년에 덕산면 한천교 건너편에 있는 구말장 자리에
양조장을 만들어 막걸리를 빚기 시작했는데, 1929년 대홍수가 나
자 1930년 지대가 높은 현재의 위치에 양조장 건물을 짓고 막걸
리를 만들었다.

1980년대부터 막걸리 제조가 하향 산업으로 전락하자, 진천군
5개 면의 양조장이 인건비를 절약하기 위해 1990년 합동으로 막
걸리 공장을 만들어 진천군 내에 막걸리를 유통시켰고, 2000년
막걸리 합동 공장을 해산시켰다. 후손들의 노력으로 2002년 닫혀
있던 덕산양조장이 빛을 보게 되었으며 현재는 이방희 대표가 전

통 방식을 이어받아 전통주를 생산하고 있다. 양조장 본 건물과 생산동을 연계해 운영하고 있다.

1930년에 건립된 양조장 건물이 2003년 문화재청 등록문화재 제58호로 지정되었다. 건립 시기 등이 기록된 상량문(쇼와 5년 [1930년] 경오 구월 초이일 미시 상량)이 남아 있어 양조장의 건립 연도를 정확히 알 수 있다. 특히 덕산양조장은 원형이 잘 보존되어 있어 당시 양조장의 건축 양식을 연구하는 데 중요한 자료로 활용 가치가 높다. 함석으로 된 합각지붕(팔작지붕)을 얹은 단층 목조 건축물로 백두산에서 자생하는 전나무와 삼나무를 압록강 제재소에서 다듬은 뒤 수로를 통해 뗏목으로 운반해서 지은 건물이다.

양조장 본 건물 면적은 347제곱미터며, 건물 외벽은 대나무를 칡넝쿨로 엮어 뼈대를 만들고 황토 흙을 바른 뒤 옻칠한 나무판을 대어 마무리했고, 황토 흙벽과 나무판 사이에는 왕겨를 채워 넣었다. 내부 벽체도 외벽과 같은 구조로 지어졌으나, 나무판 대신 회칠로 마무리했고, 특히 내벽 사이와 발효실, 제국실 위 천장에도 왕겨를 채워 넣었다.

왕겨는 건물의 온도와 습도 유지에 중요한 건축 재료다. 왕겨는 열을 차단하는 역할을 해주고 습도가 많은 날엔 습도를 빨아들이고 건조하면 습도를 배출하는 자연 가습기 역할을 한다. 즉, 자연 보온·보냉·보습 소재다. 또한 덕산양조장에서 만드는 막걸리는 왕겨 속에 서식하는 야생 효모가 발효시키므로 깔끔하고 부드러우면서 구수한 맛으로 유명하다. 발효실 천장에는 4군데 환기구가 있는데, 술이 익어 실내 온도가 상승하면 바깥에서 들어온 시원

한 바람이 실내의 더운 공기를 환기구를 통해 자연스레 배출하게
하는 등 양조장 건물 전체가 통풍이 잘되어 왕겨가 상하지 않도록
제 역할을 톡톡히 하고 있다.

　서쪽으로 향하고 있는 건물 앞에는 측백나무를 조경수로 심어
화단을 조성했는데, 여름의 뜨거운 열기를 막아주는 구실을 한다.
하천에서 건물 쪽으로 불어오는 바람이 열기를 식혀주기 때문에
서향으로 문을 만들었는데, 여름에도 실내 온도를 시원한 상태로
유지시켜준다고 한다. 또한 측백나무에서 나오는 진액이 바람을
타고 양조장 외벽에 붙어 나무 판지를 썩지 않게 하는 일종의 방

충제 역할을 한다. 덕산양조장 로고가 양조장이 오랜 세월 건재할 수 있게 지켜준 측백나무와 커다란 술 옹기를 형상화한 것도 이런 이유 때문이다.

덕산양조장은 많은 언론 매체가 즐겨 찾는 술도가다. 특히 2005년 8월에서 2006년 10월까지 KBS의 농촌 드라마 〈대추나무 사랑 걸렸네〉의 촬영지로 쓰였는데, 드라마 속에서도 '덕산양조장'으로 등장했다. 또 만화가 허영만의 만화『식객』 '할아버지의 금고' 편에서 술도가 '대왕주조'의 배경으로 등장하는 등 전통 막걸리 문화의 산실로 대중적 역할을 하고 있다.

현재 양조장 본 건물은 옛날 사무실 그대로의 모습으로 제 자리에 있으며, 오가는 손님들을 맞이하는 용도로 활용되고 있다. 맞은편 자그마한 전시실에는 덕산양조장이 오래전부터 사용해오던 양조 기구들과 민가에서 사용하던 근대 생활용품들이 가지런히 진열되어 어릴 적 추억을 상기시켜준다. 더불어 국을 배양하는 제국실과 발효실, 시큼털털한 구수한 막걸리 향취는 양조장을 들어서면 시간여행을 떠나는 듯한 착각을 들게 하는 역할을 톡톡히 한다.

덕산양조장은 오랜 세월이 흐르는 동안 숱한 우여곡절도 많이 겪었다고 한다. 한국전쟁 동안에는 양조장이 한국군 진지로 사용되기도 했는데, 퇴각하는 군인들이 인민군 진지로 사용될 것을 우려해 양조장을 소각하려 하자 주인이 그때 돈 45원과 장작 2트럭, 소 1마리를 주고 그들을 설득해 무사히 보존할 수 있었다는 일화가 있다.

또한 1970년대 새마을사업 일환으로 도로 포장 사업이 진행될

덕산양조장은 건물의 온도와 습도 유지를 위해 왕겨를 사용하는데, 왕겨 속에 서식하는 야생 효모가 막걸리를 발효시키는 역할도 수행한다.

때 양조장 건물이 훼손 위기에 놓였는데 맞은편 땅을 기부해 위기를 모면하기도 했다. 2002년 소방도로 사업으로 훼손 위기에 처한 적도 있었는데, 천우신조로 사업이 취소되어 다시 한 번 원형을 보존할 수 있었다고 한다.

다행히 2003년 문화재로 등록되어 덕산양조장은 영원히 그 자리에서 과거와 현재 나아가 미래의 후손들에게 옛 전통문화를 이어주는 추억의 매개체 역할을 하고 있다. 양조장 건물 뒤편의 옛 집터에는 생산동이 자리해 위생적인 생산시설을 통해 술을 담아내고 있다. 전통과 현대가 공존하는 현재의 덕산양조장 모습이라고 할 수 있다.

덕산양조장의 덕산생막걸리는 증기로 고두밥을 찐 뒤에 제국실로 삼태기를 이용해 나른 뒤 종균을 이틀 동안 배양한 것을 발효실의 항아리에 옮겨 밑술을 배양하는 식으로 빚는다. 2~3일 밑술

(효모 배양)을 배양하는데 이곳에서 덕산양조장에 서식하는 야생 효모들이 출아법으로 배양되어 구수한 막걸리를 발효시킨다. 그 후에 2번의 덧밥 담금 작업이 진행되는데, 이렇게 해서 깔끔하면 서 구수하고 입맛 당기는 덕산생막걸리가 만들어진다.

덕산양조장의 자랑은 수작업으로 만드는 누룩이다. 송향주 이사 는 덕산양조장 건물 전체가 왕겨로 싸여 있다고 해도 과언이 아닌 데, 이것이 질 좋은 누룩을 만들어주는 요건이라고 강조한다. 일반 주조장이 일본의 누룩과 이스트를 넣어 만든 누룩으로 주조하는 것과 달리 덕산양조장 자체의 누룩은 이스트를 넣지 않은 한국 전 통 누룩이다. 한마디로 전통 누룩이야말로 덕산양조장의 자랑으로 특히 배양할 때 효모의 밥인 밀가루의 양을 줄인다거나 물의 온도 를 바꿔주는 등의 변화를 주어 100여 년 이어진 주조 전통을 잇고 있다는 설명이다.

주조에 사용하는 물은 지하수로, 놀라운 것은 생막걸리임에도 유통기한을 30일로 표기한다는 점이다. 옛 전통 방식으로 술을 빚 기 때문에 싱싱한 효모가 다량 함유되어 막걸리의 생명력을 길게 유지시킬 수 있기 때문이라고 한다. 인생으로 비유하자면 활동이 왕성한 시기인 청소년기를 덕산생막걸리에 함유된 효모의 상태와 같다고 여기면 된다고 한다.

술이 출시된 후에도 지속적으로 효모가 당을 분해해 자연 탄산 이 생성되고 당이 알코올로 변하는 발효 과정이 끊임없이 이루어 지기에 병에 사용되는 마개도 탄산이 잘 배출되는 마개를 사용하 므로 꼭 세워서 보관해야 되고, 발효 식품 전용 냉장고인 김치냉장

고에 보관해 마시기를 권장한다.

덕산면은 진천군에 속해 있고 쌀농사와 물맛이 좋기로 이름난 곳이다. 이중환은 『택리지』에서 진천을 다음과 같이 살기 좋은 고장으로 적었다.

"청주에 비해 들이 적고 산이 많다. 산골짜기가 겹겹이 감도는데다 큰 시내도 많다. 그러나 답답한 기상은 없으며 땅도 기름지다. 서북쪽으로 대문령을 넘으면 안성·직산 땅이다. 바다와 겨우 100리 떨어져 있음으로 생선과 소금을 편하게 사들일 수 있다."

진천에서 소금을 언급한 대목이 유별난데 이는 조선시대 때 청주 지역에 금강을 거슬러 올라온 배를 통해 서해안 소금이 유입되었기 때문이다. 그러나 진천은 같은 서해안 소금이기는 하나 공급루트가 달랐다. 바로 서쪽의 대문령을 통해 진천 지역에 소금이 유입된 것이다. 대문령은 지금의 이티 (혹은 배티) 고개를 말한다.

진천 하면 많은 사람이 '생거진천 사후용인'이란 말을 떠올린다. 학지들은 '생거진천 사후용인'이라는 표현이 조선시대 사대부 문화에서 비롯된 것으로 보고 있다. 진천 지역은 서울과 가깝고 들이 기름지기 때문에 한양 사대부가 많이 내려와 살았고, 또 그들의 농장이 많았다. 그리고 한양 사대부들은 죽으면 구릉형 산이 많은 용인에 묘를 쓰는 경우가 많았다. 그래서 생겨난 말이

덕산양조장은 일본 누룩 대신 한국 전통 누룩을 활용해 막걸리를 주조하고 있다. 덕산양조장에서 주조하는 덕산생막걸리.

'생거진천 사후용인'이다. 살아서는 진천, 죽어서는 용인이라는 뜻이다. 유구한 역사 속에서 맥을 이어가는 덕산양조장의 덕산생막걸리는 근대문화유산으로 등록된 양조장 건물과 함께 고유 전통 발효 식품으로 지켜가야 할 우리의 소중한 자산이다.[34]

생청즉막걸리

우리나라에서 막걸리 양조장은 기본적으로 대를 이어온 가업 중 하나다. 사실 과거에 양조장과 방앗간을 하면 지역의 유지 중 유지였으므로 한국에서 벌어진 그 많은 격변에서도 대를 이어갈 수 있었기 때문이다. 현재 한국에 있는 850여 개의 양조장 대부분이 이런 경우에 해당한다.

그러나 예외 없는 예외가 있을 수 없듯이 그야말로 막걸리업계에 혜성같이 나타난 주조장이 있는데 바로 충북 청주의 조은술세종양조장이다. 많은 양조장이 산 좋고 물 맑은 곳에 있는데, 조은술세종은 청주시 도심 속에 자리 잡고 있다. 그러므로 고풍 양조장을 생각하는 사람들에게는 양조장이라기보다는 현대 시설로 설치되어 현대 기계 용품을 만드는 공장으로 생각되기 십상이다. 발효실 밖에서 내부의 온도계와 냉각기에 달려 있는 온도 조절계를 통해 실시간으로 발효조 각각의 상황을 체크해 발효조의 온도가 올라가면 자동적으로 냉각수가 돌아 온도를 낮추어준다.[35]

청주시에는 여러 양조장이 있었는데 2000년 생막걸리를 시나 군을 넘어서도 팔 수 있게 되자 양조장들끼리의 경쟁이 심해졌고, 그 와중에 청주의 적잖은 막걸리 제조장들이 문을 닫았다. 청주는 기존의 양조장들이 통폐합되는 과정을 거치면서 10여 년간 양조장이 없는 공백기를 겪었다. 1997년부터 막걸리 유통을 하면서 막걸리업계에 입문한 경기호 대표는 청주에서 지역문화를 지키겠다는 일념으로 2007년 조은술세종을 창업했다.

다른 막걸리 주조장에 비하면 연륜 20년은 길지 않지만, 조은술세종에서 생산하는 막걸리의 상표는 그야말로 눈을 크게 뜨게 만든다. '임금님표 이천쌀막걸리', '민들레막걸리', '우도땅콩막걸리', '유기농막걸리', '바나나술' 등 이름이 다양하다. 이곳에서 생산하는 주류는 놀랍게도 20여 종의 막걸리, 10여 종의 소주와 약주 등에 달한다.

조은술세종은 2007년 창업되었는데도 2010년 남아공월드컵 16강 기원 대표 막걸리로 선정되었고 2012년에는 충북 우수 농특산물 품질 인증 마크를 획득했다. 2013년부터 일본, 중국, 싱가포르 등 5개국에 수출하기 시작했고, 대한민국 우리 술 품평회에서 장려상을 수상했다. 2014년에는 대한민국 막걸리 축제 시민 평가 최우수상을 수상했으며, 농림축산식품부에서 시행하는 '찾아가는 양조장'으로 2015년에 선정되었을 정도다.

그러므로 양조장이라는 개념보다는 전시장과 같은 인상을 풍긴

막걸리 유통을 하면서 막걸리업계에 입문한 경기호 대표는 청주에서 지역문화를 지키겠다는 일념으로 2007년 조은술세종을 창업했다.

다. 시음 홍보관이 있는 것은 물론 체험 문화관까지 구비되어 있다. 허시명은 거의 대부분의 양조장이 처음 방문하는 사람들에게 "누구시죠? 왜 오셨습니까?"라고 묻지만, 이곳에서는 "어서 오세요, 무엇을 보여드릴까요?"라고 말한다고 했다.

조은술세종은 막걸리 양조장으로 시작했지만, 2015년에 증류식 소주 '이도'도 상품화했다. 양조장 이름은 세종이고, 소주 제품명은 세종대왕의 이름인 이도다. 세종대왕이 워낙 유명하므로 세종대왕과 큰 인연이 없는 청주시가 세종 이름을 무단 사용했다고 생각하겠지만, 청주시는 세종대왕과 상당한 인연을 갖고 있다. 청주시 청원구에 세종대왕의 행궁이 있었던 초정 약수터가 있다.

세종대왕은 1444년 1월 청주목 초수리에서 초수가 발견되었다는 보고가 올라오자 당시 내섬시윤內贍寺尹 김흔지를 파견해 행궁을 짓도록 했고, 그로부터 한 달여 뒤인 3월 초수리 행궁에 당도했다. 세종대왕은 이곳 행궁에 2차례에 걸쳐 117일간이나 머물렀다

막걸리를 탐하다 / 256

고 하는데, 이를 기념해 청주시에서는 세종대왕과 초정 약수 축제를 열고 있다. 42도짜리 고급 증류주인 이도는 초정 약수에서 몸을 치료한 세종대왕의 본명에서 차용했다고 한다.

조은술세종이 단기간에 성공할 수 있었던 비결은 남다른 경영 기법 때문이라고 '제3회 가평 자라섬 전국 막걸리 페스티벌'에서 만난 이현중 이사가 설명했다. 2010년 햅쌀 막걸리가 이름을 얻기 시작할 무렵, 조은술세종은 이천시와 연계해 '임금님표 이천쌀 막걸리'를 만들었고, 세븐일레븐 편의점을 통해서 판매했다.

당시 이천시는 이천 쌀로 빚는 차별화된 막걸리가 필요했는데, 이를 구현해줄 양조장을 찾다가 조은술세종과 연계되었다는 것이다. 또한 민들레막걸리는 '4H(머리, 가슴, 손, 건강) 농민운동'을 했던 경기호 대표가 청원구의 민들레 작목반과 연계해 만들어낸 작품이다. 제초제를 뿌리지 않고 재배한 민들레와 왕우렁이 쌀로 빚은 막걸리로, 지역 특산물을 이용한 차별화된 상품으로 알려진다.

지역 농산물과 연계된 상품 개발의 히트작은 '우도땅콩막걸리'다. 내륙 중 내륙인 청주에서 웬 제주도 우도냐고 말하겠지만 제주도, 특히 우도를 여행한 사람들은 '우도땅콩막걸리'를 맛봤을 것이다. 조은술세종이 바로 우도 땅콩 재배 농가와 연계해 우도땅콩막걸리를 생산한 것으로 한마디로 제주도와 연계해 OEM 막걸리를 만든 것이다. 지역 농산물과 연계하면서 새로운 막걸리 시장을 개척해가는 남다른 기업 방식이 현대인들의 미각과 어우러져 성공의 길을 걷고 있다는 평이다.

물론 이런 독특한 생각에 위험이 도사리고 있는 것은 사실이다.

조은술세종에서 주조하는 증류식 소주 이도. 청주시에 행궁을 짓고 초정 약수터를 찾은 세종대왕의 본명을 차용해 붙인 이름이다.

특산물 생산자나 유통업자와 연계된 주문 제작은 자칫 독점권 논쟁이나 유사 상품 난립으로 이어질 수 있기 때문이다. 경기호 대표의 눈썰미는 매우 매섭다. '유기농막걸리'는 2015년에 충북 괴산에서 열린 세계유기농산업엑스포 대회를 위해서 만든 제품이다. '대전부르스'는 대전에서 막걸리를 유통하는 사람의 요청으로 기획된 제품으로, 역시 'OEM 막걸리'다. '대전발 0시 50분'의 〈대전부르스〉에서 착안한 것으로, 이런 식으로 무궁무진한 아이디어로 차별화된 막걸리를 만들려고 노력하고 있다.[36]

이현중 이사에게 일반인들에게 알려지지 않은 조은술세종의 비하인드 스토리를 이야기해줄 수 있느냐 했더니 특별히 알려줄 것이 없다고 한다. 조은술세종을 알음알음으로 듣고 찾아온 사람들이 많아 공개할 내용이 없다는 것이다. 그만큼 조은술세종 막걸리에 대한 이야기가 많이 알려졌다는 뜻으로 막걸리에 대한 정보를 모두 공개해도 조은술세종처럼 성공할 수 있다는 것은 많은 사람들에게 참신한 느낌을 줄 것이다.

청주는 삼한시대에 마한의 땅으로, 백제시대에 상당현이라 칭한 군사적 요충지다. 신라가 삼국을 통일하자 지리적 중요성으로 인해 지방 행정의 중심지가 되었다. 고려 태조 23년(940)에 청주로 지명을 개칭했다. 조선시대에 들어 충주가 교통의 요지로 부상해 청주는 상대적으로 발전이 정체되었으나, 1905년 경부선 철도 개통과 함께 발전의 전기를 맞게 되었다.[37] 청주의 지형은 풍수지리상으로 행주형行舟形으로 '주성舟城'이라는 이칭이 있는데 『신증동국여지승람』에 다음과 같은 기록이 있다.

"고을 성 안의 용두사에 있다. 절은 폐사가 되었지만 돛대는 남아 있으며, 높이가 10여 길이다. 세상에서 전하거늘, 처음 주를 설치할 때에 술자術者의 말을 써서, 이것을 세워 배가 가는 형국을 나타냈다."

청주 시청의 건물도 이와 같은 이유로 배 모양으로 설계되었다고 한다.[38] 청주의 자랑은 오래전부터 청주가 교육 도시라는 점이다. 2011년 기준 약 67만 명의 인구 중 16만 명이 학생(유치원생 제외)일 정도다. 상당산 계곡을 둘러쌓아 만든 4.1킬로미터의 상당산성은 청주의 문화유산으로 잘 알려진 곳이다.

청주 상당산성은 조선시대 임진왜란과 병자호란을 거치면서 내

조은술세종은 각 지역의 대표 농산물과 연계하는 식으로 막걸리를 생산하는 등 막걸리 시장을 개척해나가고 있다.

류 지방 거점에 대한 전략적 방어의 중요성이 강조되면서 건설되었으며, 서산 해미읍성에 있던 충청 병영을 청주로 옮길 정도로 중요성을 인정받았다. 남문, 서문, 동문, 동장대, 암문 등이 잘 복원되어 솔잎 향 따라 성곽길 한 바퀴 돌아보는 맛도 일품이다.

생강냉이슬

경부고속도로와 영동고속도로를 지나 중앙고속도로를 달리면
제천, 영주, 안동 등 문화와 역사와 태고의 자연을 간직한 지역인
단양으로 들어간다. 국립공원 소백산과 월악산이 이어져 있는 단
양은 조선의 건국 공신 삼봉 정도전, 퇴계 이황, 추사 김정희, 단원
김홍도 등의 흔적이 있는 곳이다.

단양팔경 중 제5경인 사인암舍人岩은 김홍도가 그린 〈사인암도〉
로 유명한데 2013년 농림축산식품부에서 '찾아가는 양조장'으로
지정된 단양의 대강양조장은 이곳과 불과 차로 5분 거리에 있다.
대강양조장은 원래 충주시 소태면에서 1918년부터 술을 빚었는
데, 물맛이 더 좋다는 대강면으로 1979년 옮겨 창업 100년이 되
었을 정도로 오래되었다. 대강양조장이 있는 단양은 술의 근원이
되는 물이 좋고 예부터 교역과 교통의 요충지로 주막거리가 번창

했으므로 일찍부터 술 문화가 발달했던 곳이다.

현재 제4대 조재구 사장의 외증조부가 시작한 양조장의 경력은 화려하다. 막걸리 애주가로 박정희 대통령과 노무현 대통령이 유명하다. 술에 관련한 비화를 많이 갖고 있는 박정희 대통령이 막걸리 애주가라는 것은 익히 알려진 사실이지만, 노무현 대통령도 막걸리에 관한 한 만만치 않다. 노무현 대통령이 단양의 한드미 마을을 찾았을 때 주민들에게 막걸리를 대접 받자 연거푸 5잔을 비웠는데, 이때 마신 막걸리가 바로 대강막걸리다.[39]

이후 2004년부터 청와대에 막걸리를 납품했는데, 정상회담이나 국빈이 방문할 때 등 200여 회에 걸쳐 대강막걸리가 만찬주로 활용되어 '대통령 막걸리'란 이름을 얻었다. 2006년 충북관광상품 공모전에서 대상 수상, 2007년 우리 술 품평회에서 막걸리 부문 우수상, 2010년 충북 자랑스런 향토기업인상을 수상했으며, 2015년 '전국팔도막걸리 식미테스트'에서 대상을 수상했다.

대강양조장은 2013년 5월 농림축산식품부가 주관한 제1회 우리 술 품평회에서 우수상을 수상한 후 '찾아가는 양조장 제1호'로 선정되었다. '찾아가는 양조장'은 우리 농촌 지역의 역사 깊은 지역 양조장의 환경 개선, 주질 관리, 홍보 등을 종합적으로 지원해 체험 관광이 결합된 지역 명소로 조성하고, 양조장 관광을 체계적으로 실시할 수 있도록 지원하는 것을 목표로 한다.

대강양조장이 있는 대강면의 바로 뒤에는 소백산 죽령고개가 있다. 신라와 고구려가 치열한 전투를 벌이던 요충지였던 이곳은 문경새재(642미터), 영동 추풍령(221미터)과 함께 조선시대 3대 고

생강냉이술을 주조하는 대강양조장은 농림축산식품부에 의해 2013년 '찾아가는 양조장 제1호'로 선정되었다.

갯길 중 하나로 꼽힌다. 죽령고개는 영주의 소수서원 등에서 과거 시험을 치르기 위해 한양으로 향하던 양반들과 장사를 위해 봇짐을 메고 나선 보부상들이 넘어야 했던 고개다. 소백산에 대해서는 조선시대 남사고南師古가 매우 적절하게 적었다.

"허리 위로는 돌이 없고, 멀리서 보면 웅대하면서도 살기가 없으며, 떠가는 구름과 같고 흐르는 물과 같아서 아무런 걸림이 없는 자유로운 형상이라서 많은 사람을 살릴 산이다."

남사고의 말대로 크고 거대한 언덕은 살기가 없고 사람을 살릴 산이라 평할 수 있는데, 이런 곳에 한국인과 애환을 같이하는 양조장이 없을 리 없다. 소백산 기슭의 죽령재 아래 지하 180미터 석회암의 깊은 암반층에서 나오는 천연 탄산수는 예부터 양조용 물로는 최고로 꼽혔다. 탄산기가 돌고, 각종 미네랄이 풍부하다는 게 특

징이다. 그래서 소백산 산삼이 썩어서 우러나오는 물이라고 했다.

대강양조장에서 생산하는 생강냉이술은 옥수수가 주류며 소백산오곡진상주는 옥수수, 쌀, 보리, 조, 밀 등 5가지 곡식으로 빚는다. 이들 막걸리는 노무현 대통령이 극찬한 막걸리로 소백산에서 채취한 솔잎을 넣어주는 과정을 거친다. 솔잎은 예부터 선조들이 천연 방부제 역할을 위해 식재료로도 많이 사용했는데, 향을 머금고 있는 솔잎 자체가 영양을 지켜주는 역할을 한다. 송편을 빚을 때 그 아래에 솔잎을 까는 것과 같은 이치다.[40]

강원도라면 감자와 옥수수를 연상하는 사람이 많을 것이다. 강원도의 토질이 옥수수 재배에 적합해 타 지방의 옥수수보다 크기가 현격히 크고 양도 많이 나오기 때문이다. 소위 보릿고개 때 강원도에서는 옥수수를 주식으로 사용했으므로 원주, 춘천, 황골, 송암, 삼척에서는 술도 옥수수로 빚어 옥수수술, 옥수수엿술, 황골엿술, 춘천강냉이엿술 등을 주조했다. 이 술들을 농주, 제주, 내방객 접대용으로 사용한 것은 물론 일상 상용주로도 애용했다.[41] 옥수수술은 강원도 지역의 특산품이라 해도 과언이 아니지만, 옥수수를 강원도에서만 재배한 것은 아니다. 충북의 대강양조장에서 옥수수를 활용해 생강냉이술과 오곡막걸리를 만들고 있다는 게 이를 시사해준다.[42]

옥수수를 포함시켜 막걸리를 만드는 것이 간단한 일은 아니다. 옥수수 알갱이가 단단해 누룩만으로는 분해가 잘 안 되기 때문이다. 한국에서 주조하기 어렵다는 옥수수막걸리가 본격적으로 등장하게 된 것은 미국산 옥수수 가루 수입과 관련이 있다. 정부는

🍃 대강양조장은 창업한 지 100년이 되었을 정도로 전통을 자랑하는 술도가다. 조재구
대표(왼쪽)와 제주도 바다박물관 채바다 관장.

1972년 1월부터 5퍼센트 이상의 옥수수 가루를 막걸리 원료로 사
용하라고 지시했다. 1974년 6월부터는 30퍼센트 이상, 1975년 1월
부터는 40퍼센트 이상, 1975년 11월부터는 30퍼센트, 1977년 1월
부터는 20퍼센트를 사용하도록 했다. 양곡 정책 차원에서 정부에
서 막걸리 원료를 엄격히 통제했으므로 양조장에서는 옥수수 가루
로 막걸리를 빚지 않을 수 없었다. 즉, 양조장 막걸리의 3대 주재료
인 쌀, 밀가루, 옥수수 가루의 한 축이 된 것이다.

대강양조장에서 4대를 이어 100년의 세월을 이어 술을 빚고 있
는 조재구 대표는 아직도 지하수를 사용하고 있다. 또 옛 전통 방
식, 즉 옹기를 사용하면서 오직 술을 빚는 한길을 고집하고 있다.
조재구 대표는 옹기의 청소가 문제가 되지 않는다고 말한다. 대강
양조장에 근무하는 자부심으로 까다로운 옹기 청소에 모두 즐거

운 마음으로 매진하고 있다는 것이다. 조재구 대표는 다음과 같이 당차게 말한다.

"대강양조장은 단순히 막걸리를 판매하는 것이 아니라 단양의 막걸리 문화를 알리는 곳입니다. 앞으로도 다양한 행사를 통해 장인의 땀과 노력으로 빚어낸 대강막걸리의 우수성과 단양의 역사·문화를 홍보해나갈 예정입니다."[43]

대강양조장의 차별성은 아직도 80~90년 된 옛날 항아리 50여 개를 4대째 그대로 사용하고 있다는 점에서도 확인할 수 있다. 조재구 대표는 다음과 같이 말한다.

"철사로 꿰맨 항아리를 지금도 사용하고 있습니다. 술을 발효하는 과정에서 스테인리스를 일절 사용하지 않고 항아리만 사용합니다. 항아리가 숨을 쉬니 온도 변화도 적고 효모가 좋아하는 온도를 유지해 술맛이 좋아집니다."

끊임없는 개발과 한국 전통주 보존을 위해 노력하는 일환으로 대강양조장에서 생산하는 막걸리도 종류가 다양하다. 생동동주, 검은콩막걸리, 복분자생막걸리도 생산한다. 복분자생막걸리는 약간 달콤한 맛이 있어 여성들이 선호하는 술로 알려진다.[44] 특히 검은콩막걸리는 블랙푸드의 대표 식품으로 성인병과 다이어트 등에 좋다고 알려진 검은콩과 검은깨를 주원료로 주조한다.

빛깔이 희기 때문에 '백주'라고 불리던 막걸리의 색깔을 하얀색으로만 보면 오산이다. 요즘은 각종 재료를 첨가할 수 있으므로 막걸리도 팔색조처럼 여러 빛깔을 갖고 있다. 막걸리의 다양화는 색깔이 여러 종류라는 것으로도 알 수 있다.[45] 한편 생강냉이술은 단

대강양조장은 한국 전통주 보존과 함께 새로운 막걸리 개발을 위해 다양한 막걸리를 선보이고 있다.

양 대강양조장에서 생산하는 것이 아니라 진천에서 생산한다. 그만큼 대강양조장의 고집이 한국인들의 입맛을 아우르고 있다는 뜻이다.

대강양조장은 막걸리 만들기 체험을 상설화해 많은 호응을 받고 있다. 대강갤러리에는 양조장 초기부터 이어져온 유품들이 전시되어 있다. 오래 된 캐비닛과 금고, 책상, 주판, 전화기, 일제강점기 때 만들어진 도자기로 된 술병은 물론 말통이라고 불리던 술통 등도 보인다. 발효실에는 쇼와 원년(1926년 12월 25일)이라는 제작일시가 찍힌 옹기 30여 개가 있어 100여 년의 역사를 알려준다.[46] 또한 '외국인 막걸리 체험교실'도 운영하고 있는데, 이러한 명성은 외국인에게도 잘 알려져 2017년 4월 미국 대사관 직원들이 체험 방문하기도 했다.

회곡생동동주

식당에 가서 막걸리를 주문하면 막걸리는 없고 자신이 직접 빚은 동동주가 있다고 대답하는 집이 많이 있다. 2016년부터 식당에서 술을 직접 주조해 판매할 수 있게 되면서 발생한 현상이다. 각자 특별한 비법으로 주조해 판매하는 것은 문제가 없지만, 막걸리와 동동주가 어떻게 다른 것인지는 혼란스러울 수밖에 없다. 주류 전문가들은 술에 대해 전문가라고 자처하는 사람들도 우리나라 전통주라면 거의 '막걸리' 또는 '동동주'가 전부인 것으로 생각한다고 말한다. 한마디로 막걸리와 동동주를 다른 주류로 설명한다는 것이다. 하지만 엄밀하게 말하면 동동주와 막걸리는 한 부류다.

그러므로 동동주를 막걸리와는 달리 정의하는 것은 만만치 않다. 일반적으로 밥알이 둥둥 떠 있는 것을 동동주라고 말하는 사람이 많지만, 술의 맑은 부분을 가리키기도 한다. 또한 집에서 찹쌀

로 빚은 청주를 동동주라고 부르기도 하며 평범한 쌀막걸리를 동동주라고 부르기도 한다. 전통주 연구가로 알려진 박록담은 동동주는 우선 찹쌀 또는 멥쌀로 빚은 것을 의미한다고 설명했다. 또한 어느 정도 발효하면 밥풀이 동동 뜨는데, 이는 밥풀 속에 있는 전분이 분해되어 가벼워지면서 위로 올라온 상태로 청주가 되기 전의 이런 상태를 동동주라 부를 수도 있다고 했다.

동동주의 알코올 도수는 대체로 청주보다 약한 11~14도로 막걸리보다 훨씬 높아 본래 동동주는 막걸리가 아닌 청주와 가까운 술이라는 설명도 있다. 동동주와 청주, 막걸리는 한 술독에서 만들어지는 것이다. 그러므로 시중에서 동동주로 팔리는 것 중 대부분은 술과 별도로 발효시킨 밥풀을 막걸리에 띄운 것으로 인식한다.[47]

동동주는 찹쌀로 빚은 단양주가 주류인데, '술이 익으면서 쌀알이 동동 떠오르는 것이 개미가 동동 떠 있는 것 같다'는 데서 동동주, 곧 부의주라는 이름을 얻게 되었다. 찹쌀로 빚은 동동주(청주)

는 감칠맛과 감미가 뛰어나기 때문에 즐겨 마신다. 특히 '콕' 쏘는 맛이 있어 한여름에 더위를 식히고 갈증을 풀 수 있으며, 입맛을 돋우기에 안성맞춤인 술이다.

물론 동동주도 지역마다 다르게 주조되기도 한다. 전남 지방의 동동주는 특별하게 2번 빚는다. 그러나 해남 지방의 진양주眞釀酒, 경주 지방의 교동법주校洞法酒 등과 제조법이 유사한 것으로 미루어 한 집안의 술이 유명해지면서 너나없이 빚어 즐겨 마셨던 데서 흔한 이름인 동동주로 불렀다고 한다. 전남 지방의 동동주는 알코올 15~19도로 고흥군 포두면 정씨 가문에서 가양주로 빚어왔으며, 연한 황금빛 술 빛깔과 은은한 향기와 특유의 진득한 맛을 자랑한다. 조선시대에 왕에게 진상했던 술로 알려졌고, 특히 반가班家에서 경사가 있을 때 손님 접대용으로 이 술을 빚어 마셨다고 전해진다.[48]

여하튼 찹쌀로 빚은 동동주는 경북 안동 풍산읍 회곡리에서 3대째 가업을 이어가고 있는 회곡양조장의 간판스타다. 누룩을 띄운 뒤 물을 섞어 효모와 효소를 배양하고 여기에 고두밥을 넣어 일주일 동안 저온에서 완전히 숙성시켜 만든다. 목 넘김이 부드럽고 뒤끝 없는 깔끔한 맛이 특징이다.

1925년 문을 연 이래 현재 제2대 김숙자 할머니가 54년째 술을 빚고 있으며, 아들 권재동 사장을 이어 3대째인 권용복 대표가 비법을 전수받아 전통을 계승하고 있다. 원래 처음 막걸리를 주조한 장소는 풍산읍 풍산태사로 1703호였는데, 현재는 안동의 바이오 산업단지로 옮겨 주조하고 있다. 산업단지 내에서 막걸리를 주조한다니 다소 이상하게 생각하는 사람이 적지 않은데, '제3회 가평

🍶 회곡양조장 권용복 대표는 안동 풍산읍 회곡리에서 3대째 가업을 이어가고 있다.

자라섬 전국 막걸리 페스티벌'에서 만난 권용복 대표는 이에 대해 다음과 같이 명쾌하게 대답한다.

"많은 사람이 그런 질문을 하는데 '안동 바이오산업단지'의 자랑은 바로 지하수입니다. 산업단지 내의 지하 165미터에서 나오는 지하수를 여러 유관 기관에서 엄밀하게 검사한 결과 낙동강 상류의 청정수로 질 좋은 지하수라는 판정을 받아 마음껏 사용하고 있습니다."[49]

회곡양조장은 우리 쌀과 청정수로 만든 진한 맛의 '회곡순쌀동동주', 저도수(알코올 6퍼센트) '회곡생막걸리', '회곡밀막걸리'를 생산하고 있다.[50] 또한 '순백진주쌀막걸리'는 안동농협이 2002년부터 계약 재배로 철저히 관리·생산·판매하는 백진주쌀과 회곡

회곡양조장에서 주조하는 막걸리. 회곡양조장은 '안동 바이오산업단지'에서 낙동강 상류의 맑은 물을 활용해 막걸리를 빚고 있다.

양조장의 조주醻酒 기술력이 결합되어 2017년에 출시된 막걸리로 회곡양조장의 간판스타로 부상하고 있다. 일반 멥쌀보다 찰기가 있는 백진주쌀을 원료로 해서 만들었기 때문에 막걸리 본연의 부드럽고 구수하면서도 깔끔한 풍미가 살아 있다는 평을 받는다. 장기간 저온 발효 숙성(27~28도)을 거쳐 걸러지기 때문에 숙취가 없으며, 탄산은 살아 있지만 트림 현상이 없는 특징을 갖고 있다.

백진주쌀은 안동농협이 연간 3,000톤가량 농민과 계약 재배하고 있는 명품 쌀이다. 아밀로스 함량이 일반 쌀(18.5~19퍼센트)보다 낮은 9.1퍼센트로 찰기가 있는 밥맛이 특징이다.[51] 순백진주쌀 막걸리가 큰 호평을 받은 것은 지역 명품 쌀과 전통 기술의 만남이 지역 쌀의 소비 확대와 유통 경로를 다변화하면서 쌀의 부가가치를 향상시키고 농가의 소득 증대에 기여할 것으로 기대를 받고

있기 때문이다.[52]

또한 백진주쌀 약주인 '예미주'와 자색 고구마와 안동 백진주쌀을 사용한 약주 '고백'도 생산하는데 술의 색깔이 빨간 것이 특색이다. 회곡양조장이 있는 회곡마을은 조선시대 때 동구 밖 거리에 큰 회나무가 있어 회곡이라 불렀으며 막걸리 이름도 회곡에서 따왔다고 한다.[53]

은자골생락배기

인류는 옛날부터 불로장생을 꿈꾸며 살아왔다. 동양에서는 중국의 진시황제, 서양에서는 메소포타미아 문명의 중심지인 우르의 왕이었던 길가메시가 유명하다. 그런데 이런 꿈을 외국인만 갖고 있었던 것은 아니다. 우리에게도 불로장생에 대한 전설이 존재하는데, 서양처럼 불멸을 꿈꾸던 인간을 신이 단죄하는 신화가 아니라 불멸하게 된 인간을 권력이 제어하는 지극히 인간적인 전설이다.

"경상도 땅에 금으로 된 금자金尺와 은으로 만든 은자銀尺가 있었는데, 사람들이 이 자로 키를 재면 불로장생해 해마다 인구가 늘게 되었다고 한다. 그런데 식량이 부족해지자 더는 이 자로 키를 잴 수 없도록 왕이 나서서 금자는 경주에 묻고, 은자는 상주에 묻었다고 한다. 그런 연유로 경상도라는 지명이 만들어졌다고 한다."

이 전설 덕분인지는 몰라도 은척이 묻혀 있다는 경북 상주 은자

은자골생탁배기를 주조하는 은척양조장. 은자골탁배기는 2016년 '우리 술 품평회'에서 생막걸리 부문 대상을 수상했다.

산 자락에 물 좋은 양조장이 자리하고 있다. 그리고 경북 상주 사람들은 은척에 담긴 메시지가 은척에서 주조되는 막걸리에도 깃들어 있다고 생각해 이 막걸리를 마시며 전설이 담고 있는 영생을 즐긴다고 한다.

밥쌀용 소비량은 해마다 줄고 있지만 주류 소비량은 증가 추세를 보이고 있다. 쌀 소비가 문제점으로 등장하자 대안으로 등장한 것이 전통주를 비롯한 주류에 쌀을 적극적으로 활용하자는 것이다. 2016년 '우리 술 품평회'에서 생막걸리 부문 대상을 받은 경북 상주의 은자골탁배기도 이런 취지에 적극 호응하고 있다. 은척양조장은 상주 시내에서 북쪽으로 약 20킬로미터 떨어져 있는 은척면 봉중리 성주봉(606미터) 아래에 자리 잡고 있다. 은자골 마을

주변으로 작약산, 은자산, 칠봉산, 성주봉 등 크고 작은 산들이 병풍처럼 펼쳐져 마을 안으로 맑고 깨끗한 황령천이 흐른다.

이러한 천혜의 지역에 70년 역사를 자랑하는 한국의 대표적인 은자골탁배기 양조장이 있다는 것은 자연스런 일이다. 임주원 대표는 1985년 은척양조장 집안 11남매 중 9번째 며느리로 시집왔다. 그런데 시아버지가 양조장 막걸리 맛이 어떠냐고 묻자 '시금털털한 맛이 구정물과 같다고' 솔직하게 말했다가 크게 혼난 후 이틀 동안 바깥출입을 금지당했다고 한다.

이런 사연이 있는 임주원 대표가 막걸리를 만들게 된 것은 은척 양조장에서 나오는 물의 진가를 알고 난 이후다. 시아버지가 작고한 후 양조장을 물려받았지만, 종교적 신념 때문에 탐탁지 않게 생각하고 양조장을 팔 궁리만 하고 있었다. 그런데 1997년 경북대학교의 한 교수가 마을에서 재배하는 버섯을 연구하러 왔다가 양조장 물맛을 본 후 은척양조장처럼 좋은 물을 가진 곳이 없다며 막걸리 맛의 비결은 물맛에 있으며 막걸리는 술이 아니라 양식이라는 말을 한 것이다. 이 말을 듣고 임주원 대표는 자신감을 얻어 막걸리에 매진했다고 한다.

이 말에는 나도 전적으로 공감한다. 나는 특별한 이유가 없는 한 하루에 막걸리 3병씩 마시려고 노력한다. 단 막걸리를 마실 때 밥(쌀)을 먹지 않는다. 막걸리는 쌀 등으로 만든 양식인데 추가로 밥을 먹을 필요는 없다는 뜻이다. 물론 막걸리를 마신다고 반찬을 먹지 않는다는 것은 아니고 막걸리가 없다면 밥을 먹는 것에 이론의 여지가 없다.

임주원 대표는 은척양조장의 물맛이 매우 탁월하다는 이야기를 듣고 막걸리 주조에 전념하기 시작했다.

여하튼 임주원 대표는 양조업을 포기하지 않는 대신 막걸리의 알코올 도수를 6도에서 5도로 낮추었다. 또한 막걸리의 이름도 '은자골탁배기'로 정했다. 특히 삼백(쌀, 누에, 곶감)의 고장답게 상주 쌀을 직접 수매해 술을 빚고 있다. 상주 쌀은 질이 좋아 조선시대에는 진상품이었다. '상주는 곶감'이란 말은 요즘 들어 생긴 것이다. 더불어 문을 닫은 상주곡자의 누룩 설비 일부를 가져와 독자적인 누룩을 만들어 막걸리를 만들고 있다.

은자골탁배기는 102미터 지하수를 끌어 사용한다. 2016년 9월 우석생명과학원의 수질 검사에 의하면, 양조용으로 사용되는 물은 무색무취, pH 6.3. 경도 90을 유지하고 있다. 알코올 도수 5퍼센트, 물 92퍼센트인데 일반 막걸리로 알코올 5퍼센트를 표방하고 있는 저알코올 막걸리는 전국에서 은자골탁배기가 처음 시도했다.

이러한 고집을 인정받아 은자골탁배기는 상주 지역은 물론 구미

🍷 은자골탁배기는 알코올 5퍼센트를 표방한 저알코올 막걸리다. 은척양조장이 막걸리를 주조할 때 사용한 옹기.

에서도 가장 많이 팔리는 막걸리로 부상했다. 대량생산하는 기존의 양조업계와의 정면승부는 어려운 일이지만, 자신만의 막걸리를 주조해 애주가들의 마음을 사로잡았다는 것이야말로 앞으로 막걸리가 갈 길을 시사해준다고 할 것이다.[54]

사실 단순하게 알코올 도수 1퍼센트를 낮추었다고 하지만, 이는 상당한 모험을 감수해야 한다. 도수가 낮으면 상대적으로 맛이 싱거워 물맛이 난다고 외면받기 십상이기 때문이다. 그러나 은자골탁배기는 대형마트인 대구 신세계 '이마트'에 전국에서 가장 먼저 입점한 막걸리다. 임주원 대표의 동생인 임희자 선생은 은자골생탁배기의 매력을 다음 6가지로 말한다.

"맑은 물, 삼백의 고장 상주의 명품 쌀, 우량한 효모를 기르는 방, 황토방의 누룩, 대규모의 제성 용기, 이웃과 함께하는 따뜻한

🔖 은척양조장은 좋은 술은 좋은 재료에서 만들어진다는 생각으로 상주에서 생산되는 햅쌀만을 사용해 막걸리를 만들고 있다.

마음."

3가지 흰 것이 상주를 상징하는데 쌀, 곶감, 누에고치다. 그중 으뜸가는 것이 흰쌀인데 상주의 쌀 생산량은 경북 최고며 전국 지자체 중에서도 9번째로 많다. 은척양조장의 자랑은 황토로 만든 누룩방이다. 그 누룩방에 들어 있는 누룩틀과 반죽기, 시렁은 전통 깊은 상주곡자에서 가져왔다. 상주곡자는 여성들이 발로 누룩을 디디며 만들던 방식을 유지하던 유일한 제조장이었다.

6명의 여성이 한 조가 되어 누룩을 만들었는데, 3명이 빻은 통밀을 가지고 반죽을 하면 다른 3명이 반죽한 밀을 보자기에 싸서 주물로 만든 누룩틀에 놓고 고무신 신은 발로 빠르고 단단하게 디뎠다. 그 누룩틀에 통밀 보자기를 얹고 쉬지 않고 작업하면 한 사람이 90분 동안에 100장 정도 만들 수 있었다고 한다.

그러나 2013년 상주곡자가 경영 악화로 문을 닫자 임주원 대표는 상주곡자 대표를 만나 상주곡자의 기술력을 전수받고 싶다고 했다. 그러자 상주곡자 대표는 누룩틀과 밀가루 반죽기를 주고 누룩방 건조대 설치까지 도움을 주었다. 한마디로 상주곡자의 기술력이 은척양조장의 작은 황토방에서 재탄생한 것이다.

은척양조장에서 생산하는 막걸리는 100퍼센트 지역에서 생산하는 햅쌀만을 사용한다는 것이 특징이다. 좋은 술은 좋은 재료에서 만들어진다는 신념에 따른 것이다. 그동안 한국의 수많은 양조장에서 막걸리를 만들어왔지만, 햅쌀만 사용한다는 것이 간단한 일이 아니다. 그러나 그러한 고집은 여러 각도로 인정받아 경북우수농산물가공 인증, 국가 술 품질 인증, ISO 22000 인증 등을 획득했다. 또한 2016년에는 '찾아가는 양조장' 프로그램에도 선정되었다.[55]

또한 경상북도 향토뿌리기업이란 타이틀도 갖고 있는데 경상북도 내에 사업장을 두고 대를 이어 30년 이상 전통 산업을 영위하고 있는 사업체 가운데 심의를 거쳐 선정된 기업에 부여하는 타이틀이다. 경북에는 향토뿌리기업이 총 43개 사인데 그 가운데 은척양조장이 포함된다.[56]

생보리탁

조선 왕조는 극심한 식량난에도 장병들이 훈련을 하고 농사를 지을 때는 막걸리를 공급했는데, 농사와 관련되는 막걸리를 일반적으로 농주라 불렀다. 농주란 사전 풀이에 의하면 '농사일에 쓰는 술'이라는 뜻이다. 과거 농촌 사회에서는 일의 능률을 높이기 위해 두레를 도는 '품앗이'를 했다. 이때 식사는 물론 일꾼들의 땀과 갈증을 씻어주고 힘을 돋궈주기 위해 막걸리를 필수적으로 제공했다. 이 때문에 농주라는 이름을 얻었다. 농주란 특별한 방법을 통해 주조한 것이 아니라 당대에 보편적으로 주조되는 막걸리를 의미한다고 해도 과언이 아니다.

농주로 사용되는 막걸리는 대개 한 번 빚는 단양주로, 술이 익으면 물을 타서 거르므로 알코올 도수가 낮아 4~5일이 지나면 산패해 오래 보존할 수가 없다는 것이 단점이다. 특히 신맛이 세고 알

생보리탁을 주조하는 건천은 지금도 보리로 만드는 막걸리를 고집하고 있는 경주의
전통 술도가다.

코올 농도가 4~5퍼센트로, 여름철에는 산패가 빨라 잘 빚지 않고
대개 9~10월에서 이듬해 봄(4~5월)까지 많이 빚는다. 물론 일부
지역에서는 쌀 또는 찹쌀로 덧술을 하는 이양주를 빚어 술이 숙성
되면, 청주를 떠내고 남은 찌꺼기에 물을 짜서 손으로 비벼 체에
걸러 만든 막걸리를 만들어 농주로 사용했다. 이 경우 일반에서 빚
어 마시는 단양주보다 훨씬 맛이 부드럽고 산미도 덜해 마시기 좋
았다.[57]

그러나 항상 쌀로 술을 빚은 것은 아니다. 강원도 등 산간 지방
에서는 옥수수나 감자 등이 널리 이용되었고, 제주도 지방에서는
쌀이 귀해 주로 좁쌀과 보리가 술의 원료로 이용되었다. 한편, 일
부 산간 지방과 남부 해안 지방에서는 보리 재배가 활발해 보리로
만든 막걸리가 인기를 끌었다.

막걸리를 탐하다

282

🌀 막걸리를 주조할 때 사용하는 옹기에는 철사로 꿰맨 자국이 선명하게 보인다.

세계 4대 작물 중 하나인 보리는 화본과의 두해살이풀로 대맥大麥, 맥아麥芽, 모麰, 모맥牟麥, 겉보리, 쌀보리, Barley라고도 한다. 우리나라의 쌀, 조, 콩, 기장과 함께 오곡五穀으로 쌀 다음가는 주식곡물主食穀物인데 한국의 중남부 지방에서 많이 재배한다. 현대인들이 건강에 대해 많은 관심을 기울여 보리는 남다른 주목을 받는다. 특히 새싹보리는 칼륨과 칼슘 등의 무기성분과 비타민C 등 영양 성분이 풍부해 고지혈증, 당뇨병 등에 효과가 있다고 알려진다.

보리라면 보릿고개를 연상하는 사람이 많을 것이다. 식량 사정이 원활하지 않았던 과거엔 보리가 필 때면 저장해둔 식량들이 거의 떨어져 보릿고개를 넘겨야 하는 게 일종의 숙명이었다. 보릿고개란 하곡夏穀인 보리가 여물지 않은 상태에서 지난해 가을에 걷은 식량이 다 떨어져 굶주릴 수밖에 없게 되던 4~5월의 춘궁기春窮期를 표현하는 말이다.

춘궁기를 지나 생산되는 보리는 한국인들에게 곧바로 보리술로

친근해진다. 보리는 소주, 맥주의 주원료기도 하지만 보리막걸리를 주조하는 것이 어려운 일은 아니기 때문이다. 당시 농촌에서 보리로 빚은 막걸리는 금방 동이 나는 것으로 유명했는데, 그것은 보리 특유의 구수한 맛이 미각을 유혹하기 때문이다.

건천에서 주조하는 생보리탁은 보리 특유의 구수한 맛이 미각을 유혹하고, 향기 성분이 적고 순한 맛이 돈다.

막걸리는 주요 재료가 무엇이냐에 따라 그 성격을 달리하는데, 경주 건천은 아직도 보리술을 고집하고 있다. 보리막걸리의 맛은 쌀막걸리와 상당히 다르다. 일반적으로 쌀밥과 보리밥의 차이만큼이나 쌀술과 보리술의 향기 성분이 다른데 쌀술이 좀 싱겁다면 보리술은 구수한 편이다. 그러므로 보리막걸리는 향기 성분이 적고 순한 맛이 돈다고 설명된다.

최경식 대표는 물을 타지 않는 원주 상태에서는 향기 성분이 강하지만, 물을 타서 알코올 6퍼센트로 맞추면 향기 성분이 줄어든다고 말한다. 보리막걸리가 순한 맛이 도는 것은 보리가 잘 삭지 않아 지게미가 많이 남는다는 것으로도 알 수 있다. 거친 지게미를 걸러내고 나면 쌀술보다 맑은 술이 되는데, 같은 알코올 도수라면 맑은 술이 훨씬 가볍고 순하게 느껴진다.

보리술은 미숫가루 색상으로, 경주 건천 생보리탁에는 찰보리쌀 6.27퍼센트가 함유되어 있다.[58] 찰보리는 쌀보다 식이섬유가 5배나 많이 함유되어 장의 연동 운동을 도와 변비에 탁월한 효과가 있다. 한마디로 소화에 큰 도움이 되는 곡물이다. 또한 칼슘, 비타민 B1·B2가 풍부해 콜레스테롤을 잡는 파수꾼이라는 말이 나올 정도로 다이어트에 좋다. 또한 보리는 겨울을 나기 때문에 냉한 기질을 지니고 있다. 땀을 많이 흘리고 난 뒤나, 더운 여름에 보리막걸리가 쌀막걸리보다는 몸을 잘 식혀준다는 말이 나오는 이유다.[59]

최경식 대표는 막걸리 주조에 사용하는 물은 2016년부터 지하수에서 수돗물로 바뀌었다고 말한다. 2016년 경주에서 지진이 일어났는데, 이때부터 지하수가 나오지 않기 때문이라고 했다. 그러면서도 경주의 수돗물이 남다르게 좋아 막걸리 주조에 적격이라고 말한다.

금정산성막걸리

부산시 금정구 금정산성막걸리는 한국의 막걸리 중에서 가장 잘 알려진 막걸리다. 우선 막걸리에 부여된 타이틀이 보통이 아니다. 1979년 대통령령 제9444호로 우리나라 민속주 1호로 지정되었다는 것을 보아도 그렇다.

금정산성막걸리의 연원에 대해서는 정확히 알려진 바가 없다. 구전에 의하면 신라시대부터 화전민과 승려들이 거주하다가 약 400여 년 전 국씨鞠氏와 두씨杜氏 성씨를 가진 두 가족이 이곳에 터를 잡고 살기 시작하면서 비롯되었다고 한다. 이들이 생계 수단으로 자체적으로 누룩을 만들고 술을 빚었는데 숙종 32년(1706) 왜구의 침략을 막기 위한 금정산성金井山城 개축과 순조 8년(1808) 동문 신축 등의 과정에서 외지인에게 산성막걸리의 맛이 알려졌다고 한다. 숙종 때 금정산성 축조에 동원된 부역꾼이 무려 5만 명이나 되었다고 하니 막걸리 소비가 엄청났다는 것을 알 수 있다.

금정산성은 해발 801미터인 금정산 정상 고당봉에서 북쪽으로 원효봉, 남쪽으로 동제봉, 서남쪽으로 상계봉, 파리봉을 따라 축성되었다. 남북으로 길고 동서로 짧은 타원형인데, 성곽 둘레가 1만 6,383미터로 국내에서 가장 규모가 큰 산성이다. 현재 규모는 숙종 때 준공되었고 1972년부터 동문, 서문, 남문, 북문의 문루와 망루 3개소가 복원되었다.

성을 쌓기 위해 동원된 인부와 군졸은 산성막걸리를 마시면서 갈증과 배고픔을 달랬는데, 공사가 끝나고 고향으로 돌아간 뒤에도 술맛을 잊지 못해 금정산성막걸리를 찾자 막걸리 만들기 전통을 이어왔다는 것이다. 이에 따르면 금정산성막걸리는 산성 마을의 형성과 역사를 같이한다고 할 수 있다.

산성막걸리는 인공 재료를 사용하지 않고 누룩과 쌀, 물만을 사용해 막걸리의 전통 제조 방법대로 만든 자연 발효주다. 알코올 도수는 약 8도인데 독특한 맛의 비결은 금정산의 맑은 물과 자가 제조 누룩에 있다고 전해진다. 한마디로 한국을 대표하는 막걸리를 만들 수 있는 여건을 갖추었다는 뜻으로 일제강점기에도 만주와 일본까지 널리 알려질 정도로 명성이 자자했다고 한다. 전해지는 이야기에 따르면, 금정산성막걸리에서 만드는 누룩 양에 의해서 부산 동래를 비롯한 동부 경남 일원의 곡물 값이 올랐다 내렸다 할 정도로 곡물 시장을 좌지우지했다고 한다.[60]

산성막걸리의 원명은 기찰막걸리다. 기찰譏察이란 밀무역자나 밀입국자를 단속하는 곳으로 지금의 검문소라 할 수 있다. 조선시대

⏺ 우리나라 민속주 1호로 지정된 금정산성막걸리는 금정산성 마을의 형성과 역사를 같이한다고 할 수 있다.

부산 중심지는 동래로 교통 요충지였던 부곡동에 기찰방이 설치되었다. 교통의 요충지인 데다 기찰방이 있다 보니 이곳의 물동량이 많아 주막거리가 생겨났다. 지금도 사람들은 부곡동을 '기찰'이라 부르고 이곳 특산물에 '기찰'이란 이름이 자주 붙는다.[61] 산성막걸리는 한국 막걸리의 상징으로도 거론되는데, 이는 다음 4가지 이유 때문이다.

첫째, 부산 금정구 금정산성 안에 있는 산성마을은 우리나라에서 유일하게 남아 있는 누룩 동네다. 금정산성에서 누룩을 전매로 생산한 것은 산성 자체가 다소 높은 곳에 있기 때문이다. 산성에서 막걸리를 빚어 이를 시장에 파는 데는 소비되는 노동력도 만만치 않아 다소 어려움이 있었다. 그래서 마을 사람들이 누룩을 특산화하여 생계를 유지해왔고, 그 전통을 계속 이어가고 있다는 것이다. 누룩 제조장은 1924년 전국에 2만 8,206곳이 있었고 각 집에서 술을 제조할 수 있어 가양주 등을 제조할 수 있는 소위 제조업체는 1920년 38만 2,182곳에 달했다.

그런데 누룩 제조장과 양조장의 통폐합 조치로 1933년에는 누룩 제조장이 102곳, 양조장이 4,697곳으로 줄었다. 이를 보면 양조장 46곳에 누룩 제조장이 1곳꼴로 있었던 셈이다. 그런데 현재 양조장이 850여 곳을 넘는데도 전통 누룩 제조장은 송학곡자, 진주곡자, 상주곡자 3곳밖에 없다. 개인 사업장이 아닌 누룩 마을로는 부산 산성마을이 유일하다고 볼 수 있어 산성마을이 남다른 유명세를 누리고 있다는 것은 당연하다고 볼 수 있다.

둘째, 산성막걸리의 자랑은 전통 누룩의 맥이 한 번도 끊이지 않은 채 빚어진 유일한 막걸리라는 점이다. 오래도록 밀주로 유지되어왔지만 평소에도 산성막걸리를 즐기던 박정희 대통령의 적극적인 지원으로 민속주 1호로 지정되어 공인받았다. 전통 누룩은 대부분 1960년대에 밀가루 원료를 사용하면서 밀려났는데, 산성막걸리는 밀주로 이어져온 세월이 어느 곳보다 길어 제조법을 단속하는 국세청의 간섭을 받지 않고 전통을 유지할 수 있었다.

현재 전통 누룩만으로 빚는 막걸리로는 전국 850여 개 양조장 중에서 산성막걸리, 정읍 태인막걸리, 함평 자희향탁주, 계룡시 장인정신막걸리 등 소수 주조장에 한정된다. 물론 막걸리 개방으로 각지에서 전통 누룩으로 막걸리를 빚는 사례가 늘고 있지만, 큰 틀에서 전통 누룩을 사용하는 것은 여러 가지 면에서 제한이 있는 것은 사실이다. 산성 누룩의 명성이 남다른 이유다.

셋째, 산성 누룩이 계속 전통을 고집스럽게 지탱할 수 있었던 것은 조선시대 말에 경상도에 넓게 퍼져 있던 사찰 누룩과 연계 때문으로 추정된다. 1907년 조선 재정고문부에서 조사한 자료에는 다음과 같은 글이 있다.

"경상남도에서 승려의 부업으로 국자麴子(누룩)를 제조, 판매하는 자가 많다. 동래부의 범어사, 양산군의 통도사, 산성군의 원청사, 합천군의 해인사, 산원군의 대종사, 사천군의 옥천사 등으로 그중에서도 통도사는 최고로 유명하고 범어사, 옥천사 등이 버금간다. 범어사에는 100명의 승려가 있어 매년 2,300석 이상의 소맥(밀)을 사용하여 국자를 제조해 부산 지방에 매출한다고 한다. 양산의 통도사는 범어사보다 역시 크고 국자의 제조고도 많다고 한다."

당시 산중 사찰들이 재정 확보를 위해 누룩을 제조했는데, 산성마을도 그와 같은 맥락에서 누룩을 계속 제조할 수 있었다는 설명이다.

넷째, 산성은 서늘한 기온과 알맞은 습도가 연중 지속되는 곳을 대체로 선정한다. 산성이 천혜의 누룩 생산지라는 뜻이지만, 금정산성에서 누룩을 계속 만들 수 있었던 것은 고립된 산성이므로 비교적 밀주 단속의 사각지대였기 때문이다. 그럼에도 누룩 제조법을 현대까지 지켜왔다는 것은 금정산성 사람들의 노고가 배어 있기 때문이라고 볼 수 있다.[62]

여하튼 금정산성막걸리가 남다른 유명세를 탄 것은 금정산성막걸리 양조장의 고집 때문이다. 금정산성막걸리는 일제강점기 때 들어온 입국과 이스트를 사용하지 않고 자체적으로 제조하는 소위 한국의 전통 누룩으로만 막걸리를 만들어왔기 때문이다. 이런

유청길 대표는 2013년 농림축산식품부에서 대한민국 최초로 막걸리 분야 식품 명인으로 지정받았다.

고집은 금정산성 마을을 우리나라에서 유일하게 남아 있는 누룩 마을이라 부르는 계기가 되었다.

　산성에 있는 마을이라 별다른 농토가 있었던 곳도 아니고 그렇다고 다른 생계수단이 있었던 것도 아니었다. 누룩을 팔다가 단속반이 오면 단속원에게 아이를 던지고 누룩을 들고 도망갔다는 이야기가 있을 정도로 서슬이 시퍼렇던 관계 기관의 단속 속에서도 꿋꿋하게 누룩을 지킨 것이다.[63]

　누룩의 제조 방법은 일반적인 누룩 제조법과 거의 같으나 성형 과정에서 누룩틀에 넣어 밟아 성형하지 않고 물로 반죽한 밀가루 반죽을 보자기에 싸서 여인들이 직접 발로 밟아 둥그렇고 납작하게 딛는다. 이렇게 디뎌진 누룩은 누룩방의 선반 위에다 짚을 깔고

일주일 정도를 열이 나게 띄운다. 금정산성막걸리는 족타식, 즉 덧신을 신고 꼭꼭 밟는 방식을 500년째 고수하고 있어 전문가들을 감탄케 했다.

물론 한국의 전통 누룩을 사용하므로 제조 기간이 일본의 입국을 사용하는 것보다 길지만, 이를 지키는 것이 금정산성막걸리의 명성을 더욱 높였다.[64] 특히 한국에서 막걸리 붐이 찾아왔을 때 국내에서 유일하게 전통 누룩을 사용하는 막걸리라 하여 각광을 받았다.

그러나 정부의 정책으로 산성마을은 항상 단속의 대상이 되었는데, 아이러니하게도 바로 그런 이유 때문에 금정산성막걸리는 우리나라 민속주 1호로 지정되는 행운을 누리기도 했다. 1960년대 누룩 제조 금지는 물론 쌀로 술을 빚는 것을 금지하면서 막걸리는 밀가루로만 빚어야 했다. 이런 가운데서도 일부 지역에서는 쌀을 고집하면서 밀주를 빚었는데, 금정산성막걸리도 쌀로 밀주를 주조하고 있었다.[65]

그런데 5·16 군사 쿠데타 이전 부산군수사령관으로 근무했던 박정희는 당시 밀주였던 금정산성막걸리를 즐겨 마시고 있었다. 이런 이유 때문인지 대통령이 되고 나서 박정희는 초두 순시 차 부산을 찾았을 때 금정산성막걸리가 생각나 찾았지만 금정산성막걸리도 식량난 때문에 금지되었다는 이야기를 들었다.

당시는 시·군에 1개의 막걸리 양조장만 허가하던 시절이라 중복해 허가가 힘들다는 말을 듣고 박정희 대통령은 금정산성막걸리를 합법적으로 제조할 수 있는 방법을 찾으라고 했다.[66] 이에 부

🔖 금정산성막걸리에서 주조하는 막걸리.

산 시장은 1979년 박정희 대통령에게 금정산성막걸리를 민속주로 지정한다면 법률에 저촉되지 않고 주조할 수 있다고 건의했다.[67] 그의 건의는 곧바로 채택되어 같은 해 대통령령(제9444호)으로 대한민국 민속주 1호로 지정받았다.[68] 박정희 대통령이 시해되기 3개월 전의 일이었다. 여하튼 1980년대부터 민속주 제도가 생기면서 쌀로 빚은 막걸리가 당당하게 다시 유통되기 시작했는데, 그 단초를 금정산성막걸리가 만들어준 것이다.

금정산성막걸리에서는 하루 400여 장의 누룩을 만든다. 15일 정도 누룩을 띄우고 30여 일간 숙성시킨다. 하루 사용하는 누룩이 400여 장 정도로 항상 2만여 장의 누룩을 비축하는 셈이다. 일반적으로 소주를 빚을 때 흑국, 막걸리는 백국, 전통주를 빚을 때는 황국을 사용한다. 그런데 금정산성막걸리는 이 3가지 누룩이 갖고 있는 당화 효소와 효모가 고루 들어 있는 누룩을 사용한다.[69]

이렇게 만든 금정산성막걸리의 술맛은 독특하다. 누룩향이 진하고 구수하며 신맛이 강하면서 약간의 감미를 느끼게 한다. 또한 톡 쏘는 청량미가 강하고 목구멍으로 넘어가는 무게감이 있으며 묵직한 감칠맛을 느끼게 하는 게 특징이다. 금정산성막걸리의 제조 방법은 다음과 같다.

"잘 띄운 누룩을 칼로 잘게 쪼아 부순 누룩을 백미를 불려 시루에 찐 고두밥에 넣고 섞는다. 고두밥에 누룩을 섞을 때에는 누룩을 물에 타서 갠 후, 미지근할 정도로 식힌 고두밥에 섞는다. 이를 큰 술독에 넣고 물을 부어 따뜻한 방안에 이불을 덮어 5일간 두어 발효시키는데 발효 기간은 술독에 뜬 용액이 누렇게 변하는 것으로 가늠한다. 발효가 다 된 술은 알코올 도수 약 8도 2부가 되게 물을 타면서 채에 걸러 찌꺼기를 제거한다."

금정산성막걸리는 지하 180~250미터 깊이에서 나오는 금정산 지하수를 사용하기 때문에 다른 지역에서는 맛을 흉내낼 수 없다고 자부한다. 또한 금정산성막걸리는 쌀 160킬로그램을 술로 빚는데 누룩 40킬로그램을 사용하고 있다. 즉, 보통 술을 빚는데 들어가는 누룩의 양은 9~20퍼센트인데 산성막걸리는 이보다 많은 25퍼센트를 사용한다. 14대째 누룩을 띄우고 있는 유청길 대표는 과거부터 막걸리를 빚어왔던 제조법을 그대로 따르고 있을 뿐이라고 말한다.[70]

2001년 이후 외부 출하가 가능해지면서 전국적으로 판매되기 시작했다. 현재 제2공장도 인근에 세워져 막걸리의 맹주로 자리매김하고 있다. 매년 5월 부산시 금정구 금정 체육공원과 산성마을에서 '금정산성막걸리 축제' 행사가 열린다.[71] 또한 금정산성막걸리 생산자인 금정산성토산주의 유청길 대표는 농림축산식품부에서 2013년 대한민국 최초로 막걸리 분야 식품 명인으로 지정받았다.[72]

아산생막걸리

1960년부터 주조를 시작한 아산생막걸리는 원래 충남 아산 토박이의 막걸리로 시작한 것은 아니다. 고인이 된 변광학 사장은 강원도 옥천양조장·영인양조장·인주양조장·염치양조장(현재 강릉연합탁주제조장), 주문진양조장, 서울 성동양조장 등을 50여 년간 운영하면서 이른바 막걸리 그룹을 이루었는데, 1960년에 아산에 정착하면서 아산양조장을 만들었다. 이어 변승엽과 며느리인 이상조 사장이 막걸리 제조 비법을 가업으로 승계했고 현재는 변광학 사장의 손자인 변철준 사장이 3대째 가업을 이어가고 있다. 아산양조는 다원주가로 상호를 바꾸었는데, 이는 지역 양조장의 한계를 벗고 전국구 막걸리가 되기 위해서였다. 변철준 사장이 그만큼 막걸리에 대한 자신감을 갖고 있다는 의미로 이해하면 되겠다.

아산생막걸리가 유명세를 타고 있는 것은 한국 경제개발의 산

증인이나 마찬가지기 때문이다. 산업 근대화 시절인 삽교천방조제 공사 기간 중 날이면 날마다 아산양조장의 아산생막걸리가 산업 역군의 배고픔을 채워주었다. 아산생막걸리와 애환을 같이한 삽교 천방조제 공사는 당진·아산·예산·홍성의 4개군 22개 읍·면 지역을 전천후 농토(247제곱킬로미터)로 개발하기 위해 삽교천 지 구 대단위 농업종합개발사업(1975~1992)의 중추적 사업으로 계 획된 것이다. 충남 당진시 신평면 운정리와 아산시 인주면 문방리 사이로 흘러드는 삽교천 하구를 가로막은 둑이다.

길이 3,360미터, 최대 너비 168미터, 높이 12~18미터로 건설 되었는데 1975년부터 건설 계획에 들어가 1976년에 착공, 1978 년 3월 최종 물막이 작업에 성공했으며, 1979년 10월에 완공되어 10월 26일 준공식을 거행했다. 연인원 33만 6,000명이 동원된 대 역사였다.

본래 이 지역은 넓은 평야와 간석지를 포용하고 있으면서도 풍 부한 농업용수를 확보하지 못해 해마다 한수해旱水害를 겪어왔으 며, 거기에다가 하구에서 역류하는 바닷물로 염해까지 입어왔다. 이러한 자연재해를 근본적으로 해결하고 개선하기 위한 목적으로 삽교천방조제가 축조되었다. 이 제방의 건설로 삽교천 하구 일대 에 저수량 8,400만 톤의 삽교호가 조성되어 4개군 지역의 농업용 수가 해결되었다. 또한, 방조제에 너비 20미터, 높이 6미터의 6련 12개 문의 배수 갑문이 부설됨으로써 초당 5,300톤의 담수를 흘 려보내는 홍수 조절의 기능도 갖고 있다.[73]

아산생막걸리는 박정희 대통령의 최후를 같이한 것으로도 유명

🍶 다원주가의 시원인 아산양조장은 1960년에 탄생했으며, 아산생막걸리는 박정희 대통령이 마지막으로 마신 막걸리로도 유명하다.

하다. 박정희 대통령이 삽교천 준공식에 참석해 공사에 임했던 사람들의 노고를 치하하면서 마셨던 막걸리가 아산생막걸리다. 박정희 대통령은 남다르게 막걸리를 좋아해 현지 순행에서 유명 막걸리를 주위 사람들과 즐겨 했다. 그러나 삽교천에서 준공식을 마치고 돌아온 당일 궁정동에서 김재규 중앙정보부부장에게 시해당해 아산막걸리는 박정희 대통령이 마지막으로 마신 막걸리가 된 셈이다.

아산생막걸리는 해안 지방과 내륙 지방 사람 모두의 입맛에 맞는 막걸리라는 평가를 받을 정도로 해안가 사람들과 내륙 사람들이 마시기에 부담이 없을 뿐만 아니라 깨끗하고 깔끔해서 막걸리를 마신 후에도 입맛에 맑음이 있다고 알려진다. 특히 현재 막걸리를 생산하는 다원주가는 막걸리 연구도 게을리하지 않아 사과막걸리 제조법을 개발해 특허(제10-1231580호)도 받았다.

다원주가에서 주조하는 특별한 막걸리가 있는데, '개똥쑥생막걸리하루하나'다. 원래는 '하루한병'으로 이름을 지었는데 한 병이라는 게 용량을 말하는 것이라 브랜드 이름이 될 수 없다는 판단을 내려 '하루하나'로 바꾸었다고 한다. 아산 지역에서 많이 나는 개똥쑥 농축액 0.8퍼센트를 삽입하고 있다. 중국의 투유유*屠呦呦* 교수가 개똥쑥에서 말라리아 특효약인 아르테미시닌을 추출한 공로로 2015년 노벨생리의학상을 수상하면서 개똥쑥은 화제가 되기도 했다.

중국에서는 아르테미시닌 말라리아 치료제를 '중국의 신약神藥'이라며 극찬했는데, 영국의 의학 잡지 『더랜싯*The Lancet*』은 아르테미시닌의 말라리아 완치율이 무려 97퍼센트에 달한다고 소개했다. 세계보건기구는 아르테미시닌의 등장으로 말라리아로 고통 받던 아프리카 주민들의 삶이 달라졌다고 말했다. 예컨대 2008년 잠비아의 말라리아로 인한 사망률은 2000년 대비 무려 66퍼센트가 하락했으며, 2009년 아프리카 총 54개국 중 11개 국가에 아르테미시닌은 100퍼센트 보급되었다. 투유유 교수에 의해 탄생한

'기적의 명약'이 수백만 명의 인류를 구한 것이다.

개똥쑥은 중국은 물론 우리나라에서도 흔한 약초다. 위벽 보호와 간 해독, 생리통 치료 등에 효능이 있어 널리 사용되는 약재로 허준의 『동의보감』에도 기록되어 있다. 개똥쑥을 '청호'라고 부르는데 허준은 발열로 인해 땀이 나는 증상을 해소하고 나쁜 기운인 사기와 귀독을 제거한다고 설명했다. 이는 학질로 불렸던 말라리아의 대표 증상이어서 한의학에서도 개똥쑥을 치료제로 계속 사용했다고 알려진다.[74]

그런데 개똥쑥이 몸에 좋은 효과를 보기 위해서는 까다로운 조건이 필요하다. 우선 키가 큰 개똥쑥은 효과가 없다고 한다. 또한 줄기와 잎을 모두 물에 우려내어 마시는 것도 효과가 거의 없다고 한다. 5센티미터 이하의 어린잎을 사용했을 때만 효과가 있는데, 채취에도 어려움이 있고 건조시켜 약용으로 먹는 것도 만만치 않다.

다원주가에서 주조하는 개똥숙막
걸리. 개똥쑥은 위벽 보호와 간 해
독, 생리통 치료 등에 효능이 있는
것으로 알려진 약초다.

이렇게 까다로운 개똥쑥을 이
용해 막걸리를 만들었다는 점에
서 다원주가는 높은 평가를 받는
다. 그러나 내가 다원주가를 방문
했을 때 깨똥쑥막걸리는 마셔보
지 못했다. 개똥쑥의 노벨상 수상
으로 가격이 상승해 원가가 올라
간 상황에서도 출혈을 감수하며
생산을 계속했지만 판매가 저조
해 주조를 일시 중단했기 때문이
다. 다원주가에서는 개똥쑥막걸
리 주조를 재개해 다원주가만의
독특함을 많은 사람에게 알리겠
다고 말했다.

이참판댁연엽주

중요 민속문화재 제236호인 충남 아산시 송암면 외암리의 외암
민속마을은 주민들이 직접 거주하면서 민속마을을 이어가고 있는
몇 안 되는 마을 중 하나다. 현재 예안마을에는 총 65가구 정도 있
는데, 이 중 40여 호가 예안 이씨로 전형적인 집성촌이다. 700년
전부터 마을을 이루어 살았는데 이 마을에서 가장 큰 집은 조선의
고종이 하사한 30칸짜리 이참판댁으로 원래는 70칸이었다고 한
다. 이참판댁은 창덕궁의 낙선재와 같은 모양으로 지어졌다는 것
으로도 유명하지만, 누대에 걸쳐 내려오고 있는 연엽주로 더 명성
이 높아 충청남도에서 무형문화재 제11호로 지정받았다.

문화재로 지정된 대부분의 술은 모두 양조업 면허를 얻어 대량
의 술을 빚어 판매하고 있다. 하지만, 이 집을 지키고 있는 참판의
손자 이득선 선생은 선비의 꼿꼿한 자존심을 지키며 집을 찾아오

이참판댁연엽주를 주조하는 외암 민속마을 앞의 연못에는 연잎과 연꽃이 수려한 자태를 뽐내고 있다.

는 사람들에게만 팔고 있다. 제사 또는 잔치 등에 쓰는 술을 돈벌이를 위해 일반에는 팔지 않겠다는 생각에서다. 특히 빚는 술의 양도 아주 적어 옹기도 조그마하다. 이뿐이 아니다. 슬리퍼 신고 와서 술을 찾거나 예의를 갖추지 않은 사람들에겐 술을 팔지도 않는다고 한다. 참판 가문을 우습게 본 결과다.

이참판댁연엽주는 보통의 가양주가 아니다. 150년 전 철종 때, 내리 3년 가뭄이 들어 굶주리는 사람이 많아지자, 요즘으로 치면 비서실장 격인 5대조 이원집이 암행을 다녀온 뒤 왕의 수라상을 단출하게 줄일 것을 상소했다. 그런데 수라상에 술과 떡도 올라가지 않자 이원집의 마음도 착잡해져 도수가 낮아 음료에 가까운 술을 빚어 왕에게 진상했다고 한다. 한마디로 대궐에서만 사용되던 술과 차의 성격을 함께 가지고 있는 궁중 음식이다. 그러므로 특히 예안 이씨 집안은 이 술이 일반에 알려지지 않은 궁중용인 것을 감안해서 집안에서도 제수용으로만 쓰도록 해 일가친척들도 음복할 때 외에는 맛볼 수 없도록 조처했다고 한다.

술을 빚는 과정도 매우 까다롭다. 집안에 있는 9개 대문을 다 걸어 잠그고, 목욕재계를 하고, 수건으로 머리를 동여매고, 걸려오는 전화도 받지 않는다고 한다. 집중하지 않고 술을 빚으면 똑같은 재료로 술을 담그더라도 술맛이 없다고 판단한 데 따른 것이다. 술을 담그기 위한 준비가 끝나면 동서남북 방위를 가려 단 1통의 항아리를 놓을 자리를 정한다.

찹쌀 1되 반과 멥쌀 10되를 깨끗이 씻어 고두밥을 만든 후 하루 동안 밤이슬을 맞혀 냄새를 제거한 후 가장 밑바닥에 솔잎을 가볍게 깔고 그 위에 다시 연잎을 적당히 덮는다. 그리고 누룩과 버무린 고두밥에 연근 500그램을 잘게 썰어 섞어 놓은 후 물 16리터를 부으면 준비 과정이 끝난다. 이후 항아리를 멍석 덮개로 덮고 10~15일간 발효시키는데 처음 일주일가량은 25~29도에서 발효시키고 나중에 20도 정도로 온도를 낮춰가며 숙성시킨다. 술이 익으면 용수를 박아 술을 거르고 다시 하루 동안 가라앉혀 정제하므로 이때 생산되는 양은 10~12병에 지나지 않는다.[75]

술을 빚기 위해 사용하는 연잎을 위해 330만 제곱미터 정도 연농사를 별도로 지었지만, 이제는 술 빚는 데 쓸 330제곱미터 정도에만 농사를 짓고 있는데, 바로 외암마을 입구에 있다. 연잎을 수확하는 시기는 한여름이 아니라 처서가 지나 찬바람이 부는 가을

이참판댁연엽주는 처서가 지나 찬바람이 부는 가을까지 버틴 연잎만 따서 말린 후 항아리를 이용해 주조한다.

이다. 이때까지 버티고 있는 연잎만 따서 말린 후 술을 빚을 때 사용하는데 연잎이 떨어지면 연근을 활용해서 술을 담그기도 한다. 이것은 사찰에서 스님들이 즐겨 마시는 연잎 차와 막걸리를 연계시킨 것으로 건조된 연잎이 효모와 함께 숙성되면서 막걸리의 깔끔함과 정갈함을 더해주는 것으로 평가 받는다.[76]

누룩도 손수 빚어 사용하는데, 보통 쓰는 밀 누룩과 다르다. 밀과 녹두, 이팥, 옥수수, 엿기름, 도꼬마리 등 6개를 섞어서 띄워 연중 사용한다. 술은 단양주이며 멥쌀과 찹쌀을 3대 7 비율로 1말, 누룩을 4되, 물 20리터를 넣어 겨울에는 20일 정도, 봄가을에는 14일 정도, 한여름에는 7일 정도 숙성시킨다. 다 익은 술은 용수를 박아 맑은 술을 떠서 마시는데 대략 13도 안팎의 알코올 도수가 나온다고 한다. 연엽주 주조에 사용되는 물은 아직도 집안에서 나오는 우물물을 사용한다.

전의·예안 이씨 대종회 수온파 회장인 이득선 대표는 나에게 일제강점기에도 누룩을 직접 만들어 담았다고 말한다. 철저한 감시 속에서도 누룩과 연엽주를 만들 수 있었던 비결에 대해선 이렇게 이야기한다. 예안 이씨 가문에서 워낙 소량으로 제주로만 사용한다는 것을 알고 있었지만 그래도 수시로 검문이 나왔다. 이럴 때는 작은 옹기에 연엽주를 넣어 두고 평소에 주조하는 옹기를 엎어 놓았다고 한다. 이렇게 하면 술독이 엎어져 있는 것처럼 보이기 때문에 특별한 꼬투리를 잡지 않고 그대로 갔다는 것이다. 또 특별한 경우 안심이 되지 않을 때는 잿간에 묻어 감추는 식으로 전통주의 역사를 이어왔다고 말했다.

술맛이 남다르고 워낙 적은 양, 즉 한번에 단 1통의 옹기 용량만 주조하므로 현대화에 맞추어 대량생산을 요청하는 사람들도 있지만 이득선 대표는 이를 단연코 거부한다. 대량생산하면 술의 질이 변하는 것은 물론 사람도 변하기 때문이라는 게 이유다. 선조들이 후손들에게 글 욕심 빼고는 어떤 면에서도 욕심을 부려서는 안 된다는 말을 항상 강조하며 가르쳐왔는데, 이를 이어가고 있다는 것이다.

연엽주를 마셔본 사람은 이름만 들어도 입에 침이 괸다고 한다. 처음에는 신맛이 강하게 느껴지지만, 2번째 모금부터 신맛은 이내 익숙해진다. 그리고 3번째 모금부터 술의 쓴맛과 단맛도 구별할 수 있다는 평이다. 전문가들은 연엽주는 안주와 만나 제대로 맛을 즐길 수 있는 우리 술 중 하나라고 평한다. '술을 누른다'는 뜻

🔖 이득선 대표는 대량생산을 하면 술의 질이 변하는 것은 물론 사람도 변한다는 이유로 한번에 단 1통의 옹기 용량만 주조한다.

의 안주按酒 본연의 역할을 최대로 이끌어주기 때문이다.[77] 또한 술을 마실 때 일반 막걸리처럼 한번에 꿀꺽꿀꺽 마시지 말고 4~5번에 걸쳐 마시라고 조언하는데, 사실 조선시대 왕만 마실 수 있었다는 술을 음미하면서 마시는 것은 기본이라 할 수 있겠다.

외암마을은 전통 마을이라고 해서 언제나 환경·생태학적으로 완벽한 조건에서 형성되는 것은 아니다. 사실 한국의 땅덩어리가 그다지 크지 않으므로 마을이 들어서기에 이상적인 입지가 많을 수는 없다. 그러므로 풍수지리 등을 고려할 때 완벽하게 입맛에 맞는 천혜의 입지보다 여러 가지 여건으로 볼 때 환경적으로 불리한 입지에 조성된 마을이 더 많이 있다. 외암마을은 전통 마을의 기본처럼 되어 있는 배산임수형이 아니다.

우선 마을과 산 사이에 논이 있어 산기슭에 기대어 있지 않다.

더욱이 마을의 북쪽과 서쪽으로 큰 내가 흐르고 있어 풍수지리상 백호와도 거리가 멀다. 그러므로 겨울에 북서 계절풍에 노출되는 등 환경적으로 불리하기 짝이 없다. 물론 이렇게 불리한 입지임에도 현재 중요 민속문화재로 지정될 수 있을 정도의 전통 마을로 지속된 것은 나름의 노하우를 발휘해 전통 마을의 특성을 보유했기 때문이다.[78]

딸구생막걸리

현대인에게 가장 큰 화두는 변해야 산다는 것이다. 제4차 산업혁명으로 미래가 온통 미지의 세계로 들어간다고 말하지만, 제4차 산업혁명에 대한 대안도 변화다. 변화에 슬기롭게 대처한다면 어떤 위기도 헤쳐나갈 수 있다는 뜻이다. 이 말은 막걸리에도 해당한다. 막걸리가 소주나 맥주에 비해 대중적이지 못한 것은 사실이다. 생막걸리의 유통기한과 유통 체계의 문제점은 물론 지역 맹주(대도시 막걸리) 중심으로 시장이 고착되어 중소 막걸리업체의 확장은 지지부진한 상황에 놓여 있기 때문이다.

이런 경우 회심의 카드가 바로 변신이다. 한마디로 막걸리업계의 한계를 벗어던지기 위해선 다양한 변신이 필요한데, 이런 변신의 중심에 논산탁주양조장이 서 있다고 평가된다. 그런데 논산탁주양조장의 시작이 매우 흥미롭다. 논산탁주양조장의 태생은

딸구생막걸리를 주조하는 논산탁주양조장. 이동선 대표는 양촌주조장을 운영한 경험을 바탕으로 논산탁주양조장을 창업했다.

1920년부터 술을 빚어온 현재 양촌주조장으로 논산탁주양조장과 지척 거리에 있다. 양촌주조장에 대한 이야기는 많이 있다. 과거 면사무소와 초등학교, 파출소와 교회 등이 옹기종기 모여 있는 곳엔 여지없이 술도가가 자리했는데, 대부분 장터 부근임은 불문가지다. 장터는 사람 많이 모이는 곳이므로 인근 주조장에서 나온 막걸리가 많은 사람의 애환을 불러일으켰는데 양촌주조장도 그런 역할을 한 양조장 가운데 한 곳이다.[79]

그러나 논산탁주양조장의 현재와 과거는 상당히 복잡하다. 논산의 간판스타인 양촌주조장은 아직까지도 과거의 틀을 갖고 있는 것으로 유명하다. 양촌주조장의 현재 건물은 일제강점기로 거슬러 올라간다. 그런데 당시 양조장들이 모두 일본식 건물 구조를 채택했지만, 양촌주조장은 한식과 일식을 섞은 독특한 구조를 택했다. 외부에서 보면 단층 구조지만, 건물 안은 반지하와 반 이층으로 구성된 복층 구조로, 당대로 보아서는 상당히 파격적인 구조였다.

마걸리 주조의 핵심인 발효 숙성 시 온도 관리기 중요하므로 양조장들은 발효 공간을 평지보다 낮은 지역에 두는 것이 기본이었다. 따라서 양촌주조장은 반지하의 공간에 발효와 숙성, 다 익은 막걸리를 거르는 제성까지 모두 처리하도록 설계되어 있었다. 그리고 반 이층 공간에는 막걸리의 주원료인 곡물을 보관하는 창고를 두어 원료의 이동을 수직 구조로 처리하도록 했다. 한마디로 막걸리 주조를 위해 첨단 건물 구조를 의도적으로 채택한 것이다.

이러한 고집이 배어 양촌주조장은 전형적으로 대를 이어 양조의 맥을 이었다. 이종진 할아버지를 이어 이명재가 대를 이었는데, 그는 무려 9형제를 낳았다. 그런데 일제강점기를 거쳐 대한민국이 수립되면서 양조업보다 전망 좋은 분야가 많이 대두되자 모든 형제들이 전통의 양조업을 기피했다. 이런 상황에서 막내인 이동선이 어려서부터 양조장 일을 업으로 삼아 술을 만들었다. 한마디로 이동선이 어려서부터 양촌주조장의 술 담그기를 전담해 논산의 대표적인 주조장으로 키운 것이다.

이렇듯 양촌주조장을 막내가 맡아서 운영했지만, 여러 형제간에 상속 문제가 발생하면서 그동안 이동선 대표가 운영하던 양촌양조장은 당시 돼지 농장을 운용하던 넷째 형 이동중 대표에게 이관되었다.

그러나 막걸리 주조를 업으로 삼은 이동선에게는 그동안 쌓아온 막걸리 제조 기술이 있었다. 양조업계에서 몸으로 습득한 자신의 주조 기술을 무기로 그는 인근에 논산탁주양조장을 창업했는데, 이는 자신이 몸담았던 양촌주조장과는 다른 막걸리로 승부하겠다는 뜻에서였다.

그는 자신의 기술력으로 막걸리를 변신시켰는데, 이게 바로 '딸구생막걸리'다. 논산은 전국에서 딸기 생산지로 유명하며 특히 양촌면에서 딸기가 가장 많이 생산되므로 이를 활용해 막걸리를 만든 것이다. 딸구는 딸기의 옛말, 혹은 방언이다. 이렇게 해서 딸기가 들어가 색이나 향이 있는 막걸리가 되었는데, 이동선 대표의 아이디어는 적중해 곧바로 양촌의 간판스타로 부상했다.

알코올 도수 6퍼센트, 백미와 소맥분으로 만들어진 평범한 탁주지만, 인공 딸기 향이나 딸기 가루가 아닌 진짜 딸기 과육을 사용했다는 점이 독특하다. 막걸리를 만드는 과정인 물을 넣어 희석하기 전 원주 상태를 기준으로 한다면 딸기가 10퍼센트 이상 들어간다. 그러므로 딸구생막걸리를 잔에 따라보면 연한 분홍빛이 아닌 옅은 산호빛 막걸리 색을 띤다.[80]

이동선 대표의 작품인 딸구생막걸리는 입소문을 통해 논산의 소규모 주조장의 생산품인데도 충남 지역을 넘어 유통된다. 팔도 막걸리를 다루는 주점을 비롯해서 서울과 경기 지역 마트에서도 팔릴 정도로 애주가들의 호감도가 높다. 과일 막걸리라는 특수성 때문에 맛을 본 이들에게서 꾸준히 회자되는 것이다. 그러나 딸기 자체가 계절 과일이므로 생산에 한계가 있기 마련이다. 기술자의 진가는 이때 발휘된다.

이동선 대표는 딸기막걸리의 약점을 보완할 수 있는 막걸리도 개발했는데, 왕대포막걸리와 장군막걸리가 그것이다. 논산 지역은 백제 계백 장군의 얼이 맺혀 있는 곳이므로 장군막걸리라는 이름의 막걸리를 출시했고 연무대, 계룡대 등이 인근에 있어 왕대포막걸리라고 명명했는데 이들이 효자 노릇을 톡톡히 한다고 한다.[81]

논산탁주양조장은 논산에서 유일하게 국가 지정 '술' 품질 인증을 획득했다.

논산탁주양조장은 논산에서 유일하게 국가 지정 '술' 품질 인증을 획득했고, 논산에서 나온 농산물로만 막걸리를 주조해 '예스민'이란 이름도 얻었다. 이동선 대표는 막걸리는 막걸리다워야 한다고 말한다. 저렴한 가격, 든든한 포만감, 특유의 풍미, 지역의 기호가 살아 있는 술이 되어야 한다는 것이다. 또 과하지 않은 단맛과 탄산의 상쾌한 맛이 적당하게 배어 특히 한여름에 시원하게 해서 마시면 일품이라는 평가를 들어야 한다는 것이다. 또한 탄산의 청량감을 선호하는 현대의 트렌드를 반영해 효모균을 활성화시켜 자연적인 청량감을 주는 데 힘을 쓰고 있다고 말한다.[82]

송명섭막걸리

이창주 영화감독은 막걸리에 대한 다큐멘터리를 제작한 이유를 다음과 같이 적었다.

"300년 전 조선에서 건너온 후쿠이 할머니를 통해 일본으로 끌려온 조선 사람들의 유일한 낙은 고향에서 먹던 막걸리를 마시며 향수에 젖는 것이었다. 대부분의 조선 사람들은 집에서 막걸리를 만들어 마셨는데 일본인들이 간토 대지진 때 조선 사람을 간별해 대량 학살했는데 집을 뒤져 막걸리가 있으면 가족을 몰살시켰다. 막걸리는 조선 사람은 마시고 일본 사람은 마시지 않았기 때문이다. 후쿠이 할머니도 똑같이 당했다. 외할머니로부터 전수받은 비법으로 어머니가 빚은 막걸리를 아버지가 즐겼는데 그게 화근이 돼 아버지가 비명에 가게 된 것이다. 당시 아버지는 몽둥이로 맞아죽었는데 후쿠이 할머니는 그때부터 막걸리를 더 귀하게 여겨 막걸

💬 송명섭막걸리는 일본에서 막걸리 열풍이 일던 시절 '한류 프로젝트'를 다루는 프로그램에서 중점적으로 소개되었다. 송명섭 명인의 집 마당을 꽉 채우고 있는 항아리들.

리를 두 손으로 기도하듯 소중하게 마셨다."

이창주 감독이 토종 막걸리 다큐멘터리 영화를 만들겠다는 결심을 세울 무렵 마침 일본에서는 막걸리 열풍이 일어 '한류 프로젝트'를 다루는 프로그램이 진행되었는데 이때 중점적으로 소개된 막걸리가 금정산성막걸리와 송명섭막걸리다. 이 양조장과 경남 산청 일대에서 밀주를 담는 할머니들만 토종 누룩을 사용해 막걸리를 주조하고 있었기 때문이다.[83]

한국의 막걸리를 '우리 민족 고유의 술'이라고 표현하는데, 이와 같이 '고유'라고 이름 붙일 수 있는 근거는 너무나 잘 알려진 이야기지만 막걸리의 제조 과정이 다른 술과는 차이점이 있기 때문이다. 대부분의 술은 발효 과정을 거친 후, 일정 기간 숙성 과정을 거친다. 술마다 조금씩 차이가 있는데 증류주는 발효주를 증류해 만든다. 포도주도 발효 후, 상당 기간 숙성을 한다.

한국에서 각종 술을 만드는 양조장이 850여 곳이 되지만 송명섭 명인이 유명한 것은 전통 술 담그기 전라북도 무형문화재로 선정되었을 정도로 그 능력을 인정받고 있기 때문이다. 또한 그는 농림축산식품부 지정 식품 명인으로도 선정되었다. 송명섭 명인이 만든 생막걸리는 일반 막걸리와 다소 차별화된다.

그것은 그가 직접 농사를 지은 쌀 영덕 41호와 손수 재배한 우리 밀로 만든 누룩, 물 외에 아스파탐 등 어떤 첨가물도 없이 막걸리를 만들기 때문이다. 첨가물이 없으므로 단맛도 시큼한 맛도 덜하지만, 마시다 보면 목 넘김이 좋아 '팬'이 되어버린다는 평을 받는다.[84] 한마디로 막걸리 마니아들이 손꼽는 '잘 만든 막걸리'로 부각되어, 서울의 이름 있는 막걸리 전문점에서는 대부분 취급하고 있을 정도다.[85]

송명섭 명인은 막걸리 주조 인생에서 2가지가 항상 기억에 남는다고 한다. 어렸을 때 그의 어머니는 그를 등에 업고 출고하기 전의 술맛을 보았다. 그런데 이때 자신이 막걸리를 주지 않는다고 칭얼거리고 울면 어머니가 손가락에 막걸리를 묻혀 빨아먹게 했는데, 갑자기 인기척이 없어 혹시 술에 취한 것 아니냐는 소동이 벌어졌다는 것이다. 어머니가 툇마루 덧문을 발로 차면서 넘어져 소위 압사 당할 위기에 처한 적도 있다고 한다. 송명섭 명인은 등에 업힐 때부터 술을 마셔 술의 장인이 된 것 같다고 웃으면서 말했다.

🍃 송명섭 명인은 자신이 직접 농사지은 쌀과 우리 밀로 만든 누룩, 물 외에는 어떤 첨가물도 넣지 않고 막걸리를 주조한다.

송명섭 명인은 또 아버지와 어머니가 새벽 4시가 되면 반드시 일어나 막걸리 주조 작업을 시작했기에 자신도 항상 그 시간에 깬다고 했다. 군대에 들어가서도 새벽 4시에 어김없이 일어났는데, 이 때문에 자신이 고참이 되었을 때 불침번 서는 후임병들이 적잖은 고충을 겪었다고 말한다. 내무반에서 불침번을 설 때는 졸리기 마련인데, 고참이 새벽 4시부터 눈을 똥그랗게 뜨고 있으니 후임병들이 겪었을 애로가 상상이 된다. 일부 후임병들은 '고참님 제발 잠 좀 자라'고 애원할 정도였다고 한다.

송명섭 명인이 명인으로 선정된 진짜 이유는 막걸리 때문이 아니라 다름 아닌 '죽력고竹瀝膏' 때문이다. 죽력고는 전주의 이강주, 평양의 감홍로와 함께 조선 3대 명주로 꼽히는 술이다. 대나무 진액과 우리 쌀을 원료로 만드는 증류주로 2000년 전후에 복원되었다. 『춘향전』에서 춘향이 자신의 집을 찾은 이몽룡에게 주안상을 내놓을 때 버젓이 이름을 올린 술이며, 우암 송시열이 자신의 시문집 『송자대전』에서 '진시절미眞是絶味'라고 극찬을 아끼지 않은 술이기도 하다.

술 만드는 이력이 약주의 형태를 취하고 있어서인지, 이 술은 실제 약으로도 활용되었다. 구한말, 매천 황현이 남긴 책 중 동학농민전쟁을 기록한 『오하기문梧下記聞』에 따르면, 일본과의 전투에서 패하고 한양으로 압송당하는 과정에서 녹두장군 전봉준은 고문으로 인해 만신창이가 된 몸의 원기회복을 위해 죽력고와 인삼을 찾은 것으로 알려진다. 죽력고를 만드는 방법은 증류주라도 다소 다르다.

"푸른 대나무에 열을 가해 뽑아낸 액을 섞어서 만드는데 약재를 술에 직접적으로 증류하는 방식이 아닌 간접적인 방법을 사용하여 증류하므로 약재의 향과 맛이 우러나므로 '고'라는 명칭을 사용한다."

구체적으로 죽력고는 미리 만들어놓은 술 원액에 솔잎과 대나무잎, 석창포, 계피, 생강을 항아리에 잠기게 넣고, 3~4일 동안 재운다. 이렇게 재워 놓은 약재는 소줏고리 안에 원을 그리듯이 넣고 대나무 가지로 입구를 막은 후, 저온 발효시켜 숙성한 술덧을 넣어주고, 소줏고리에 얹는다. 이후에는 약한 불로 6~8시간 눈지 않게

불을 때주면 죽력고가 완성된다. 이러한 죽력고는 추수를 끝낸 시기부터 농사일이 시작되기 전인 3월까지만 빚는다.

죽력고는 2000년대에 복원되었지만, 4대에 걸쳐 약 130년 동안 명맥을 이어온 전통주다. 송명섭 명인도 모친에게서 비법을 계승받았고 그의 모친도 친정 할아버지와 아버지에게서 비법을 전수받아 술도가를 운영하며 계승했다. 외증조부는 한약방을 운영하며 보조 치료제로 죽력고를 처방하기도 했다고 한다.[86] 한마디로 송명섭막걸리도 명품이고 죽력고도 명품 중 명품으로 한국 전통주의 품격을 한 차원 높여준다는 데 큰 의미가 있다. 농림축산식품부와 한국농수산식품유통공사가 전국의 우수 양조장을 선발해 육성

하는 사업인 '찾아가는 양조장'으로 선정한 이유라 할 수 있겠다.

송명섭 명인은 현재 부과되는 주세를 보완할 필요가 있다고 말한다. 남아도는 쌀의 소비를 증진하기 위해 도수가 낮은 막걸리에는 현재 5퍼센트의 세금을 매기고 있지만, 도수가 높은 증류주의 경우 주세가 만만치 않기 때문이다. 소주를 1,000원으로 치면 세금으로 500원, 기타 제조비로 350원 정도 지출되기에 나머지 150원 중에서 이윤을 남겨야 하므로 대량생산이 아니면 채산을 맞추기 어렵다는 것이다.

송명섭막걸리는 단맛도 시큼한 맛도 덜하지만, 마시다 보면 목 넘김이 좋아 '팬'이 되어버린다는 평을 듣고 있다.

물론 송명섭 명인은 명인이라는 것을 인정받아 35퍼센트의 세금만 내고 있는데, 가양주에는 융통성이 필요하다고 말한다. 외국은 자가 생산 농산물을 가공해 주조할 경우 세금 혜택이 있는데, 한국에서도 이런 방식을 도입한다면 쌀 소비도 증가할 것이라는 말했다.

생육자막걸리

전국 최고의 유자 생산량과 재배 면적을 자랑하는 전남 고흥은 매년 가을 울긋불긋 단풍과 함께 유자의 노란 빛깔이 물결을 이루는 곳이다. 따뜻한 햇살과 부드러운 남해의 해풍이 키워낸 고흥의 유자는 다른 지방의 것보다 향과 당도, 그 맛이 훨씬 뛰어나다고 인정받는다.

유자의 원산지는 중국 양쯔강 상류로, 한국에는 신라 문성왕 2년(840) 장보고가 중국 당나라에서 갖고 와 널리 퍼졌다고 한다. 장보고가 당나라에 갔을 때 어떤 상인의 집에 놀러갔다가 유자를 선물로 얻었는데, 우리나라로 돌아오는 도중 배가 풍랑을 만났다. 이때 장보고가 도포 자락 속에 넣어온 유자가 풍랑을 맞은 배 때문에 깨졌는데, 다행히 배는 지금의 남해 지역에 안착해 깨진 유자 씨앗이 남해에 전파되었다는 것이다. 『세종실록』에 따르면, 세종 8년

(1426) 전라도와 경상도에 유자와 감자를 심게 한 기록이 있다. 이로 미루어 재배 시기는『세종실록』에 기록된 것보다 훨씬 오래전으로 추정된다.

유자는 유자나무의 열매로 4~7센티미터의 크기에 노란색을 띠는 공 모양이다. 향이 매우 좋아 향료로 사용한다. 속설에 유자는 어려도 선비 손에서 놀고 탱자는 잘생겨도 거지 손에서 논다고 할 정도로 귀한 대접을 받았다. 한방에서 약재로 사용한다. 유자의 종류에는 청유자 · 황유자 · 실유자가 있으며 중국은 물론 한국 · 일본에서도 재배되는데 한국산이 가장 향이 진하고 껍질이 두껍다. 물론 한국에서 전남 고흥만 유자를 재배하는 것은 아니다. 전남 진도 · 완도 · 장흥에서도 생산하며, 경남 거제 · 남해 · 통영 등에서도 유자를 많이 재배한다. 그러나 고흥에서 유자를 가장 많이 생산한다는 것은 고흥 지역에서 유자에 대한 여러 가지 부산물이 가장 활발하게 만들어지고 있다는 것을 시사한다.

비타민C 하면 보통 레몬을 많이 생각하는데, 유자 속에는 레몬의 3배에 달하는 비타민C가 들어 있어 감기와 피부 미용에 좋은 것으로 알려진다. 또 노화와 피로를 방지하는 유기산도 많이 들어 있다. 또한 유자에 들어 있는 리모넨이라는 성분은 기침을 진정시키는 효능이 있는 것으로 평가 받는다. 리모넨 성분과 펙틴 성분은 뇌혈관에 이상이 생겼을 때 도움이 되며 특히 비타민B와 당질 · 단백질 등이 다른 감귤류 과일보다 많고 사과보다 10배 많은 칼슘을 함유하고 있어서 뼈 성장과 골다공증 예방에도 도움을 준다. 또 유자에 많이 들어 있는 헤스페리딘은 모세혈관을 보호하며 배농排膿과

🍃 풍양주조장이 생산하는 생유자막걸리는 유자막걸리의 원조 대접을 받는다.

배설 작용을 도와 몸 안에 쌓여 있는 노폐물을 밖으로 내보내는 역할도 한다.

허준은 『동의보감』에서 유자에 대해 "몸의 나쁜 기운을 없애고, 먹으면 맑은 정신과 가벼운 몸을 만들어주어 수명이 길어지는 좋은 재료이다. 특히 '술독을 풀어주고 술 마신 사람의 입 냄새까지 없애준다'"고 말했다. 유자의 서늘한 성질이 가슴을 시원하게 만들고 술독을 풀어준다는 것이다.[87] 『본초강목』에 따르면, 유자 껍질은 음식을 소화시키고 속을 편하게 하며 나쁜 기를 흩어지게 해서 담을 제거해준다. 담이 있는 기침에 유자를 꿀과 함께 수시로 복용하면 좋다는 내용도 기록되어 있다.

얇게 저며 차를 만들거나 소금이나 설탕에 절임해서 먹으며 과육으로는 잼ㆍ젤리ㆍ양갱 등을 만들고 즙으로는 식초나 드링크를 만든다. 껍질은 얼려 즉석 식품으로 이용하거나 가루를 내어 향신료로 쓰고, 종자는 기름을 짜서 식용유나 화장품용 향료로 쓰거나 신경통·관절염 약으로 쓴다. 귤나무 속 식물들 가운데 내한성이 가장 뛰어나며 열매를 잘게 썰어 설탕으로 재워 차로 마시면 추위를 잘 이길 수 있는 것으로 알려져 있어 옛날에는 추위를 이기기 위해 동지에 유자를 목욕물에 넣어 목욕을 했다고 한다.[88] 그러나 유자는 성질이 찬 음식이라 몸에 기운이 없고 맥이 약한 사람이나 몸이 찬 사람, 설사를 자주 하는 사람은 주의해 섭취해야 한다. 유자차의 유청은 당 성분이 높은 고칼로리라는 점도 유의할 필요가 있다.

유자나무는 과거에 할아버지 나무라고 알려졌다. 유자나무를 심으면 40~50여 년 후 손자 대에 비로소 열매를 딸 수 있기 때문이다. 농대를 나온 이제환 선생이 1970년대 열매가 열릴 수 있는 유자나무를 개량했다. 그는 탱자나무와 유자나무를 접목시켜 단 5년 만에 열매가 열릴 수 있는 유자나무를 만드는 데 성공했는데, 이렇게 해서 유자나무는 빠른 속도로 전국에 보급되었다. 풍양면은 우리나라 전국 생산량의 80~90퍼센트를 차지할 정도로 유자나무를 많이 재배하고 있는 지역이다.

고흥의 유자가 남다른 명성을 얻는 것은 막걸리 때문이다. 고흥에는 여러 양조장이 있지만 3대를 이어서 유자막걸리를 주조하고 있는 풍양면 풍양주조장의 생유자막걸리는 유자막걸리의 원조로 알려진다. 한마디로 유자의 특성을 한껏 살려 막걸리를 만들었는데, 이렇게 해서 고흥의 간판스타가 되었다고 볼 수 있다. 유자는 담금주로 만들었을 때 맛 좋기로 유명한 과실로 다소 유자양이

🗨 3대째 유자막걸리를 주조하고 있는 풍양주조장 이승근 사장. 유자막걸리는 반주로 즐길 수 있는 술로 정평이 나 있다.

많아도 막걸리 주조에 문제가 없다. 유자 성분이 많이 들어가 막걸리 색도 노랗다. 향과 맛을 보면 확실히 유자향이 가득하다. 단맛과 신맛의 조화가 잘 어울려 있으며 술을 마시고 난 후에는 입안에 유자 맛이 가득 차는데, 산미가 있어 목 넘김이 매우 깔끔하다. 식사와 함께 반주로 즐길 수 있는 술로 정평이 나 있다.

여하튼 유자막걸리는 고흥 아니면 탄생하기 어려운 술이지만, 현재 한국에서 유자막걸리는 고흥에서만 생산되는 것은 아니다. 남해, 순천, 거제도는 물론 경기도 화성에서도 생산되는데 이는 유자막걸리를 한국인들이 선호한다는 것을 보여준다. 이승근 사장은 풍양양조장에선 유자막걸리 외에도 유자향주를 출시한다고 말한

다. 이승근 사장이 직접 유자향주를 따라주었는데 유자향주도 막걸리기 때문에 도수는 6도지만 여타 막걸리처럼 탁하지 않고 맑은 것이 특징이다. 한마디로 흔들지 않고 마셔도 문제가 없다는 말이다. 풍양양조장에서는 곧이어 석류주도 개발하고 있으니 기대해달라고 한다.

풍양주조장에서 주조하는 유자막걸리는 고흥의 유자가 남다른 명성을 얻는 데 크게 기여했다.

원조울릉도호박생막걸리

울릉도와 제주도는 한국의 간판 섬이자 내륙과 남다른 특성을 갖고 있어 답사에 주의가 필요하다. 한마디로 울릉도로 이동하는 데는 제한이 있다는 것이다. 울릉도에는 비행기가 없는데 울릉도가 워낙 유명한 섬이므로 성수기에는 항상 주의해야 한다. 태풍은 물론 풍랑이 심할 때는 입도가 불가능하므로 울릉도를 방문하는 것이 수월하지 않다는 뜻이다. 그럼에도 울릉도에 사람들이 매력을 느끼는 것은 계절마다 특색을 가진 천의 얼굴을 갖고 있기 때문이다. 계절마다 각각 다른 멋과 맛이 살아 있다는 뜻이다.[89]

울릉군청은 울릉도를 '신비의 섬mysterious island 울릉도!'라고 안내한다. 울릉도를 신비의 섬이라도 자칭하는 것은 울릉도야말로 보물섬으로 지칭해도 과언이 아니기 때문이다. 특히 동해에 있는 우리나라 유일의 유인섬인 것은 물론 포항에서 동북쪽으로 뱃길 따라 무려 약 200킬로미터나 떨어져 망망대해에 우뚝 솟아 있다. 그러나 과학자들이 볼 때 울릉도는 절대로 신비의 섬이 아니다. 엄밀하게 말하면 백두산, 제주도와 함께 신생대 제3기 말에서 제4기 초 화산 활동으로 만들어진 화산섬이다. 한마디로 울릉도의 특징은 화산이다.

물론 같은 시기에 만들어진 화산섬이면서도 울릉도는 제주도와는 사뭇 모습이 다르다. 제주도가 한라산을 정점으로 서양 방패를 엎어놓은 형상(순상화산)이라면, 울릉도는 계곡 일부를 제외하면 섬 전체가 바다 위로 우뚝 솟아 있는 돔 모양을 하고 있다. 암석도 제주도는 바위 표면에 구멍이 숭숭 뚫린 검은색의 현무암이 90퍼센트 이상을 차지하지만, 울릉도는 치밀하고 단단한 화산암인 조면암이나 화산 폭발 때 분출되어 나온 조면암질 화산재(응회암), 용암 부스러기(화산쇄설암) 등으로 이루어져 있다. 이런 차이는 마그마의 성분과 화산 분출의 양상이 서로 달라 발생한 것이다.

제주도가 지각이 벌어진 틈을 따라 점성이 낮은 마그마가 흘러 넘치는 분출로 만들어졌다면, 울릉도는 적어도 해수면 위로 올라온 뒤에 폭발적인 분출 양상을 보인 화산 활동의 산물이다. 엄청난 양의 화산재가 하늘 높이 솟구쳤다 떨어져 쌓이는 것은 물론 그 위를 점성이 높은 용암류가 폭발적으로 분출해 덮거나 뜨거운 화산재나 용암 부스러기가 용암처럼 지표면을 따라 흘러내리는 등의 복잡한 과정을 되풀이했다는 것이다.

울릉도는 수심 2,000미터의 깊은 바다에 솟아 있는 화산체로 바다 위로 드러나 있는 것은 빙산의 일각에 지나지 않는다. 해저에서

섬 중앙에 솟아 있는 성인봉(해발 984미터)까지 포함하면 울릉도는 높이 3,000미터에 이르는 거대한 화산체로 백두산보다도 높다. 또 이 화산체는 원뿔 모양이어서 해수면상의 폭이 10킬로미터 안팎이지만, 바닷속 밑바닥은 지름이 약 30킬로미터로 면적이 제주도와 비슷한 규모일 것으로 추정한다. 한마디로 울릉도는 1만 년 전까지 화산 활동으로 만들어진 신생 섬이라 볼 수 있다.

울릉도를 형성한 화산의 분출이 이루어진 중앙 화구가 꺼져 만들어진 칼데라가 현재 울릉도의 유일한 평야인 성인봉 북쪽의 나리분지로 약 150만 제곱미터 규모다. 이 분지는 침식이 별로 진행되지 않아 원형이 잘 유지되어 있는데, 동남부와 서남부가 500미터 안팎의 가파른 절벽에 둘러싸여 있다. 그래서 아직도 일주도로를 만들지 못하고 있다.

울릉도는 항상 제주도와 비교되는데 제주도에 비해 물이 풍부하며 댐이 없는데도 수력발전으로 전기를 해결한다. 또한 울릉도에는 기후 등의 탓으로 야생 짐승들이 전혀 살지 않으며 다람쥐, 청설모, 들쥐, 개구리 등이 서식한다. 울릉도에는 이른바 '3무5다'가 있는데 3무는 공해, 도둑, 뱀이며 5다는 바람, 돌, 물, 향나무, 미美(피부가 곱다는 뜻)다. 뱀이 살지 않는다는 점이 다소 이상한데 학자들은 그 이유로 울릉도 전체에 서식하는 향나무를 꼽는다.

울릉도의 자랑은 호박엿이다. 호박엿의 유래는 울릉도를 개척할 당시로 올라가는데, 태하의 서달령 고개를 중심으로 15~16가구가 여기저기 살고 있었다. 그중 한 집에 과년한 처녀가 있었는데 이른 봄이 되어 육지에서 가져온 호박씨를 울타리 밑에 심었다. 이

원조울릉도호박생막걸리는 호박엿과 함께 울릉도의 자랑 가운데 하나다.

호박이 나날이 자라나서 호박이 열매를 맺기 시작했는데, 그 호박이 익기도 전에 처녀는 혼처가 생겨 마을에서 멀리 떨어진 곳으로 시집을 가게 되었다. 처녀가 시집을 가고 난 후 호박넝쿨에는 큼직한 호박이 탐스럽게 익어갔다.

　신기하게도 호박은 계속 따먹어도 자꾸만 열렸다. 가을에는 누렇게 익은 호박을 따다가 방안 가득히 채웠다. 겨울이 닥쳐와 눈이 내려 일 없는 날들을 보내게 되자 하루는 그 호박으로 죽을 쑤었는데 그 맛이 엿과 같이 달았다. 그것은 호박 맛이 아니고 엿 맛이었다. 그래서 해마다 호박을 많이 재배해 겨울에는 엿 맛과 같은 호박죽을 쑤어 먹었다. 이렇게 해서 울릉도의 명물인 '호박엿'이란 말이 생겨났고, 울릉도에서 계속 호박을 많이 생산하게 되었다.[90]

　호박엿에서 호박막걸리가 태어난다는 것은 그다지 생소한 일은 아니다. 울릉도 호박생막걸리는 울릉읍 이승옥 할머니에 의해 50년 전에 등장했다. 부산에서 태어난 이승옥 할머니는 16세에 결혼해 시동생, 치매에 걸린 시아버지의 수발을 드는 등 수많은 고생으로 매일 수면제를 먹어야 할 정도였는데 자궁암에 걸려 수술을 받았다고 한다. 젊은 나이에 암에 걸렸는데 당대의 의료 상황으로 볼 때 암은 불치의 병이나 마찬가지였다. 그런데 누룩과 호박이 암에 좋다는 말을 듣고 울릉도에 입도해 막걸리를 빚기 시작했다. 이때 그녀가 만든 것은 막걸리가 아니라 호박을 넣은 약용막걸리였다.

이승옥 할머니가 막걸리 빚는 법을 배운 일화는 매우 인간적이다. 자신이 어렸을 적 농부인 아버지 이태덕이 막걸리, 즉 가양주를 혼자 집에서 주조해 마셨는데 어느 날 아버지가 어린 딸에게 술독이 어디 있는지를 알려주며 독에 있는 것을 밭으로 갖고 오라고 했다. 어린 이승옥은 아버지가 막걸리를 주조하는 것은 물론 막걸리라는 것조차 몰랐는데 독 안에 있는 것을 주전자에 담으려 하니 향기가 있어 손을 담갔다 먹어보니 맛이 좋았다. 그래서 한 잔을 마셨는데 그만 취해 쓰러져 아버지에게 막걸리를 갖다 주지 못했다고 한다. 이후 아버지에게서 막걸리 빚는 것을 배웠는데, 그 기술로 울릉도에서 막걸리를 만든 것이다.

울릉도 막걸리의 놀라운 점은 생막걸리인데도 3개월 정도 보관이 가능하다는 점이다. 울릉도에서 약용으로 처음 호박을 넣어 막걸리를 만들었지만, 일주일 정도 지나면 변질되어 마시지 못했다고 한다. 일반 막걸리와 다름없는데 이를 늘리기 위해 여러 방법을

호박막걸리를 탄생시킨 이승옥 사장. 이승옥 사장은 암에 걸렸다가 누룩과 호박이
암에 좋다는 이야기를 듣고 막걸리를 빚기 시작했다.

사용한 결과 호박으로 잼을 만들어 첨가했더니 3개월 정도까지는
변질이 되지 않았다고 한다. 이승옥 할머니는 나에게 막걸리를 따
라 주면서 실제로 3개월 된 막걸리가 가장 맛이 좋다고 말했다.

'원조울릉도호박생막걸리'는 울릉도의 자랑 청정수를 사용하지
만, 청정수를 직접 사용하는 것이 아니라 약초를 넣어 다린 정제수
를 사용한다는 점에서 다른 막걸리와 다르다. 울릉도 물은 예부터
미네랄 함양이 매우 높은 청정 1급수로 그 맛이 좋기로 정평이 나
있다. 비타민A가 되는 카로틴, 비타민C, 칼륨, 레시틴 등이 풍부하
게 들어 있다. 정제수란 칡, 우슬, 헛개 잎을 함께 넣어 끓인 것으

로 여기에 웰빙 식품의 대명사로 알려져
있는 호박을 넣는다. 호박은 늙은 호박(일
명 청등, 맷돌호박) 3.06퍼센트를 넣는데
약초로 우린 정제수를 사용하므로 주당들
이 솔깃하지 않을 수 없지만 생산량에 한
계가 있기 마련이다.[91]

이승옥 대표가 주조하
는 원조호박막걸리.

호박이 주목 받는 것은 호박에 비타민
A, B, E가 풍부하게 함유되어 있어 체내
의 노폐물을 효과적으로 배출하고 피부
미백부터 탄력, 피부 트러블 진정에도 효
과적이라고 알려져 있기 때문이다. 또한,
항산화 작용을 하는 베타카로틴이 풍부해 체내의 활성산소를 제
거해주기 때문에 노화와 각종 질병을 예방해준다. 또한 비타민A가
풍부해서 안구 건조증과 시력이 떨어지는 것을 예방해주는 등 시
력 보호에도 전반적인 도움을 많이 준다. 호박의 루테인 성분은 밤
에 사물을 분간하기 힘든 야맹증, 시력 저하 등을 개선하고 증상이
악화되는 것을 예방해준다.

또한 바로티노이드 성분은 암세포 생성을 억제해주고, 셀레늄,
루테인, 페놀 등 다양한 성분이 폐암, 유방암, 자궁암 등을 예방해
준다고 알려진다. 울릉도 주민들이 바닷가에 살면서도 피부가 희
고 건강한 것은 맑은 물과 호박을 즐겨 먹기 때문이라는 것이 정
설처럼 인정되고 있다. 이승옥 할머니는 암으로 3번 수술을 했음
에도 지금도 정정한 모습으로 막걸리를 주조하고 있다.[92]

오메기술

제주도 서귀포시 표선면에 있는 성읍 민속마을(중요 민속문화재 제188호)에서 주조하는 오메기술은 '제주 무형문화재 제3호'로 지정되어 있다. 오메기술은 한라산 중산간 지대에 있는 성읍 민속마을에서 제조한다. 성읍은 제주가 3개의 행정구역으로 나뉘어 있을 때 정의현이라 불렸던 곳의 도읍지로 1400년대부터 구한말까지 500여 년의 세월 동안 묵혀진 제주의 모습을 고스란히 담고 있으며 제주를 대표할 만한 민속 유물과 유적들이 모여 있는 곳이다. 성읍 민속마을은 제주도의 자랑거리 중 하나인데 제주도에서도 다소 특이한 곳에 자리 잡고 있다.

우선 마을이 해안 마을인 표선리부터 한라산 쪽으로 8킬로미터 올라간 곳에 있다. 8킬로미터는 그다지 긴 거리가 아니지만 과거의 제주도에서는 매우 특별한 경우에 해당한다. 제주도민들이 음료수로 쓰던 샘물들이 거의 해안에 분포하고 있었기 때문에 해안에서 무려 8킬로미터나 산간으로 올라갔다면 여러 가지 면에서 문제점이 생기기 마련이다. 식수부터 문제점이 있다고 여겨지는 곳임에도 성읍 마을이 조선 초기부터 제주의 도읍지 중 하나였다는 것은 그만큼 중요한 곳이었다는 것을 시사한다. 한마디로 남다른 특수성이 있다는 의미다.

성읍 민속마을은 우리나라에서 가장 잘 보존된 읍성이다. 성 내부의 마을 보존 상태도 좋다. 그런데 제주도에서 성읍 마을만 이처럼 과거의 모습을 잘 간직한 배경에는 매우 슬픈 이야기가 배어 있다. 실제로 제주도의 여타 마을 특히 제주도의 중산간 일대 마을들은 성읍 마을처럼 초가집이 기본이었지만 거의 모두 사라졌는데 이유는 다 불타버렸기 때문이다. 정확히 말하면 모두 태워버린 것이다.

제주도 역사에서 가장 유명한 사건인 4 · 3항쟁 때의 일이다. 군경 토벌대가 중산간 마을을 모두 태웠다. 유격대의 지원 기지가 될 가능성이 있다는 이유에서였는데, 이 당시 집도 사람도 모두 태우고 죽이는 초토화 작전으로 일관했다고 한다. 그런데 성읍 민속마을만은 불타지 않았다. 해발 120미터의 중산간 지대인데도 말이다. 이유는 성읍 민속마을에 경찰지서가 있었기 때문이다. 이영권 선생은 4 · 3항쟁이 없었다면 성읍 민속마을 못지않은 소중한 민속 자원들이 상당수 남았을 것이지만 경찰지서 때문에 어쨌든 성읍 민속마을 하나라도 남아 우리에게 보여줄 수 있다는 것이 다행한 일이라고 말한다.[93]

🍃 제주도 성읍 민속마을은 우리나라에서 가장 잘 보존된 읍성이다.

  정의현의 도읍지는 바로 성읍리로 비교적 넓은 평원에 있다. 당
초 정의현의 도읍지는 성산읍 고성圃城에 있었는데, 이곳이 동쪽으
로 너무 치우친 데다 일본과 가깝기 때문에 성읍리가 정의현의 도
읍지가 된 것이다.[94] 성읍이 여러 가지 약점이 있지만, 도읍지가 된
데에는 풍수지리의 덕도 있었다.

  성읍 마을을 보면 한라산이 조종산祖宗山이자 전체 고을을 보호하
는 진산鎭山이 된다. 그리고 마을의 주인이 되는 주산은 정의현 성
의 북쪽에 있는 영주산(해발 326.4미터)이다. 성읍 마을은 영주산
을 기본으로 동쪽의 본지오름 방면으로 이어지는 맥이 좌청룡, 서
쪽 모지오름 · 따리비오름 · 설오름 · 갑선이오름으로 이어지는 맥
이 우백호, 남산봉(해발 178미터)이 안산에 해당하며, 천미천이 명
당수 역할을 한다.

  이들 오름에 의해 성읍은 전란이 일지 않는 이른바 '병화불입지

兵禍不入地'라고 전해지는 명당 중 명당으로 인식된다. 그러나 아무리 풍수지리적으로 명당이라 하더라도 이후 여러 번 행정적 변화에 의해 성읍은 도읍지로서 지위를 잃어버리고 평범한 농촌으로 탈바꿈하면서 사양길로 들어갔다. 그런데 바로 이 점이 오히려 전화위복이 되어 민속마을로서 위치를 확보한 것으로 볼 수 있다.[95]

성읍 마을을 흥취 있게 만드는 것이 성읍 마을의 '오메기술'이다. '강술'이라고도 한다. 오메기술은 제주도에서 재배되는 차좁쌀을 연자방아나 맷돌로 빻아 이 지역의 맑은 물로 빚어낸 순곡주다. 오메기술은 남제주군 지역 민요 가창으로도 자주 불렸다.

"못 먹는 탁배기, 권하지나 맙서예, 달이 동동 밝거들랑, 날 만나러 옵서예."

이 노래의 뜻은 못 먹는 오메기술은 권하지 마시고 휘영청 달이 밝거든 나를 만나러 오라는 것이다. 옛 제주인들의 생활 내면까지 엿볼 수 있는 민요로 제주의 언어 예술이 남다르다는 것을 느낄 수 있다. 제주도는 밭과 논의 비율이 49대 1로 논이 매우 귀한 섬이므로 쌀농사가 어렵고 기상도 농사에 적당하지 않아 쌀을 먹는 게 간단한 일은 아니었다. 그럼에도 당에서 무리를 지어 신에게 제사를 드리고 음주가무를 위해 술을 준비하지 않을 수는 없는 일이었다.

특히 성읍 마을은 화산회토로 이루어진 토양이기 때문에 기층문화는 좁쌀 문화다. 밭벼도 재배되었다고는 하나 워낙 소출이 적어 술을 만들기에는 부족해서 곡물이 많이 소비되는 술은 좁쌀 중에서도 차좁쌀로 빚었다. 차좁쌀이어야 비로소 막걸리를 만드는 데

어려움이 없기 때문이다. 차조를 가루로 내어 동그랗게 만들어 끓 는 물에 삶은 떡을 '오메기떡'이라 하는데 술을 빚는 데 사용한다 하여 '술떡'이라고도 한다. 오메기술이란 곧 오메기떡과 누룩을 버 무려 담근 술을 뜻하는데, 학자들을 성읍 민속마을에서 오메기술 을 빚은 시기를 매우 오래전으로 추정한다.[96] 오메기술은 탁주를 만드는 술떡의 이름인 '모메기'에서 비롯된 것으로 이 떡으로 만든 술이라는 의미를 갖는다.

오메기술을 만들기 위해선 여러 단계를 거쳐야 한다. 15말들이 대형 항아리에 밀 누룩과 흐린 좁쌀 오메기(차좁쌀로 만든 물떡)를 반죽해 항아리 그릇의 80퍼센트쯤 채우고 음폐된 방에 둔다. 그리 고 제주 전통의 작업복인 갑옷이나 솜이불로 항아리를 싸 보온해 술의 익음을 촉진시킨다. 20~30일이 되면 술 익는 소리인 주정이 포말을 이루며 터지는 소리가 난다. 오메기와 누룩은 시간이 흐름에 따라 발효가 되어 항아리 상부의 청주 표면에는 검은색 기름이 두둥실 떠 있고 청과 내용과 오곡의 성숙된 향미를 맛볼 수 있다. 이 암갈색의 검은 술(웃국)이 곧 제주 청주며 그 밑바닥의 침전된 부분(밑국)의 텁텁한 것이 오메기술이다. 오메기술은 언제라도 빚을 수 있지만, 24절기 가운데 상강(음력 10월 24일)이 지나서 새 차좁쌀로 빚는 것이 가장 좋다.[97]

여기에서 오메기술에 사용하는 누룩을 오메기국이라 부른다. 음력으로 삼복三伏이 지난 후 8월에 디뎌서 띄우는데, 음력 10월까지만 2개월간 띄우고 건조시켜 보관했다가, 술 빚기 며칠 전에 가루로 빻아 햇볕에 내놓아 건조시키고, 밤에는 이슬을 맞히가면서 법제해 사용한다. 박록담은 오메기국을 띄울 때 항아리 안의 볏짚을 너무 자주 갈아주는 게 좋지 않다고 말했다. 자칫 수분이 부족하게되면 빨리 건조되는 결과를 낳을 수 있다는 것이다.[98]

오메기술과 같은 방식으로 떡을 만들어 빚는 술로 이화주와 동정춘 등이 있는데, 모두 꿀처럼 단맛이 강한 술이다. 오메기술은 현재 '제주도무형문화재 제3호'로 지정되어 있다. 또한 1925년생으로 60년 이상 오메기술을 주조한 김을정 할머니는 제주도 술에 관한 한 전설적 인물이다. 일제강점기인 20세에 성읍 마을로 시집와서 오메기술을 담았는데, 당시 제주도에서 많은 집이 오메기술을 담았다. 그러나 막걸리에 대한 변천사만큼 우여곡절이 많아 제주도에서 오메기술이 거의 모두 사라졌는데 김을정 할머니의 집

성읍 마을에서 주조하는 오메기술은 탁주를 만드는 술떡의 이름인 '모메기'에서 비
롯된 것으로, 오메기떡과 누룩을 버무려 담근다.

안에서는 계속 오메기술을 만들었다고 한다. 한마디로 다른 곳에
서는 오메기술을 만드는 것이 어려워 포기했지만, 김을정 할머니
집안은 성읍 더 나아가 제주도에서 만만치 않은 반가이므로 제주
도의 전통을 계속 유지해왔다는 것이다.

김을정 할머니의 딸로 오메기술 주조 비법을 전수받은 오메기술
전수조교(대한민국 농림식품부 명인 68호) 강경순은 제주도처럼 특
별한 곳에서 오메기술을 만들게 된 이야기를 아주 쉽게 설명해준
다. 어느 날 폭풍우가 계속 몰려와 밖에 나가 농사도 지을 수 없게
되자 집안에서 차좁쌀로 떡을 만들고 이를 이용해 막걸리를 만들
어보자는 생각을 했다. 그런데 일반 좁쌀로 막걸리 만드는 것은 실

 김을정 할머니의 딸로 오메기술 주조 비법을 전수받은 강경순 전수조교(왼쪽)와 채바다 관장(오른쪽).

패했지만, 차좁쌀로 막걸리를 만드는 데는 성공했고 이것이 생각보다 큰 호평을 받았다는 것이다. 제주도에서 어려운 상황임에도 막걸리를 만든 것은 쌀로 술을 만드는 것이 어렵다고 해서 차례나 제사를 지내지 않는 것은 아니기 때문이다.

 누룩도 특이하다. 일반적으로 누룩은 밀로 만드는데 오메기술을 만드는 누룩은 보리로 만들며 누룩의 크기도 매우 작고 색도 약간 다르다. 오메기술의 문제점은 차좁쌀을 경작하는 농가가 거의 없어 가격이 폭등한 상태(쌀의 5배 정도)에서 주조하는 데다 아무 때나 만드는 것이 아니어서 항상 마시는 게 어렵다는 것이다. 그러므로 성읍 민속마을을 방문할 때 김을정 할머니의 오메기술 또는 고소리술을 시음하기가 간단치 않으므로 사전에 체크할 필요가 있다. 물론 많은 양이 아닌 경우 강경순 전수조교의 도움을 받을 수 있다.

김을정 할머니는 오메기술만 아니라 고소리술 주조 장인(제주도 무형문화재 11호)으로도 지정되었다. 조를 비롯한 잡곡으로 만든 오메기술을 고소리(소줏고리)로 증류해 만든 소주가 고소리술이다. 이렇게 술을 증류하는 것을 '술닦는다'라고 하며 용기로는 '소줏돌'과 '고소리'가 있다. 소줏돌은 솥뚜껑처럼 돌을 다듬어 만든 것으로 한가운데에 구멍이 나 있다. 성읍 마을은 마을 전체가 중요 민속문화재 제188호로 지정되어 있지만, 5채의 가옥이 별도로 중요 민속자료로 지정되어 있다. 이 중 중요 민속자료 제68호로 지정된 조일훈 가옥은 정의 고을 객사 인근에 있는데 원래 객줏집으로 오메기술을 판매한 곳으로 알려진다.

약 1,000제곱미터의 넓은 터에 안채(안거리), 바깥채(밖거리), 모커리, 창고, 이문간 등 5채의 건물이 마당을 둘러싼 'ㅁ'자형을 이루고 있다. 일반적으로 성읍의 집들은 대지의 가장자리에 안채와 바깥채를 두고 그와 직각으로 부속채를 두는 방식으로 구성된다. 제주도에서 정지(부엌)는 취사·식사·작업 등을 위한 다목적 공간으로 건물 안의 마당인 봉당의 기능도 겸한다. 특히 날씨가 나쁠 때 정지를 작업 공간으로 사용하므로 다른 지역의 한옥 부엌에 비해 상당히 넓은 것이 특징이다.

이 집에는 올레가 없고 이문간만 설치되었다. 순수한 살림집이 아니어서 공간을 걸러주는 요소가 필요치 않았기 때문이다. 또한 쇠막(오양간)과 헛간 용도로 2칸의 모커리를 두었으며 바깥채와 이문간에도 쇠막이 있다. 바깥채에는 재래적인 농기구들을 보관했으며 마소에게 물을 먹이던 돌구유 몇 개도 보관되어 있는데, 이는 객줏집으로서 마소를 위한 공간이 많이 필요했기 때문으로 보인다.

창고가 세워진 자리에는 밀방애(연자매)가 있었다고 한다. 안채 문은 근래 변형되었으나 주춧돌, 받침돌 등은 물론 허벅을 얹어 두 는 물팡돌 등은 과거 그대로다. 특이한 것은 동전을 넣어두는 돈궤 도 보관되어 있어 객줏집으로 당시 살림살이를 적나라하게 보여 준다. 큰 틀에서 전형적 목축 농가의 구조를 가지고 있음에도 객줏 집으로도 이용되었다는 것은 민가의 다양한 용도를 수용하는 변 용성을 보여주는 것이라 할 수 있다. 당시의 생활사를 이해하는 데 매우 중요한 건축물로 인정되어 문화재로 지정되었다 할 수 있 다.[99]

제주니므메

제주도는 바람이 많다. 계절과 해류에 따라 풍향이 다르므로 평소에도 바람에 대비해야 한다. 이런 목적으로 고안된 것이 바로 바람의 저항을 최소화한 완만한 지붕 경사각이다. 다시 말해 반란半卵 형태의 길고 둥근 돔 구조를 이루어 내풍에 역점을 둔 지붕면이 4개로 구성되는 우진각지붕이 된다.

송성대 박사는 이를 조개를 엎어놓은 듯한 모양으로 보아 제주도의 원초적인 지붕을 '조개 집의 형태'로 묘사하기도 한다. 이들 지붕을 '새茅(띠)'로 표현되는 풀로 만들고 또한 때로 만든 새 줄로 하여금 단단하게 결박함으로써 지붕이 날아가지 않도록 대비했다. 『삼국유사』에 '북령의 사자암에는 판옥板屋을 만들었다'라는 기록이 있는 것을 볼 때 제주도에서는 매우 오래전부터 이러한 가옥을 갖고 있다고 볼 수 있다.

제주도의 특징이라면 아무래도 '통시(뒷간)'다. 한국 전통 주거의 변소는 크게 3가지로 구분한다. 좁고 깊은 구덩이를 두고 양 둔덕에 발을 올려놓는 형태의 '잿간 변소', 해우소라 부르는 '절간 변소', 구덩이 대신 발아래 돼지를 키우는 '통시' 등이다. 전통 변소는 열린 구조로 되어 있어 공기가 잘 통하고 인간이 배출한 유기물을 미생물과 벌레들이 분해해 농사에 필요한 거름으로 재생산하는 역할을 한다.

제주도는 특이하게 부엌에서 멀리 떨어진 밖거리에 있는 변소와 돗통(돼지우리)을 함께 연결했다. 사람이 배변하는 곳에 돼지우리가 딸려 있는 것이다. 뒷간 밑에 돼지를 기르는데 돼지가 인분을 처리하고 돼지가 배출하는 유기 폐기물은 퇴비로 재활용함으로써 폐기물을 자원화하는 것이다. 그러므로 제주도에서는 개를 키우지 않는 집은 있어도 돼지를 키우지 않는 집은 없었다. 돼지를 키우는 이유는 고기를 얻기 위해서이기도 하지만 무엇보다도 거름을 얻기 위해서였다. 여기서 '제주도 똥돼지'라는 말이 나왔다.

통시에서 변을 보는 장소는 지상에서 2~3계단 위에 2개의 넓고 긴 돌을 배치하고 시선 차단을 위해 담을 얕게 쌓았지만 지붕 구조물은 없다. 이때 제주인들은 돼지우리에 짚을 넣어둔다. 그러면 돼지와 사람의 배설물이 짚 위에 쌓이고 돼지들이 돌아다니며 바닥을 밟아주면 짚과 배설물이 섞이면서 잘 썩는데 냄새가 거의 나지 않고 완전 분해되는 것이 특징이다. 이것이 농작물에 좋은 거름이 되며 씨앗과 흙이 바람에 날아가는 것을 막아준다. 또한 제주의 통시는 건물의 한쪽 면을 돌아가서 설치하므로 마당에서 직접 보

제주니모메를 주조하는 제주샘주는 제주도만의 막걸리를 만들겠다는 생각에서 제주도에서 생산하는 쌀과 제주도의 간판스타인 귤만 사용해 막걸리를 주조하고 있다.

이지 않는다.[100]

제주도의 특산물이 감귤이라는 데 이의를 걸 사람은 없을 것이다. 과거에는 감귤나무를 대학나무라고도 했는데, 이는 감귤 하나만 잘 관리하면 아이를 대학교에 보낼 정도로 수익이 좋다는 데서 유래했다. 이러한 감귤이므로 막걸리를 만들지 못할 것은 아닌데 실제로 감귤로 만든 막걸리가 생산된다. 겨울이 제철인 감귤은 비타민C가 들어 있어 감기 예방에 좋을 뿐만 아니라, 헤스페리딘이라는 비타민P가 함유되어 있어 비만은 물론 고혈압 등의 성인병 예방에도 효과가 있다.

제주에서 '찾아가는 양조장'으로 선정된 제주샘주는 제주의 간판스타인 귤을 막걸리로 만들어 성공한 곳이다. 제주도 하면 먼저 떠오르는 것 중 하나가 바로 귤이다. 술의 이름은 '니모메'로 '너의 마음에'라는 뜻의 제주 방언이다. 단순히 즐기기 위해 마시고 치워버리는 술이 아닌 마시는 사람의 마음을 생각한 그런 술이 되기를 바라는 뜻에서 지은 이름이다.

니모메가 특별한 것은 제주에서 나는 쌀과 함께 감귤로 만든다는 점이다. 니모메는 쌀과 함께 제주산 감귤의 껍질(귤피)을 넣어 발효시켜 만드는 일종의 약주로 소위 막걸리를 걸러 만든다. 감귤은 양조장에서 직접 구입해 침지, 세척의 과정을 거친 후 과피와 과육을 분리한다. 이렇게 고된 과정을 통해 얻은 귤피를 건조한 후 쌀과 함께 효모 누룩으로 발효시킨다.

발효가 끝나면 냉각을 통해 10도 이하에서 10일간 저온 숙성을 거쳐 완성한다. 니모메는 약주이므로 알코올 도수가 11퍼센트인데 첨가물을 일체 사용하지 않는다. 오렌지 빛이 살짝 감도는 술은 프랑스의 백포도주를 연상시키는데 감귤 특유의 달콤하고 산뜻한 향이 기분 좋게 식욕을 자극해 10도 이하에서 차게 마시면 식욕을 자극하는 식전주로도 일품이다.

제주샘주의 김숙희 대표는 원래 레스토랑을 운영하면서 틈틈이 막걸리를 주조했는데, 2005년부터 과거의 주조장을 인수해 남편인 고수봉 총괄본부장과 함께 제주샘주를 탄생시켰다. 이곳의 지하수가 남다르다는 뜻이다. 또한 제주샘주에서도 성읍 마을처럼 오메기술과 고소리술을 만드는데, 성읍 마을의 김을정 할머니의 방식과는 약간 다르다. 차좁쌀을 사용해 오메기술을 주조하는 것

🗨 술 이름인 '니모메'는 '너의 마음에'라는 뜻의 제주 방언이다. 제주샘주 김숙희 대표
는 마시는 사람의 마음을 생각한 술이 되기를 바라는 뜻에서 이런 이름을 붙였다.

은 같지만 조릿대를 가루로 만들어 첨가하며 고소리술은 오메기
술을 증류해 29~30도의 소주로 만든다.

　제주샘주의 자랑은 쌀이 귀해 가격이 다른 지역의 쌀보다 만만
치 않게 비싼 데도 제주 쌀만 사용한다는 것이다. 서귀포 하논 분
화구 인근의 약 8만 2,000제곱미터를 계약 재배하여 사용하는데,
이는 제주만의 막걸리를 만들겠다는 의지의 산물이다. '찾아가는
양조장'으로 지정된 제주샘주 양조장을 들르면 니모메 외에도 오
메기술, 고소리술 등 제주도 고유의 술을 함께 시음하고 구입할 수
있다.[101]

　현재 제주도에서 판매하는 오메기떡은 오메기술에 사용하는 것
이 아니다. 오메기떡이 관광 상품이 되면서 오메기떡 속에 팥소가
들어가고 겉에 팥고물이 묻어 있다. 반면에 제주도에서 말하는 오

🍶 제주샘주는 오메기술과 고소리술 등 제주도 고유의 술도 함께 주조하고 있다.

메기떡은 좁쌀을 맷돌에 갈아 반죽해서 익힌 인절미 같은 떡이다. 오메기떡에 팥소가 들어가는 이유를 제주샘주의 고수봉 총괄본부 장은 명쾌하게 설명한다.

"원래 오메기떡은 인절미와 같아 설탕을 찍어 먹었죠. 그런데 많은 현대인들이 설탕 찍어 먹는 것에 거부 반응을 일으키므로 팥소 등을 넣었습니다. 현대화된 오메기떡으로 탈바꿈한 것이죠."[102]

주

제1장 막걸리는 어떻게 '국민주'가 되었는가?

1 빌 손즈 · 리치 손즈, 이경아 옮김, 『남자도 임신할 수 있을까?』(한승, 2008).
2 http://www.astinet.kr/front/knowledge/gtb/gtbView.do?boardSeq=253691.
3 서익원, 「수메르인 종족 번식 촉매제 인식」, 『중앙경제』, 1994년 10월 10일.
4 정규성, 『인천 탁주, 그 히스토리』(인천탁주, 2015).
5 이규태, 『이규태 코너』(월간조선사, 2001).
6 박록담, 『한국의 전통명주 1: 다시 쓰는 주방문』(코리아쇼케이스, 2005).
7 허시명, 「한잔 술에서 시작될 뻔한 외교 분쟁: 멸망한 유구 왕국, 그 역사 속의 술 향기」, 『오마이뉴스』, 2016년 8월 19일; 이규태, 앞의 책.
8 http://terms.naver.com/entry.nhn?docId=2114943&cid=40942&categoryId=32116.
9 허시명, 『막걸리 넌 누구냐?』(예담, 2010).
10 꿈꾸는과학, 박기종 그림, 『뒷간에서 주웠어, 뭘?』(열린과학, 2007).
11 허시명, 앞의 책.
12 정규성, 앞의 책.
13 유대식, 『막걸리학, 천년의 술 우리 막걸리』(월드사이언스, 2015).
14 http://blog.naver.com/moonjinforum/220326603114.
15 김규회, 『의심 많은 교양인을 위한 상식의 반전 101』(끌리는책, 2012).
16 정규성, 앞의 책.
17 정은숙, 『정에 취하고 맛에 반한 막걸리 기행』(한국방송출판, 2011).
18 유대식, 앞의 책.

제2장 막걸리의 모든 것

1 정은숙, 『정에 취하고 맛에 반한 막걸리 기행』(한국방송출판, 2011).
2 유대식, 『막걸리학, 천년의 술 우리 막걸리』(월드사이언스, 2015).
3 박록담, 『한국의 전통명주 1 : 다시 쓰는 주방문』(코리아쇼케이스, 2005).
4 박록담, 『한국의 전통명주 4 : 버선발로 디딘 누룩』(코리아쇼케이스, 2005).
5 박록담, 『한국의 전통명주 4 : 버선빌로 디딘 누룩』(코리아쇼케이스, 2005).
6 꿈꾸는과학, 박기종 그림, 『뒷간에서 주웠어, 뭘?』(열린과학, 2007).
7 이종호, 『세계 최고의 우리 문화유산』(컬처라인, 2001).
8 박록담, 『한국의 전통명주 4 : 버선발로 디딘 누룩』(코리아쇼케이스, 2005).
9 금정산성막걸리, 『누룩 꽃이 피었습니다』.
10 http://blog.naver.com/enjoybrewery.
11 김승호, 「[응답하라, 우리 술 9] 누룩으로 빚는 우리 술의 원형 '산성막걸리'」, 『대한금융신문』, 2016년 11월 20일.
12 박기용, 「'순수한' 막걸리가 찾아온다」, 『한겨레』, 2016년 4월 29일.
13 허시명, 「[허시명의 우리 술 이야기] (45) 막걸리 스캔들」, 『경향신문』, 2010년 11월 7일.
14 http://terms.naver.com/entry.nhn?docId=1991882&cid=48170&categoryId=48399.
15 박록담, 『한국의 전통명주 1 : 다시 쓰는 주방문』(코리아쇼케이스, 2005).
16 박록담, 『한국의 전통명주 3 : 전통주 비법 211가지』(코리아쇼케이스, 2006).
17 박록담, 『한국의 전통명주 1 : 다시 쓰는 주방문』(코리아쇼케이스, 2005).
18 허시명, 『막걸리 넌 누구냐?』(예담, 2010).
19 황인교, 「아내 허락 없이 술 못 사, 재미있는 미국 술법」, 『시티신문』, 2007년 6월 1일.
20 「美 뉴욕, 술병 보이게 들고 다니면 과태료…佛, 1873년부터 공공장소에서 취해 있으면 처벌」, 『조선일보』, 2012년 6월 1일.
21 허시명, 「아들아, 술버릇에도 '등급'이 있단다: 스무 살의 술 그리고 술을 좋아한다는 것」, 『오마이뉴스』, 2016년 1월 21일.

제3장 막걸리를 과학적으로 해부하다

1 허만즈, 김하림 옮김, 『중국의 술 문화』(에디터, 2004).
2 구청푸 외, 김동휘 옮김, 『중국을 말한다(7)』(신원문화사, 2008).
3 나관중, 리동혁 옮김, 『본 삼국지(11)』(금토, 2005).
4 허만즈, 김하림 옮김, 앞의 책.
5 http://blog.naver.com/ohmyjapan/220989720384.
6 이기환, 「코리안루트를 찾아서(28): 중산국의 위대한 문명」, 『경향신문』, 2008년 4월 25일; 이기환, 「코리안루트를 찾아서(29): 중원에 꽃핀 동이족의 나라」, 『경향신문』, 2008년 5월 2일.
7 「표준으로 건강한 음주를」, 『기술표준』, 2011년 4월.
8 「음주 측정기의 원리」, 『대중과학』, 2007년 제7호.
9 이동식, 『다섯 계절의 노래』(나눔사, 2008).
10 KBS 과학카페 제작팀, 『과학 카페1』(예담, 2008).

11 이성주, 「술, 肝에만 치명타? 온몸을 갉는다」, 『동아일보』, 2008년 8월 22일.
12 김은영, 「얼마나 마셔야 필름이 끊길까?」, 『과학향기』, 2006년 12월 29일; 「전문가가 말하는 술 빨리 깨는 법」, 『서울신문』, 2009년 12월 4일.
13 「숙취는 왜 생기는 것일까?」, 『사이언스타임스』, 2005년 1월 7일.
14 김준철, 「포도껍질 효모가 빚어낸 신비의 맛」, 『과학과기술』, 2003년 12월.
15 「술 마시고 얼굴 빨개지면」, 『한겨레21』, 제317호(2000년 7월 20일).
16 「한국인과 유대인이 알코올 중독에 빠지지 않는 이유」, 『연합뉴스』, 2006년 9월 8일.
17 민태원, 「술 마신 후 2~3일은 쉬자」, 『과학과기술』, 2003년 12월.
18 김형자, 『과학에 둘러싸인 하루』(살림, 2008).
19 이성주, 앞의 기사.
20 「술 마시고 얼굴 빨개지면」, 『한겨레21』, 제317호(2000년 7월 20일).
21 이규태, 『이규태 코너』(월간조선사, 2001).
22 박지환, 「폭탄주의 비밀」, 『사이언스타임스』, 2008년 1월 3일.
23 「전문가가 말하는 술 빨리 깨는 법」, 『서울신문』, 2009년 12월 4일.
24 「숙취는 왜 생기는 것일까?」, 『사이언스타임스』, 2005년 1월 7일.

제4장 막걸리는 약주다

1   박경준, 「술」, 『과학동아』, 1995년 10월.
2   전무진, 「술의 효시는 원숭이의 과일주」, 『과학과기술』, 2003년 12월.
3   유대식, 『막걸리학, 천년의 술 우리 막걸리』(월드사이언스, 2015).
4   도비오카 겐, 최달식 옮김, 『재미있는 생체공학 이야기』(안암문화사, 1992).
5   유대식, 앞의 책.
6   김규회, 『의심 많은 교양인을 위한 상식의 반전 101』(끌리는책, 2012).
7   장상진, 「香으로 한잔, 色으로 한잔, 藥으로 한잔…名品酒가 된 우리 술」, 『조선일보』, 2009년 9월 29일.
8   허시명, 『막걸리 넌 누구냐?』(예담, 2010).
9   http://blog.naver.com/nanasung6/220512321409.
10 한수진, 「[한수진의 SBS 전망대] 유병언이 집착한 스쿠알렌, 막걸리에서 발견」, 『SBS 뉴스』, 2014년 9월 4일.
11 김병수, 「막걸리 항암 물질 맥주·와인의 최대 25배」, 『연합뉴스』, 2011년 4월 14일.
12 장상진, 앞의 기사.
13 허시명, 앞의 책.
14 허시명, 「우리 술에 담긴 고귀한 문화와 정신」, 『국립중앙박물관문화재단』, 2009년 겨울(Vol.8).
15 박록담, 『한국의 전통명주 1: 다시 쓰는 주방문』(코리아쇼케이스, 2005).
16 김성모, 「65세 이상이 14%…'고령사회' 공식 진입」, 『조선일보』, 2017년 9월 4일.
17 이종호, 『세계 최고 우리 문화유산』(컬처라인, 2001).
18 온종림, 「술꾼이 안 마시는 사람보다 오래 산다」, 『뉴데일리』, 2010년 9월 1일.
19 전승민, 「생막걸리의 유통기한이 길어진 이유는?」, 『과학향기』, 2009년 10월 2일.

제5장 막걸리를 찾아서

1 http://terms.naver.com/entry.nhn?docld=3551569&cid=58637&categoryld=58651.

2 http://blog.naver.com/moonjinforum/220326603114.

3 http://blog.naver.com/kzh801010?Redirect=Log&logNo=220374974462.

4 신용철, 「내 고향 산책: 사학자 신용철의 포천–문화 전통 면면한 너른 대지 위의 운명 공동체」, 『월간중앙』, 2014년 6월호.

5 정은숙, 『정에 취하고 맛에 반한 막걸리 기행』(한국방송출판, 2011).

6 허시명, 「[허시명의 우리 술 이야기] (4) 포천 막걸리 원정대」, 『경향신문』, 2010년 1월 26일.

7 http://terms.naver.com/entry.nhn?docld=3551569&cid=58637&categoryld=58651.

8 정은숙, 앞의 책.

9 http://terms.naver.com/entry.nhn?docld=3568261&cid=58928&categoryld=58928.

10 홍유진, 「[자라섬 막걸리 페스티벌] 서울경기 대표 막걸리는?」, 『에이빙』, 2015년 10월 30일.

11 김원준, 「충북 전통주, '2016 대한민국 우리 술 품평회' 석권」, 『파이낸셜뉴스』, 2016년 12월 28일.

12 http://terms.naver.com/entry.nhn?docld=2114946&cid=40942&categoryld=32116.

13 하인리히 찬클, 전동열·이미선 옮김, 『과학사의 유쾌한 반란』(아침이슬, 2006).

14 진정일, 『진정일의 교실 밖 화학 이야기』(양문, 2006).

15 허시명, 「장수막걸리와 생탁막걸리, 왜 이렇게 닮았을까 : 대도시의 '맹주 막걸리'들을 맛보다」, 『오마이뉴스』, 2016년 8월 3일.

16 http://z2inny.blog.me/220994034199.

17 전경하, 「전통 품고 웰빙 담고…지역색 녹아든 한 잔」, 『서울신문』, 2017년 2월 3일.

18 박기용, 「'순수한' 막걸리가 찾아온다」, 『한겨레』, 2016년 4월 29일.

19 http://sports.news.naver.com/general/news/read.nhn?oid=021&aid=0000070447.

20 박록담, 『한국의 전통명주 1: 다시 쓰는 주방문』(코리아쇼케이스, 2005).

21 박록담, 『한국의 전통명주 3 : 전통주 비법 211가지』(코리아쇼케이스, 2006).

22 정규성, 『인천탁주, 그 히스토리』(인천탁주, 2015).

23 황광해, 「이야기가 있는 맛집 (213) 막걸리」, 『주간한국』, 2016년 3월 26일.

24 유대식, 『막걸리학, 천년의 술 우리 막걸리』(월드사이언스, 2015).

25 박경훈, 「"다양화만이 막걸리가 살길" 정규성 인천탁주 대표」, 『이데일리』, 2016년 9월 23일.

26 한국전통민속주협회, 「인천 생소성주–인천 막걸리의 자부심」, 『한국전통주백과』.

27 전경하, 앞의 기사.

28 허시명, 「변신 또 변신…막걸리의 생존 방식」, 『오마이뉴스』, 2016년 5월 29일.

29 김상연, 「고기 먹은 뒤 냉면 한 그릇의 지혜」, 『동아일보』, 2001년 9월 3일.

30 김승호, 「[응답하라, 우리 술 39] 허균의 스토리텔링으로 술 빚는 방풍도가」, 『대한금융신문』, 2017년 7월 2일.

31 정은숙, 앞의 책.

32 http://news.naver.com/main/read.nhn?mode=LSD&mid=sec&sid1=103&oid=028&aid=0000037699.

33 http://blog.naver.com/tnfmk/220949252221.

34 「진천막걸리」, 『한국향토문화전자대전』(한국학중앙연구원); 「세왕주조」, 『한국향토문
화전자대전』(한국학중앙연구원); 전경하, 앞의 기사; 『대한민국 여행사전』(터치아트,
2009); 정은숙, 앞의 책.

35 http://blog.naver.com/naomiee/220553559567.

36 허시명, 「세종 이름을 술병에 새긴 사람: 조은술세종의 '짜글짜글'한 이야기」, 『오마이
뉴스』, 2016년 4월 7일.

37 http://www.cheongju.go.kr/www/contents.do?key=544.

38 http://terms.naver.com/entry.hn?docId=766258&cid=43740&categoryId=44176.

39 정은숙, 앞의 책.

40 http://terms.naver.com/entry.nhn?docId=3551534&cid=58637&categoryId=58653.

41 강필성, 「국순당, 강원도 전통주 불술 · 옥수수술 복원」, 『뉴스핌』, 2014년 5월 13일;
http://terms.naver.com/entry.nhn?docId=1334241&cid=40942&categoryId=32116.

42 김승호, 「[응답하라, 우리 술 37] 밀막걸리 원형 유지한 정선 여량양조장」, 『대한금융
신문』, 2017년 6월 18일; http://blog.naver.com/skylink111/221051219548.

43 조재구, 「소백산 자락의 술 익는 마을, 단양 대강면 대강양조장」, 『NEW TIME』, 2016년
1월.

44 http://blog.naver.com/enjoybrewery.

45 정은숙, 앞의 책.

46 http://www.ktwine.co.kr/subpage/sub1_01.html?_L_MENU=1&.

47 정은숙, 앞의 책.

48 박록담, 『한국의 전통명주 3 : 전통주 비법 211가지』(코리아쇼케이스, 2006).

49 https://andongsul.modoo.at/?link=5e0sjzww.

50 김기흥, 「회곡, 낙동 청정수로 만든 '회곡생막걸리' 선보여」, 『에이빙』, 2017년 9월 4일.

51 이두영, 「숙취 · 트림 현상 없는 안동 '순백진주쌀막걸리' 출시」, 『영남일보』, 2017년 8
월 15일.

52 김용구, 「안동농협, '백진주쌀 막걸리' 출시」, 『국제뉴스』, 2017년 8월 10일.

53 http://terms.naver.com/entry.nhn?docId=3551559&cid=58637&categoryId=58657.

54 김승호, 「[응답하라 우리 술 I] 일제 주세령 이후 장인의 손 떠난 우리 술」, 『대한금융
신문』, 2016년 9월 25일.

55 전경하, 앞의 기사; 이은용, 「쌀 산업 미래 가공식품에서 엿보다: 4. 전통주」, 『한국농
민신문』, 2017년 1월 4일.

56 http://blog.naver.com/enjoybrewery.

57 박록담, 『한국의 전통명주 1: 다시 쓰는 주방문』(코리아쇼케이스, 2005).

58 http://blog.naver.com/yboondo/221002923905.

59 허시명, 「구수한 보리술 '맥걸리'」, 『경향신문』, 2010년 10월 31일.

60 한국전통민속주협회, 「금정산성막걸리」, 『한국전통주백과』.

61 정은숙, 앞의 책.

62 허시명, 「'산성막걸리' 동창회」, 『경향신문』, 2010년 7월 13일.

63 http://blog.naver.com/enjoybrewery.

64 한국전통민속주협회, 「금정산성막걸리」, 『한국전통주백과』.

65 전경하, 앞의 기사.

66 박록담, 『한국의 전통명주 3 : 전통주 비법 211가지』(코리아쇼케이스, 2006).

67 김원하, 「막걸리 명인이 500년 전통 누룩으로 빚어내는 전통 막걸리」, 『삶과술』, 2017년 3월 25일.

68 한국전통민속주협회, 「금정산성막걸리」, 『한국전통주백과』.

69 김원하, 앞의 기사.

70 김승호, 「[응답하라, 우리 술 9] 누룩으로 빚는 우리 술의 원형 '산성막걸리'」, 『대한금융신문』, 2016년 11월 20일.

71 한국학중앙연구원, 「금정산성막걸리」, 『한국향토문화전자대전』.

72 한국전통민속주협회, 「금정산성막걸리」, 『한국전통주백과』.

73 한국학중앙연구원, 「삽교천방조제」, 『한국민족문화대백과』.

74 김근정, 「인정받지 못했던 中 의학자, 흔한 약초 '개똥쑥'에서 '노벨상'까지」, 『아주경제』, 2015년 10월 7일.

75 http://user.chollian.net/~seagull4/minsokju3.htm

76 전경하, 앞의 기사.

77 김승호, 「[응답하라, 우리 술 4] 선비의 자존심이 빚는 아산 외암리 연엽주」, 『대한금융신문』, 2016년 10월 16일.

78 충남대학교마을연구단, 『아산 외암마을』(대원사, 2007).

79 http://blog.naver.com/enjoybrewery.

80 「막기자의 양조장 탐방기: 논산탁주양조장」, 『Korea Sool』.

81 김승호, 「[응답하라, 우리 술 11] 변화하며 새길 찾는 양촌주조」, 『대한금융신문』, 2016년 12월 4일; 「막기자의 양조장 탐방기: 논산탁주양조장」, 『Korea Sool』.

82 정은숙, 앞의 책.

83 양종구, 「이창주 "값싸다고 일본 누룩 쓰는 한국 막걸리, 이건 아니지요"」, 『동아일보』, 2017년 1월 21일.

84 http://terms.naver.com/entry.nhn?docId=1051857&cid=48182&categoryId=48275.

85 황광해, 앞의 기사.

86 황태일, 「"우리 맛을 지키고 전파시키는 역할은 이제부터 시작이다"」, 『뉴스메이커』, 2017년 6월 5일; 김승호, 「[응답하라, 우리 술 23] 조선 3대 명주라 불릴 만한 '죽력고'」, 『대한금융신문』, 2017년 3월 9일.

87 http://blog.naver.com/tramedi_expo/20196819386.

88 http://terms.naver.com/entry.nhn?docId=1209566&cid=40942&categoryId=32108.

89 차준근 외, 『울릉도』(한림미디어, 2006).

90 『울릉군지』(울릉군, 2007).

91 이율동, 「물이 다르다…울릉도 호박 생막걸리 '인기'」, 『경상매일신문』, 2014년 12월 11일; 「울릉도 호박 막걸리」, 완판 고공 행진 거듭한다」, 『경상매일신문』, 2015년 1월 15일.

92 조용삼, 「울릉향 가득 담은 '건강 약주' 한 잔 하실래요」, 『경상매일신문』, 2017년 5월 17일.

93 이영권, 『제주역사기행』(한겨레신문사, 2004).

94 신정일, 『신정일의 새로 쓰는 택리지(7)』(다음생각, 2012).

95 김영돈, 『제주 성읍 마을』(대원사, 1989); 「풍수지리」, 『디지털서귀포문화대전』(서귀포시, 2012).

96 http://terms.naver.com/entry.nhn?docId=2656805&cid=51954&categoryId=55493.

97 유대식, 『막걸리학, 천년의 술 우리 막걸리』(월드사이언스, 2015).

98 박록담, 『한국의 전통명주 4: 버선발로 디딘 누룩』(코리아쇼케이스, 2005).

99 한국학중앙연구원, 「제주 성읍 마을 객줏집」, 『한국향토문화전자대전』.

100 『제주도지(7)』(제주도, 2006).

101 안병수, 「감귤술 '니모베' 출시 제주도 찾아가는 양조장, 제주샘주」, 『조선일보』, 2017
    년 6월 18일.

102 허시명, 「'혼디주'라는 술, 정체가 궁금하다: 제주도 남원읍 혼디주 제조장」, 『오마이뉴
    스』, 2016년 6월 11일.

막걸리 명소의 주소와 연락처

막걸리 이름	지역 · 주조장	주소 · 연락처
내촌찹쌀생막걸리	경기도 포천시 내촌주조	경기도 포천시 내촌면 내리 485번지 이흥규 회장: 010-5222-3647
이동막걸리	경기도 포천시 이동주조	경기도 포천시 이동면 화동로 2466 이영길 차장: 031-535-2800, 010-9198-1400
서울생장수막걸리	서울탁주	서울시 마포구 망원로 25 오일빌딩 3층 서울탁주제조협회 이동수 회장: 02-3141-7611
지평생막걸리	경기도 양평군 지평주조	경기도 양평군 지평면 지평의병로 62길 27 031-773-7030
부의주	경기도 용인시 한국민속촌	경기도 용인시 기흥구 민속촌로 90 이정동 소장: 031-288-2821, 010-3150-3217
소성막걸리	인천탁주	인천시 부평구 청천2동 395-44 정규성 대표: 032-524-5016, 010-2272-0972
봉평생메밀막걸리	강원도 평창군	강원도 평창군 봉평면 태기로 1056 엄규식 공장장: 033-333-9890, 010-3530-4221
도문대작막걸리	강원도 강릉시 방풍도가	강원도 강릉시 사천면 미노길 103 이규선 팀장: 033-647-0677, 010-3602-3777
영월동강순곡 생막걸리	강원도 영월군 영월양조장	강원도 영월군 영월읍 덕포리 689-3 김복산 대표: 033-374-8304
덕산생막걸리	충북 진천군 진천덕산양조	충북 진천군 덕산면 초금로 712 이방희 대표: 043-535-3567, 010-5405-7701
생청주막걸리	충북 청주시 조은술세종	충북 청주시 청원구 사천로 18번길 5-2 경기호 대표: 043-218-7688, 010-5462-4724
생강냉이술	충북 단양군 대강양조장	충북 단양군 대강면 장림리 113-7 조재구 대표: 043-848-3365, 010-6228-4406
회곡생동동주	경북 안동군 회곡양조장	경북 안동시 풍산읍 산업단지 5길 39 권용복 대표: 054-853-7777, 010-8380-2222
은자골생탁배기	경북 상주시 은척양조장	경북 상주시 은천면 봉중2길 16-9 임주원 대표: 054-541-6409, 010-4020-5625
생보리탁	경주전통술도가 건천	경주시 건천읍 천포방내길 31-88 최경식 대표: 054-777-0039, 010-6755-0039
금정산성막걸리	부산시 금정구 금정산성막걸리	부산시 금정구 산성로 453 유청길 대표: 051-517-0202, 080-9000-5858
아산생막걸리	충남 아산시 다원주가	충남 아산시 영인면 아산리길 1-14 이상조 대표: 011-9767-2027, 041-542-5010
이참판댁연엽주	충남 아산시 외암마을	충남 아산시 송악면 외암리 258-4 외암마을 이득선 대표: 041-543-3967
딸구생막걸리	충남 논산시 논산탁주양조장	충남 논산시 양촌면 인천리 396-1 이동선 대표: 041-741-1470, 010-6773-0200
송명섭막걸리	전북 정읍시 태인합동주조	전북 정읍시 태인면 창흥2길 17 송명섭 명인: 063-534-4018, 011-658-4019
생유자막걸리	전남 고흥군 풍양주조장	전남 고흥군 풍양면 죽시장터길 45 이승근 대표: 061-832-2211, 010-3621-9966
원조울릉도 호박생막걸리	울릉도	경북 울릉군 울릉읍 약수터길 18 이승옥 대표: 054-791-3738, 010-3484-3738
오메기술	제주도 성읍 민속마을	제주도 서귀포시 표선면 민속마을 성읍정의현로 56길 6
제주니모메	제주도 애월읍 제주샘주	제주시 애월읍 애원로 283 김숙희 대표: 064-799-4225, 010-9026-8216

막걸리를 탐하다
ⓒ 이종호, 2018

초판 1쇄 2018년 4월 20일 펴냄
초판 2쇄 2021년 3월 22일 펴냄

지은이 ㅣ 이종호
펴낸이 ㅣ 이태준
기획 · 편집 ㅣ 박상문
디자인 ㅣ 최진영
관리 ㅣ 최수향
인쇄 · 제본 ㅣ (주)삼신문화

펴낸곳 ㅣ 북카라반
출판등록 ㅣ 제17-332호 2002년 10월 18일

주소 ㅣ 04037 서울시 마포구 양화로7길 6-16 서교제일빌딩 3층
전화 ㅣ 02-325-6364
팩스 ㅣ 02-474-1413

www.inmul.co.kr ㅣ cntbooks@gmail.com

ISBN 979-11-6005-052-3 03980

값 16,000원

이 도서의 국립중앙도서관 출판시도서목록(CIP)은 서지정보유통지원시스템 홈페이지
(http://seoji.nl.go.kr)와 국가자료공동목록시스템(http://www.nl.go.kr/kolisnet)에서
이용하실 수 있습니다. (CIP제어번호: CIP2018011131)